U0085831

中國現代史叢書10

張玉法 主編

從接收到淪陷

一戰後平津地區接收工作之檢討

林桶法 著

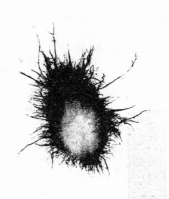

東大圖書公司

國家圖書館出版品預行編目資料

從接收到淪陷：戰後平津地區接收工
作之檢討／林桶法著. --初版. --臺
北市：東大發行：三民總經銷，民86
　　　　面；　　　公分. --(中國現代史
叢書10)
參考書目：面
含索引
ISBN 957-19-2079-7（精裝）
ISBN 957-19-2080-0（平裝）

1.中國-歷史-民國34-38年(1945-
1949)

628.6　　　　　　　　　86001387

國際網路位址　http://sanmin.com.tw

© 從接收到淪陷
　—戰後平津地區接收工作之檢討

著作人　林桶法
發行人　劉仲文
產著作財權人
發行所　東大圖書股份有限公司
　　　　地址／臺北市復興北路三八六號
　　　　電話／五○○六六○○
　　　　郵撥／○一○七一七五—○號
印刷所　東大圖書股份有限公司
總經銷　三民書局股份有限公司
門市部　復北店／臺北市復興北路三八六號
　　　　重南店／臺北市重慶南路一段六十一號
初版　　中華民國八十六年三月
編號　　E 62044
基本定價　伍元肆角
行政院新聞局登記證局版臺業字第○一九七號

有著作權・不准侵害

ISBN 957-19-2080-0（平裝）

主編者序

　　二十世紀在中國歷史上是一個變遷迅速的世紀。在二十世紀將要結束以前，回頭看看二十世紀初年的中國；或從二十世紀初年的中國，看看二十世紀將要結束的中國；不僅歷史學家會不斷檢討這一段的歷史總成績，走過這個時代的人或走不過這個時代的人，無論自己流過多少汗、多少淚、多少血，受過多少飢寒、多少苦難、多少折磨，還是犧牲過什麼、享受過什麼、獲得過什麼，站在二十世紀的盡頭，不能不對這一個世紀作些回顧、作些省思，然後勇敢地走向或走入二十一世紀。這是東大圖書公司出版「中國現代史叢書」，為讀者提供歷史資訊的最大旨趣。

　　二十一世紀是否為中國人的世紀？有人很關心，有人不關心。但在地球村逐漸形成的今日，不管是冷漠還是熱心，不管是不自願還是自願，都得住在這個村，並為這個村的一員。就中國現代史的研究而論，不僅臺海兩岸的歷史學者，多投入研究，或表示關懷，歐美及日本等地的歷史學者，不少亦研究中國現代史。這便是史學界的地球村。

　　中國現代史的起點，臺海兩岸的學者有不同的看法，一般說來，臺灣地區的學者，主張始於辛亥革命時期；大陸地區的學者，早年主張始於五四運動時期，近年又主張始於1949年中華人民共和國的成立。外國學者的看法，不出上述兩種。嚴格說來，臺海兩岸學者對現代史分期的看法，都受到政治的影響。許多學者以鴉片戰爭作為近代史的開端，也是受政治的影響；因為鴉片戰爭被視為反帝反封建起始

的年代。

　　為了擺脫政治的糾葛，可以從世界史的觀點來考慮中國歷史分期問題。梁啟超將中國歷史分為中國之中國、亞洲之中國、世界之中國三個時期，如果將在中國人在中國境內活動的歷史劃為上古史，將中國人向亞洲其他地區擴張的歷史劃為中古史，將中西接觸以後、中國納入世界體系為近代史，則中國近代史應該始於明末清初。明末清初的中國，不僅與歐洲、美洲進行海上貿易，而且歐洲帝國主義的勢力已經進入中國，譬如葡萄牙佔有澳門 (1557)、荷蘭 (1624) 和西班牙 (1626) 佔有臺灣，俄國進入中國黑龍江流域 (1644)。在葡人佔有澳門以後的二、三百年，中西之間有商業、文化、宗教交流，到1830年代以後，因通商、傳教所引起的糾紛日多，由於中國國勢不振，利權、領土不斷喪失，成為帝國主義國家的殖民對象，到1897～1898年的瓜分之禍達於頂點。1899年英美發佈「中國門戶開放政策」以後，中國免於被殖民瓜分的局勢始獲穩定。我們可以將1557～1899年的歷史定為近代史的範圍。1900年，中國在義和團的激情反帝國主義以後，開始進行教育、經濟、政治改革，革命運動亦大獲進展，將歷史帶入現代時期。

　　中國上古史為中國歷史文化的創建期，中古史為中國歷史文化的擴張期，近代史為中國歷史文化的收縮期，現代史為中國歷史文化的更新重建期。本叢書所謂中國現代史，即始於1900年，涵蓋整個二十世紀，如果中國更新重建的大方向不變，亦可能涵蓋二十一世紀及其以後。儘管由於政治的糾葛，「中國」一詞在近數十年的臺灣及海外各地已經變成模糊的概念，出現了歷史中國、文化中國、大陸中國、海洋中國等名詞，但中國畢竟是現在世界上歷史悠久、土地廣大、人口眾多的國家，不能因為它時常出現外力入侵、內部分裂，而忽視它

的歷史存在。而且自二次世界大戰結束以後，中國躍為世界五強之一，它在世界上的地位愈來愈重要。因此，檢討二十世紀的中國史，在世界史中也饒富意義。

現代史上的中國雖然災難重重，但亦有機會撥雲見日，這是中外史家對研究中國現代史有興趣的原因之一。但不可否認的，由於臺海兩岸長期缺乏學術自由，而臺海兩岸及世界各國有關學者，由於掌握材料的性質和多寡不同，許多現代史的著作，流於各說各話，這是學術上不易克服的困難，有些困難則是學術界的不幸。本叢書希望包羅一些不同國度、不同地區、不同觀點的學術著作，透過互相欣賞、批評，以達到學術交流的效果。收入本叢書的專著，儘管有不同的理論架構或觀點，但必須是實證的、避免主觀褒貶的。

傳統中國史學，有些持道德主義，主觀的褒貶性很強；近代中國史學，有些受作者個人信仰或好惡的影響，流於宣傳或謾罵；凡此都妨害歷史求知的客觀性。本叢書在選取稿件時，當在這方面多作考量。

承東大圖書公司大力支持，使本叢書得以順利出版，非常感謝。收入本叢書之十的《從接收到淪陷——戰後平津地區接收工作的檢討》，係林桶法先生將其博士論文改寫而成。林先生係私立輔仁大學副教授，臺灣省屏東縣人，1955 年生，國立政治大學歷史研究所碩士、博士，著有《民國八年之南北議和》、《中國現代史》等書。《從接收到淪陷——戰後平津地區接收工作的檢討》主要探討抗日戰爭勝利後國民政府在北平、天津地區的接收工作及相關問題。接收工作遍及淪陷區，本書係以平津地區為個案，試圖了解接收的過程及其所衍生的問題。探討的範圍廣及軍事、經濟、交通、文教各方面；在接收過程中所發生的官員貪污、通貨膨脹、學潮等問題，不僅影響接收的進度和品質，更直接呈現在戰後復員重建中所面臨的諸多複雜難題。以戰

後接收工作為主題，探討國共政權的消長，前此尚少學術性的研究，本書為重要的起步。特向讀者推薦。

張玉法

1997年1月10日

於中央研究院

自　序

　　人類因有思考與反省能力而不斷的進步，一個人因思考而得到智慧，一個政權因反省而得以存續。當大陸於民國三十八年由國民黨掌控的政權易位之初，許多人錯愕，更多人決定雪恥反攻，但在痛定思痛中絕大部份將失敗的責任歸於中共的坐大、國際環境的貽誤，卻缺乏對政權本身的反思，其後的研究者對此問題的檢討亦是眾說紛紜，國外學者如易勞逸(Lloyd E. Eastman)、費正清(Fairbank, J. K.)等及大陸的學者丁永隆、孫宅巍等則從國民政府及國民黨的責任上檢討，大陸政權轉移即將近五十年，許多史料亦逐漸開放，此刻應是重新全面反思此一課題的時機。

　　戰後是中國歷史發展上的重要關鍵，中國擺脫自清季以來不平等條約的枷鎖，但面臨的挑戰亦極嚴重，國際的現實主義下，冀圖美國全力支援，無異緣木求魚。國內除中共的紛擾、財政的赤字外，在歡欣慶祝之後仍需面對到處斷垣殘壁的事實，為收拾戰後的殘局，國民政府一方面配合美國的對華政策與中共和談，一方面展開接收與復員的工作。

　　在國民政府進行接收過程中出現若干問題，如臺灣接收時發生二二八事件，東北接收工作則受到中共及俄國的阻擾而未能落實，西北及中共佔據的「解放區」，國民政府根本無法進入接收，其他各地的接收亦發生接收官員貪污、學生運動不斷、通貨膨脹等問題，大陸政權的轉移雖為戰事失利所致，但接收過程所呈現出來的問題亦值得關

注，本書以平津地區的接收為例，進行探討。

本書研究的資料來源主要以檔案為主，包括臺灣地區國史館、中央研究院近代史研究所、中國國民黨中央委員會黨史委員會等，大陸地區南京第二歷史檔案館、北平市檔案館、天津市檔案館等，為本書的基礎資料。許多參與戰後接收工作者，如北平行營主任李宗仁、天津市長杜建時、北平市長何思源、教育部長朱家驊、教育部次長杭立武、接收委員邵毓麟、張果為、李紹泌、張茲闓、李洛之、聶湯谷、平津地區軍政負責人熊斌、傅作義、孫連仲、何思源、張廷諤等的回憶均有參考價值。

在功利主義盛行的今日，歷史能提供多少資鑑，其實連研究歷史者本身也沒有多少的把握，憑著一股理想與執著得以逐漸的走過來。在出版本書之際，有許多的感觸，首先感謝蔣永敬教授在百忙中指導，提供論文方向，並加以潤飾；承蒙張玉法教授不棄代為推薦出版，詳加匡正，並提供許多寶貴意見，衷心銘感；在學習期間許多老師如閻沁恆、王壽南、胡春惠、張哲郎、賀允宜、周惠敏、林立樹等教授給予許多觀念的啟發，林能士教授不吝指導，並給予許多協助；輔大同仁周善行、王芝芝、邵台新、戴晉新、周雪舫、雷俊玲、謝錦桂毓等教授的鼓勵，張力、劉維開教授提供意見，東大圖書公司支持出版，並負責校正，一併感謝。在成長過程中，父母、兄長、妻子在經濟上、精神上無止境支援，使我專心向學，願將此書與家人共享。

林桶法

1997年1月

從 接 收 到 淪 陷
——戰後平津地區接收工作之檢討

目　次

第二章　平津地區軍事的接收

第三章　平津地區經濟與交通的接收

表目次

緒　論

一、研究旨趣及重點

　　民國三十四年（一九四五年）八月十四日，當日本宣布無條件投降的消息傳來後，到處的鞭炮聲取代槍砲聲，燃起中國人的希望，不論中國對日抗戰的勝利是否為「慘勝」，　戰後中國的人民的確陶醉於美麗的錯覺而不自覺，總認為把日本打敗，擺脫了不平等條約的枷鎖後，中國便可躍升為世界強國之列❶。然在舉國歡騰之際，國民政府仍須面對到處斷垣殘壁的事實，為收拾戰後的殘局，遂展開接收與復員的工作。所謂「接收」，是指國民政府對日本在中國的控制區，包括光復區及收復區進行接管之工作；凡自民國二十年（一九三一年）九月十八日以後，至停戰之日止，因戰事為日本及日偽政權所佔據的地區，收復後稱為收復區，東北及華北平津地區均屬之；凡九一八事變以前租借或割讓給日本的地區，於光復後稱為光復區，臺灣地區即為光復區❷。因此接收的地區甚廣；接收的範圍龐雜，舉凡軍事、經濟、財政、文教、交通、內政、農業等方面均為接收的對象。所謂「復員」，　戰後中西的詮釋不同，西方的復員工作通常指軍事復員而言，二次大戰後英、美等國只要把戰時的非常體制變更為平常體制即是復員。中國對復員工作，有不同的詮釋，有視復員為動員的對稱，復員即裁兵；亦有認為復員即復原❸。由於中國歷經八年的戰禍，除軍事復員外，各方面均需有進一步的安排，因此復員的意義甚廣，國民政

府主席蔣介石在民國三十四年十月國慶日上即曾表示：

> 我們務必認識復員不是復原，而勝利不是休息；我們要在戰爭
> 廢墟上進行非常的建設，要在重建戰後社會的時機徹底實行三
> 民主義，就必需遵奉國父心理建設知難行易的教訓。❹

由此可知復員不僅是裁兵，亦不僅是「復原」而已；也就是不僅要恢
復戰前情形，更要有進一步的建設，其範圍除淪陷區外還包括全國各
地在內。接收與復員既為戰後國民政府的重點工作，影響亦甚深遠，
然過去學者專家對此的研究則較為缺乏。

　　接收後由於國民政府戡亂失敗，平津失守，其他地區亦相繼淪陷，
政府撤退來臺。對於政府撤臺的原因許多人的看法不一，陳孝威在《為
什麼失去中國》書中認為：「我政府當局低估共產集團及中共，高估
自己軍事力量，而忽略八年久戰疲敝，軍紀、風紀、倫理、道德之低
落，因而軍事失敗，財經崩潰，演成惡性循環，不能不負若干責任」❺；
易勞逸（Lloyd E. Eastman）在《毀滅的種子》書中認為：「一九四九年
的失敗，不是因為缺少美援，而顯然是由於國民黨自身的弊病和分裂，
諸如腐敗無能、紀律廢弛」❻；丁永隆、孫宅巍在《南京政府的崩潰》
書中認為：「南京國民政府的覆亡，經過了多年的醞釀，它內部的分
崩離析和國內的天怒人怨經過多年的積聚。然而，要說起來，它覆亡
的開端，卻應該從抗戰勝利時算起」❼；也有將戰後的局勢歸諸於國
際的貽誤，如鄭竹園在〈日本侵華戰爭對中國經濟的影響〉一文中認
為：「八年的抗日戰爭不僅使中國即將起飛的經建計劃中斷，而且嚴
重耗竭中國的國力，造成戰後的惡性通貨膨脹，成為大陸赤化的主要
原因」❽；郭榮趙在《美國雅爾達密約與中國》書中認為係雅爾達密

約及美國對華的錯誤政策所致❾；陳立夫認為陳誠與宋子文要負主要的責任❿；蔣介石及蔣經國在檢討大陸淪陷的原因時，認為是青年學生被中共蠱惑所致⓫。以上眾說紛紜，到底大陸淪陷的真正原因為何？戰後的四年為極關鍵的時刻，本書僅從戰後平津地區接收工作的檢討中加以探討，希望能有助於我們對此段歷史的瞭解。

　　戰後平津地區接收的問題極為複雜，可供研究的課題亦不少，僅就下面幾個課題進行探討：

⑴國民政府接收被視為亂無章法⓬，政府是否有完整的接收計劃？接收機關與人員的安排如何？

⑵由於政府戡亂失敗，大陸政權易位，許多人將之歸咎於接收復員的失敗，曾參與戰後接收工作滯留於大陸的要員，如天津市長杜建時、北平市長何思源、天津黨政接收委員李紹泌等，大肆批評戰後的接收貪污。李紹泌談到：「接收大員成為風雲一時的人物，官商勾結，盜賣物資，中飽私囊，當時稱之為『五子登科』人物。」⓭戰後接收人員的貪污情形是否如傳聞中嚴重？

⑶戰後政府進行接收與復員過程中各地面臨問題不一，臺灣有二二八事變的發生，東北則有蘇聯延宕撤兵的障礙，平津地區面臨的問題為何？

⑷戰後政府雖完成平津地區的接收工作，但在過程中發生若干問題，如學潮不斷、通貨膨脹等，是戰後大環境使然，或人謀不臧所致？

⑸民國以來平津地區歷經多次的政權轉移，大部份為和平轉移，戰後政府的接收及三十八年（一九四九年）一月中共佔據北平，可視為政權轉移，平津地區人民面臨政權轉移過程中的態度為何？

　　本書除〈緒論〉、〈結論〉外，共分五章，第一章〈民國以來平津地區的變革〉；北平為遼、金、元、明、清及民國初期的首都，為中

國的政治中心；文物古蹟到處可見，文人墨客聚集於此，自五四運動以來，許多報刊雜誌於此發行，抗戰前發行的日報即高達七十餘種，人文薈萃，為中國文化中心。天津則為華北的商業重鎮，漕運、鹽業發達，自清咸豐十年（一八六〇年）開埠後，更成為各國的重要通商口岸及商品的集散地。本章除介紹平津地區的歷史地位，將抗戰前後的人口變遷與結構作比較分析，以瞭解其社會變遷外，並就北洋統治時期、國民政府統治時期、日本統治時期等三時期的軍政變遷過程探討平津地區人民對於政權變動的反應。

第二章〈平津地區軍事的接收〉；戰後接收以軍事接收為優先，軍事未完成接收，其他部會的接收工作自無法有效進行（東北即其例），平津地區的接收亦以軍事的受降與接收為要件。孫連仲部隊能順利完成平津地區軍事接收並完成換防的原因何在？國民政府如何進行接收工作？其中有那些值得檢討者？均為本章的重點。

第三章〈平津地區經濟與交通的接收〉；平津地區為華北的經濟重鎮，經濟事業的接收倍受矚目。國民政府接收工作有一定的程序，處理（復員）亦有一定的步驟，經濟的接收與處理即按照規定分類分項進行，雖亦出現歸屬單位及拒不移交等紛爭，但至三十五年（一九四六年）底已完成六百七十八個單位的接收。交通方面亦完成日偽時期統制交通的華北交通公司及北平、天津分公司及所屬單位的接收工作，這些成果值得肯定。

第四章〈平津地區教育的接收〉；教育為百年大計，戰後文教的復員亦成眾所關注的焦點。戰後教育接收與復員工作雖較其他部門單純，但亦是千頭萬緒，如後方學校教職員生返校、收復區教育的接收與整理、抗戰期間失學失業青年的處理等問題，從事復員工作者的確有不知從何著手的感覺。本章將從計劃的擬定到各校復員情形加以介紹，

採用比較分析的方法，將各校校長的籍貫、學經歷等作統計，並比較各大專院校戰爭前後的變遷，藉此探討教育復員的成果。復員過程所面臨的問題，如學校設備破壞嚴重、復員經費普遍不足、學風低落與學潮不斷等亦將逐一討論。

第五章〈接收的失敗與平津地區的淪陷〉；戰後國民政府雖完成平津地區的接收與復員的工作，但接收過程則出現若干問題，接收統籌機關紊亂，權責又劃分不清，亂象叢生，而其中最為人所詬病者為政策與接收人員的貪污問題，接收是否為「劫收」，本章從法院起訴的判例中分析，歸納貪污的種類及影響。其次探討戰後通貨膨脹及物價上漲之原因及其影響。勝利初期，各地物價普遍降低，收復區物價又較後方區為低，至三十五年後各地物價普遍上揚，但情形不嚴重，直至三十六年則發生劇烈變化，一年物價上漲有些高達二十五倍（太原），天津及北平亦高達十三倍，影響甚鉅。至於中共的因素尤不可忽視，戰後國共關係甚為緊張，僅就中共阻擾接收復員的行為，如破壞金融、破壞交通、鼓動學潮及如何占領平津區的經過作一介紹。

本書所談平津地區之接收範圍甚廣，僅討論其犖犖大者，其他接收工作如農業方面、社會方面、衛生方面等所涉龐雜，進行工作與平時無甚差別，不一一詳述。

二、　研究資料

本書研究的資料來源主要以檔案為主，大陸方面：⑴南京第二歷史檔案館，約有四百卷平津區接收復員方面的檔案，如北平市政府檔及天津市政府檔，經濟部冀熱察綏區特派員辦公處檔、行政院檔、教育部檔等，內容包含接收與復員政策的擬訂、接收的經過及復員失利的原因等資料。⑵北京市檔案館，有北平市黨政接收委員會檔及北平

市政府等檔，內容包括北平市政府各單位接收復員的情形等。(3)天津市檔案館，有河北平津區處理敵偽產業處理局、天津市政府檔、黨政接收委員會等檔。另有天津市黨政接收委員會記錄、天津市復員計劃及與各部會間關於接收復員問題的電文。臺灣方面：(1)國史館，約有二百卷平津區的接收復員檔案，其中包括國民政府、行政院、交通部、內政部、教育部檔，內容有北平市政府、天津市政府三十五年至三十七年工作報告、北平天津文物的整理及建設經費、省市政府復員工作計劃事項、戰後經濟的接收及交通接收與復員問題。(2)中央研究院近代史研究所，朱家驊檔部份，包括全國教育善後會議及復員工作報告案及朱家驊發表的言論，為平津地區的教育接收復員的重要參考資料；此外經濟部檔約有四十卷關於經濟接收之資料。(3)國防部史政編譯局藏有軍事委員會各部門復員計畫、海軍復員計畫編擬案、空軍復員計畫、戰後復員計畫等案。(4)中國國民黨中央委員會黨史委員會，藏有戰後復員計劃擬訂及各部會對接收復員的意見等資料，大部份已蒐錄在出版之《中華民國重要史料初編──對日抗戰時期》第七編，《戰後中國(四)》。

其次為資料彙編部份，國民政府各部會及北平、天津市政府出版有關戰後接收復員方面的統計報告，如天津市政府《天津市政府接收復員報告》、天津市政府統計處編《天津市統計總報告》、天津市政府教育局《天津市政府教育局接收復員工作報告》、天津市財政局《天津市財政局接收初步報告書》、北平設計考核委員會《北平市政府工作報告》、北平市政府《北平市統計報告》、交通部《交通部公路總局平津區接收報告》、教育部《教育部復員計畫》、教育部《三十六年度各省市教育工作計畫彙刊》、交通部《交通部公路總局平津地區接收報告書》等對平津區各部會工作的進行情形及成果均有記錄，為本文

重要的參考資料。

　　報刊及雜誌方面，戰後平津地區的文化甚為發達，報刊雜誌甚多，其中天津《大公報》、《北平新報》、《北平市政府公報》、天津《民國日報》等均為重要參考資料，其他如《國民政府公報》、《教育公報》、上海《申報》、《晉冀察日報》等皆具參考價值。政大社會資料中心藏有三十四年至三十八年各報的剪報資料，有助於研究之進行。期刊部份，以《北平市政統計》、《東方雜誌》、《時與文》、《教育雜誌》等為主。

　　專著及專文方面，有許多參與戰後接收復員工作者，如北平行營主任李宗仁、天津市市長杜建時、北平市市長何思源、教育部部長朱家驊、教育部次長杭立武、接收委員邵毓麟、張果為、李紹泌、張茲闓、李洛之、聶湯谷等及戰後平津區軍政負責人熊斌、傅作義、孫連仲、張廷諤等的回憶及胡適的往來書信均有參考價值。

　　外文方面，由於研究戰後中國接收復員的學者不多，美國哈佛大學柯偉林教授(William C. Kirby)對資源委員會的研究，紐約維瑟學院葛麟教授(Donald Gillin)對於戰後馬歇爾來華的活動，伊利諾大學易勞逸教授(Lloyd E. Eastman)對國民政府問題的研究，密希根州立大學韋思諦教授(Stephen C. Averill)對中共的研究等可作為參考。

　　由於戰後研究成果甚少，研究過程中備極辛苦，雖戮力於資料蒐集與排比，然仍有許多問題未能解決，如人口統計資料方面，有許多不同的記載，有些差異性極大，使用時難免有缺失，又如接收貪污被起訴者，最後定罪的情形亦無案可查；平津地區的復員經費如何安排等，均有待進一步研究。接收復員問題為戰後最重要的課題，可研究的部份甚多，如以地區言，上海、南京、臺灣等，亦可就各部會在各地的復員情形作專題研究，希望藉本書的出版，達到拋磚引玉之效。

註 釋

❶ 戴國煇，〈臺灣與現代中國〉，載於黃仁宇等著《現代中國的歷程》（臺北，華視文化公司，民國八十一年十月十日），頁106。

❷ 關於各機關編擬復員計畫應行注意事項，《接收與復員計畫檔》，南京第二歷史檔案館藏，檔號：二㈠7956。

❸ 復員意義有不同的看法，就軍事而言，有認為復員即裁兵者，見天津《大公報》，社評，民國三十四年十一月十六日，二版。以教育而言，民國三十四年教育部長朱家驊認為：「教育上的復員不是就是復原，站在國家民族教育、文化均衡發展的立場，我們對所有學校及文化機關應注意到地域上相當合理的平均分佈，以改變過去畸形狀態。」見全國教育善後復員會議報告及復員工作，中央研究院近代史研究所藏，《朱家驊檔》，檔號：106。以工業復員言，伍丹戈認為：「工業復員就是將戰時生產改變為平時生產。」見伍丹戈，〈工業復員的幾個重要問題〉，天津《大公報》，民國三十四年八月十九日，五版。

❹ 天津《大公報》，社評，民國三十四年十月十日，二版。

❺ 陳孝威，《為什麼失去大陸》（臺北，中國美術印刷廠，民國五十三年五月），頁5。

❻ 易勞逸著，王建朗、王賢知譯，《毀滅的種子——蔣介石與蔣經國》（中國青年出版社，1988 年），頁 3。Lloyd E. Eastman, *Seeds of Destruction: Nationalist China in War and Revolution, 1937～1949*, (Stanford University Press, 1984.), p.2.

❼ 丁永隆、孫宅巍，《南京政府崩潰始末》（臺灣，巴比倫出版社，1992年1月），頁9。

❽ 鄭竹園，〈日本侵華戰爭對中國經濟的影響〉，許倬雲、丘宏達等編，《抗

戰勝利的代價》（臺北，聯經出版社，民國七十七年，第三版），頁64。

❾　郭榮趙，《美國雅爾達密約與中國》（臺北，水牛出版社，民國六十六年四月），頁2。

❿　陳立夫，《成敗之鑑》（臺北，正中書局，民國八十三年），頁338。

⓫　蔣中正，〈時代考驗青年，青年創造時代〉，《先總統蔣公全集》，第二冊（臺北，中國文化大學，民國七十三年四月），頁2159。李元平，《平凡平淡平實的蔣經國先生》（臺北，中國出版社，民國七十七年五月），頁188。

⓬　邵毓麟指出：「日本的投降過於迅速，使國民政府連迎接勝利的準備時間都沒有，因此對收復區的接收工作和政務工作，政府並沒有建立制度、研究計劃，更談不上人員的訓練。」見邵毓麟，《勝利前後》（臺北，傳記文學出版社，民國五十六年九月），頁75。

⓭　杜建時，〈從接收天津到垮臺〉，《天津文史資料選輯》，第五輯（天津，天津人民出版社，1979年10月），頁21。杜建時，〈蔣幫劫收平津的經過〉，《文史資料選輯》，第五十五輯（北京，中國文史出版社，1979年10月），頁21。李紹泌，〈國民政府劫收平津產業概況〉，《天津文史資料選輯》，第五輯（天津，天津人民出版社，1979年10月），頁83。

第一章　民國以來平津地區的變革

第一節　平津地區的概況

　　北平、天津兩地相隔約一百二十公里，由於地理環境及歷史發展的迥異，風俗習尚及歷史地位亦大不相同❶。一為中國的文化及政治中心，一為華北的經濟與貿易重鎮。然兩地確有互為依存的關係。自清末以來，天津為北平政局發展的觀測站，許多在北平不得意的政客紛至天津避難觀察；自遼、金、元以北平為首都之後，北平為天津物資的主要銷售地，帶動了天津的繁榮。

一、地理概況與歷史沿革

(一)地理概況

　　城市的發展與地理環境有極密切的關係，北平位於河北省北部，地居東經一百一十六度二十五分，北緯三十九度五十五分，三面叢山，峻嶺環繞，東南部較平坦，西北部多山，為太行山餘脈，統稱西山，北部及東北部山地統稱軍都山，屬燕山山脈，平均海拔在一千公尺以上，為地理上的重要分界線❷，其餘較有名的山脈有聚寶山、香山、玉泉山、普陀山、翠微山、盧師山、天寶山、石景山等。北平市區三面環山，中間由黃河及白河沖積形成一塊平原，佔全市區的十之七八。北平市區位於白河（又名北河）、永定河（俗名渾河）之間，其河系

有通惠河（又稱大通河）、有孫河（又稱孫侯河）、涼水河（俗名鹽河），另城外有運河、泡子河等，這些河流多屬細流，利用者少。山河環繞的地形使北平成為北方民族交流中心及南北的必經之地❸。（北平、天津地區地形如附圖一）顧祖禹的《讀史方輿紀要》對北平（順天府）作如是的形容：「關山險峻，川澤流通，據天下之脊，控華夏之防，鉅勢強形，號稱天府。……龍蟠虎踞，形勢雄偉，南控江淮，北連朔漠，駐蹕之所，非燕不可。」❹抗戰勝利後主張建都北平者，認為北平：⑴在天時上，北方氣候亢爽，可提高工作效率。⑵在地利上，大量的煤、鐵、鹽皆在北方，戰後建國重心必在北方。⑶在國防及外交上，北平當東西南北的要衝，也不遠於海洋，為中國的神經中樞。⑷在民生狀況上，北平無江南之富華，亦不像西北的寒瘠，國都設於此地，一不致太奢麗，加重人民的負擔，二不致太寒吝，而無建國氣象，折衷於麗吝之間，適以見民生實況，而使施政標準得以至當❺。

　　氣候方面，北平地處溫帶，冬夏溫度變化較大，六至八月平均溫度為攝氏二十六度（華氏七十八度）左右，夏季有時高達攝氏三十六度（華氏九十八度）， 自十二月至二月降為攝氏零度以下（華氏三十二度）， 每年九月之後開始降霜，十一月為冰凍封河期，至三月始開河。北平天氣較為乾燥，全年以吹北風或西北風為多，平均降雨量約二十五吋，雨季集中於七、八、九月，占全年百分之七十五左右，尤其是七月份降雨量佔全年雨量的百分之六十，冬季的十二月至二月幾乎無雨❻。

　　平原是北平地形的特色，而城廓與胡同則是北平的重要象徵。沙學浚認為城市愈大則城門愈多❼，北平全市約七百平方公里，而環繞北平者則為高高的城牆❽，這些城牆是歷經遼、金、元、明、清等朝逐步建造完成者，尤以明朝最為顯著。民初的北平城垣即為明代永樂

天津及北平附近圖

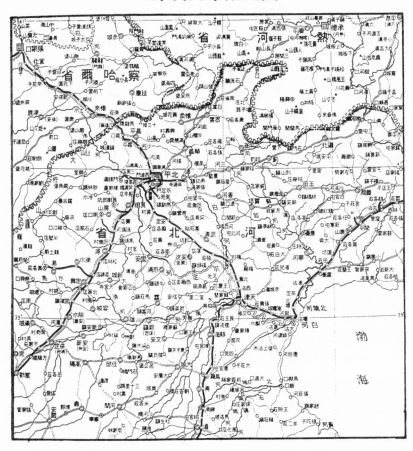

年所建、清補建而成，共分為內城、外城、舊皇城及紫禁城四城，內城周四十里，高三丈五尺五寸，有城門九處，內以正南的正陽門（俗稱前門）最為壯觀，南方有崇文門、宣武門，北方有安定門、德勝門，東方有東直門、朝陽門，西方有西直門、阜城門。明清及民國時期政府各機關，均集中在內城。外城周二十八里，高二丈，共設永定、左安、右安、廣渠、東便、廣寧、西便等七門，在永定門內有天壇，隔正陽門與先農壇相對。舊皇城，周十八里，有四個城門稱為中華門、長安門、新華門、天安門等❾。這些城廓，方正而有規畫❿，具有防敵入侵與凝聚向心力的意義。

眾多的胡同構成北平的另一特色，北平有句俗語：「有名胡同三百六，無名胡同似牛毛。」 有關北平胡同的起源及與胡同的數目的多寡說法不一，有認為胡同是「水井」，有認為是「居民聚落」，有認為是「比村大的部落」❶。胡同確實數目也由於對胡同的界定不同而有所差異。日本學者多田貞一於民國三十三年對北平的胡同進行調查，認為當時的胡同共有三千二百條，但其中包含著一些未被直接稱為胡同的街巷❷。

天津與北平同處於國際時區的東八區，位居北緯三十九度十分，東經一百一十七度十分，當九河之匯，河流縱橫，舟楫與水利甚便。著名之河流有：衛河、三岔河、白河、海河、大清河、鳳河、子牙河、鹹水河等❸。東臨渤海，北依燕山，地理位置十分優越，由天津北行約一百二十公里，可到達北平，東南約六十九公里，即可出海，通往我國沿海各地，自金、元以來，天津區即以「河海之衝」及「畿輔門戶」著稱，明、清時期，天津由一個軍事據點和漕糧運轉中心，發展成為新興的商業大城市，自開埠後又迅速發展為工商業大都市，成為北方水陸交通樞紐。

天津氣候屬於溫帶季風型大陸性氣候，冬季寒冷，低溫在攝氏零度（華氏三十二度）以下，夏季炎熱，高溫達攝氏三十度（華氏八十六度）以上，春秋兩季很短，冬季最長，約一百六十六天，夏季其次，約一百天，春秋兩季僅約五十至六十天。全年的降雨量極不平均，夏季降雨約占全年的百分之七十，造成河水暴漲，冬季降雨僅占百分之二，春天晴空萬里，降雨量又少，熱風吹襲，蒸發量大，有助沿海的曬鹽工作，但常使禾苗枯萎，對農作物威脅極大，歷史上常出現春旱秋澇的災害。

河海匯集的地形是天津地理的特色，而林立的租界與舉目可見的洋行則是天津自開埠以來的重要象徵。清咸豐十年清廷與英、法等國簽定北京條約，天津被迫開為通商口岸，十月，英國首先於天津城東南海河沿岸的紫竹林村建立租界❶，法國繼之，清光緒二十一年（一八九五年）中日馬關條約之後，日、德、比、奧、義、俄等六國亦於天津設立租界，天津租界的重要僅次於上海❶。由於租界擁有治外法權，不但帶動天津商業的繁榮，許多政客及文人墨客紛至沓來，帶動文風及其他方面的發展❶。

(二)歷史沿革

平津地區的重要性除因較佳的地理環境之外，受歷史發展的影響亦大。北平，歷代名稱及統轄範圍不一，夏時稱為冀州，商時為幽州，周封堯後代於此稱為薊，春秋戰國時為燕國，以薊城為中心，當時稱之為天府之國。自秦王政二十一年（西元前二二六年）秦始皇滅燕至後梁太祖開平元年（九〇七年），薊城一直是中國北方的軍政中心；漢高祖劉邦建立天下，封盧綰於此，稱為廣陽郡，為漢代的要郡，其後名稱屢經更易。魏晉南北朝或稱幽州燕都，或稱幽州燕國，隋初稱幽州，大業初年改為涿郡，唐初稱為幽州後改為范陽郡，為唐代的重

鎮。五代時後晉石敬塘割燕雲十六州予遼，遼太宗於遼會同元年（九三八年）升幽州為南京，為遼五京之一。金主亮天德五年（一一五三年），海陵帝於此建都，改南京為中都❶，北平內城即建於此時。元世祖中統二年（一二六一年）十月，修燕京舊城，至元元年（一二六四年）八月改燕京為中都，至元八年（一二七一年）， 正式以中都新城為京，改名為大都❸。

北平地位至明朝更為重要，明太祖洪武元年（一三六八年）八月徐達攻進大都，改大都路為北平府（開始以北平稱之）❶，北平府為明初燕王朱棣的封國，永樂元年（一四〇三年）燕王篡位是為成祖，成祖深知北平勢踞形勝，為「龍興之地」， 將北平改為北京，這是歷史上第一次出現「北京」這個名稱，明英宗正統六年（一四四一年）正式以北京為首都。從北平的歷史沿革而言，雖然名稱不一，但自遼、金、元、明以北平為首都後，帶動其他方面的發展，如城廓的建築、街道的規劃等；許多文人雅士亦因而薈集於此，成為文化與政治的中心。

天津歷朝名稱亦不一，禹貢時屬冀州，周時屬幽州及兗州，春秋時屬燕、齊兩國。西漢初年，天津分屬泉州、章武兩縣，漢武帝為開發鹽業資源，在此設鹽官，並開始挖河渠。隋煬帝時修建永濟渠，成為天津地區水路交通的大動脈。北宋時因與遼國隔雁門關對峙，在天津地區設許多軍事據點，如泥沽、雙港、小南河等寨，這些寨逐漸發展成為重要村鎮。金朝遷都燕京，稱為中都，當時軍隊所需的糧餉均從河南、山東及河北一帶通過南運河運至天津，再經北運河轉輸燕京，天津三岔河口一帶，遂為南北運河及海口的咽喉，稱為直沽寨（簡稱直沽）， 金世宗大定二十一年（一一八一年）運經直沽的漕糧達百萬石之多❷。元滅南宋統一中國後，定都大都，因河道漕運困難，轉用

海運，天津為海運漕糧轉至大都的必經之地，每年從江南運至大都的漕糧多達三百餘萬石，天津沿河一帶呈現出「轉粟春秋入，行舟日夜過」的景象❹，這些漕運不僅載糧，而且載運其他貨物，帶動其他行業的發達，加上鹽業，使天津地區遂日趨繁榮❷。

天津的地位自明朝後益形重要。明太祖洪武元年（一三六八年），朱元璋在南京建立明朝，分封諸子為王，第四子朱棣被封為燕王據守北平，明惠帝建文元年（一三九九年），燕王與惠帝爭權，由直沽南攻，建文四年，攻入南京，燕王即帝位，是為明成祖。由於直沽為成祖渡河之地，被賜名為天津❸。永樂二年（一四○四年）後，先後設天津衛、天津左衛、天津右衛，駐兵一萬六千多人。永樂四年（一四○六年），建天津城。除建兵衛對天津的發展有影響外，影響天津發展的另一因素即明代的漕運。由於永樂初年，北河淤塞，海運至天津即不能北上，於是在天津設糧倉儲存，成為糧餉主要儲存地。永樂十七年（一四一九年），明朝遷都至北京，天津為首都的東大門，漕運更加的繁忙；為加強管理漕運，天津設戶部司的專門機構；為加強天津鹽業的管理，河間長蘆都轉運使司下設青州分司管理，天津政治地位日加重要。至清朝，天津為華北的商業重鎮。清朝為加強對天津的控制，於清順治九年（一六五二年），合併天津三衛為一衛。清雍正三年（一七二五年）將天津衛改為地方建制的天津州，隸屬於河間府，後又改為天津直隸州。雍正九年（一七三一年），天津州升為天津府，下轄天津、靜海、青縣、鹽山、慶雲、滄州等六縣一州，並設有知縣、知府、巡道、鈔關、長蘆鹽政、鹽運使等機關❹。

由於來往的商船增多，天津逐漸成為南北貨物的集散地，大批南方貨品如茶葉、酒壺、珍貴的木材及各種香料等到天津集散，北方的商船又從天津運回北方的花生、大豆、藥材、人參等貨品；此外，天

津為清代長蘆鹽的生產、運銷中心，康、雍時代，長蘆鹽產量達六百餘萬石，鹽商成為一個特殊利益的集團，一方面藉由巨額財富，輸銀捐官，協助地方政府建設，另一方面也從中攫取更大的經濟利益，以發展其政治與經濟的實力。商業貿易的繁榮，使天津發生明顯的變化，城北、城東一帶出現的河北大街、北大關、宮南大街、宮北大街等新的商業區，城內外出現許多的專門商場，如肉市、魚市、牛市、菜市等，洋行亦於嘉慶年間逐漸興起，票號及商業會館因應而生，商人的活躍對天津城市的發展產生重要的催化作用，清中葉後更因西方資本的加入，天津的地位更加重要。

二、歷史地位與人口變遷

㈠北平為中國文化中心

北平自清季以來報刊雜誌等文化傳播事業即甚為發達，十九世紀末年，有榮祿堂發行的《京報》（抄錄上諭及內閣的奏摺），及光緒年間發行的《諭摺匯存》（集錄京報的內容）等類似官報的報刊；同治十一年（一八七二年）外國教會在北京出版《中西聞見錄》，介紹簡單的科學知識；光緒二十一年（一八九五年）維新派發行《中外紀聞》是第一種民辦報紙；辛亥革命前立憲派在北京辦《芻言報》，頗受歡迎；日本於光緒二十七年（一九〇一年）在北京辦《順天時報》；民國初年有代表袁世凱政府立場的《亞細亞日報》。新文化運動時期，北大在蔡元培校長的主持下，各社團創辦學報、發行刊物，帶動學術風氣㉕；大約有超過六十種新文化運動的刊物在北平發行，北平成為新文化運動的重鎮，當時出版的刊物有《新青年》、《新潮》、《每週評論》等；較有名的文學團體如文學研究會㉖、沉鐘、莽原等均紛紛發行刊物鼓吹新思想。報紙方面，「七七事變」前，北平共有《華北日

報》、《益世報》、《國民日報》、《北平日報》、《光華日報》、《北京時報》、《大民報》、《中華日報》、《中央新聞》、《燕京時報》、《民國報》、《亞東日報》、《民意報》等七十餘種日報❷，為全國之冠，雜誌有林語堂主編的《人間世》、《宇宙風》；胡適主編的《獨立評論》；王平陵主編的《文藝月刊》；另有《國聞週報》、《時代》等一、二百種❷。抗戰期間在日本的統治下，許多言論受到限制，雜誌等刊物的發行大受影響，戰後又是一股刊物興起的高潮，新出刊或復刊的雜誌高達百種以上，其中較為重要者如《大中華雜誌》、《大學周報》、《正論》、《北平風》、《國民公論》、《建國評論》、《民主周刊》、《中國內幕》、《時代青年》、《新思潮》、《經濟評論》、《民生月刊》等對文化發展影響甚大。

　　北平除了是學術文化的重鎮之外，古蹟、文物等更是到處可見；研究北平都城歷史的謝敏聰曾談到：

　　　　北平城是我國留存至今唯一完整的歷史名城，現存古蹟之多甲
　　　　於全國，馳名世界。明、清城闕、壇廟、苑囿，除內、外城牆
　　　　拆掉外，大多完整保留，為研究中國古來傳統都城制度貴重的
　　　　實例。❷

北平的古蹟世界馳名，其中最為有名的如故宮、天壇等均具悠久的歷史。故宮，位於北平城的中心，又稱為紫禁城，是明清兩朝的皇宮，為我國現存最大最完整的古建築群。明成祖永樂四年開始興建新的北京宮殿，永樂十八年（一四二〇年）底紫禁城宮殿基本建成，次年成祖正式遷都北京，建築相當宏偉❸。天壇，位於崇文區天橋南大機街和永定門大街東側，為明清兩代皇帝祭天、祈穀、祈雨之場所，光緒年間經大火燃燒，祈年殿被燬，經補建已大不如前。其它如大佛寺、

太廟、古觀象臺、地壇、先農壇、文廟、雍和宮、白雲觀、玉皇閣寺、三貝子花園、白雲觀、武英殿等，均顯示北平之為古文化中心乃其他城市所不能比美者。

學校方面，自隋以下北平即為中國的科舉考試中心，北平區的舉人最多。清季的新式學校亦以北平為最早，同治元年（一八六二年）設立同文館，中有英、法、德、俄、日等五國教習。光緒十七年（一八九一年），基督教會在崇文門內創立匯文大學，光緒二十四年（一八九八年），清廷創立京師大學堂，為北大的前身。民國以來為學校的薈萃之所，陳鴻年稱：「北平這個地方，教育發達，尤其在環境上，恆為其他地方所不及，不要往前說，就以入民國以來吧，各省各地千里迢迢負笈北平求學的莘莘學子，不知道有多少。」❸統計北平地區，民國三十六年（一九四七年）止，專科以上學校有十三所❸，中學方面六十二所，學生人數約二萬九千人❸。小學方面，以三十五年六月計，市立小學計有一百二十五所，私立小學八十六所，簡易小學五十八所，計二百六十九所，學生人數為七萬九千七百八十五人❸。學校及學生人數之多為其他城市所不及，為文化發達的基礎。文物古蹟眾多、學術思想發達、報刊雜誌盛行、學校林立等，使北平成為中國的文化中心。

㈡天津為華北的經濟重鎮

1.戰前的經濟發展

天津並非一夕間成為華北甚至全國的商業重鎮，而是逐漸發展而來，其迅速發展的原因有四：⑴地理位置重要。天津位居北運河、永定河、大清河、子牙河、南運河等五河匯聚之區，五河橫貫東流注入渤海，形成海、河銜接的優越自然環境，使天津成為華北內外交通的樞紐。⑵元、明、清首都建於北京，帶動天津政治、軍事、經濟的發

展。(3)漕運、鹽業的發展，天津商業貿易逐漸發達，也使中央政權重視天津的各項建設，天津都市化遂逐漸形成。(4)咸豐十年（一八六○年）天津開埠以後，成為重要通商口岸，各國相繼在此投資，清廷亦興辦各種企業，天津漸成為華北的商業重鎮及貿易中心，奠定其在中國的重要地位。

首先就長蘆鹽的發展而言，鹽在天津的生產雖歷史甚久，但以明代最為重要。明初為加強鹽務的管理，於洪武二年（一三六九年），在滄州青縣的長蘆鎮設置「北朋河間鹽運使司」，永樂初年改為「河間長蘆都轉運使司」，長蘆鹽之名稱即從此開始。明代長蘆鹽產量，每年平均達一萬八千八百引（每引為二百五十斤），稅收銀一萬二千餘兩，占全國總鹽稅十分之一❸。加以明廷將官營制度改為商人專賣，即官督商銷制度，大鹽商逐漸興起，使天津成為長蘆鹽的產銷中心。清代承繼長蘆鹽的官督商銷制度，設長蘆鹽御史署，巡鹽御史多由皇帝特派，復設長蘆都轉運使司，全面管理長蘆鹽的產銷。至乾隆朝止，長蘆鹽場雖從十九個合併為八個，但產量並沒有減少，每年天津鹽稅收入約四十三萬七千兩，約占全國鹽稅的十分之一強。行銷地點遍及京、津、魯、豫，鹽商靠其資本捐官、捐獻，成為一個特殊的利益團體，然由於長蘆鹽的發達帶動天津其他商業的發展❸。

其次就漕運的發展而言，天津的漕運起於金朝，金天德五年，將都城由會寧府（今黑龍江省阿城縣）遷至燕京（今北平）。當時，燕京居民約二十萬戶，還有龐大的政府機構及大量的軍隊，每年需要消耗大批的糧食和其他物資，僅糧食一項便須從山東、山西、河南、河北等地徵集，金世宗大定二十年（一一八○年），修通大運河的黃河北段，大批的漕糧經過南運河、滹沱河、子牙河、大清河匯集到天津地區。並在運河沿岸的臨清、歷亭、將陵、會川等各州縣設置許多倉

庫，儲存附近繳來的漕糧。到了元代，除河漕外，為節省費用，發展
海漕，海漕以直沽（天津）為轉運中心，直沽遂發展成為貿易中心。
明代的漕運比元代更為發達，每年有大量的漕糧經天津轉運。由於本
地生產不足以供應天津、北平人民之所需，天津亦為糧食的轉運與集
散地。漕船往來時，順便載運其他貨物，帶動商品流通，促進商業的
繁榮。明永樂後，隨著北方經濟的發展，漕糧運額增加，當時漕糧雲
集，遂不斷擴大倉廠，宣德年間，增築天津左衛大營倉九廠四十五間，
天津右衛廣備倉七廠三十五間，天津大運倉六廠三十間，同時在天津
設戶部分司主其事。清代的漕運大抵沿襲明制採用河運，每年運至北
京的漕糧約三百三十萬石，比之明代略為增加。為保證漕船的安全，
清乾隆二年（一七三七年），增設巡漕御史四人，其中一人駐天津，
負責天津至山東段的運河，一人駐通州，負責天津至通州河段的運河。
另於天津府下設左、右二所，領有運船三十七艘，以協助漕糧的運送。
漕運的發達帶動天津經濟的發展，華北一帶的貨物如棉花、梨、核桃、
長蘆鹽、百貨等藉由漕運的船隻運送到各地，百貨雲集於此，為天津
經濟繁榮增添許多活力。

　　再次為清咸豐十年天津開埠的影響。天津自開埠以後，進出口貿
易逐漸成長，同治四年（一八六五年）進口總額為一千一百餘萬元，
出口總額為一百七十餘萬元，至宣統二年（一九一〇年）進口總額為
四千一百餘萬元，出口總額為八百二十餘萬元。入民國後成長更為快
速，民國十八年（一九二九年）出口總值為八千一百餘萬元，二十四
年（一九三五年）出口總值為九千一百七十餘萬元❸，開始出現出超，
此與日本對華北進行大規模的走私行為有關❸。由於貿易的頻繁，使
天津成為僅次於上海的貿易港口❸。以二十五年為例，華北地區天津、
青島、煙臺、秦皇島、龍口、威海衛等六大港口而言，天津佔出口百

分之五十九・九三，進口百分之五十七・七三。出口以棉花、羊毛、皮革、豬鬃、蛋品等家畜產品為主，佔總出口百分之五十。進口則以棉織品、麵粉、鋼鐵、石油、糧食、機械等為主❹。其中尤以原棉的出口為大宗，二十三年出口十六萬二千公石（約值一千二百萬元），二十四年為十八萬八千公石（約值一千三百五十萬元）， 二十五年為三十萬六千二百七十公石（約值二千三百三十萬元）❹。為進行貿易，大小貿易行紛紛出現，如英國的怡和洋行、菲力普、摩爾洋行等在天津成立分支機構，其他各國的貿易行如德國的德隆商行、日本的桑茂洋行、法國的永興洋行等紛紛設立，成為三步一小行、五步一大行的情形。總計在戰前共有二千六百八十六家。以國外貿易行而言，日本佔一千九百三十四家❹，英國次之，佔一百八十五家，美國一百五十八家，德國九十三家❹。

至於各國在天津的投資，由於國民政府克復平津後，局勢穩定，各國在平津地區投資額增加，其中以英國的投資額最高，其次為日、美、法、德、義等國。投資項目中，銀行業為各國投資的要項，如英國匯豐銀行、麥加利銀行、德國之德華銀行、日本之正金銀行等，相繼在天津設置分行外，其他投資項目並不相同，英國以進出口業為主，日本則以工業為主。民國二十五年日本在天津的投資為二千四百二十三萬八千美元（當時每一百日元為二十八・五一美金，合日元為八千五百零一萬六千日元）， 其中以一千三百六十一萬四千美元投資在工業方面，約佔其投資額的百分之五十六。除英國外，各國均不願投資在公共事業，可知列強在天津的投資純粹是短期的利益取向。各國抗戰前在天津的投資，見下頁表1-1。

2.日本佔領期間的經濟發展

民國二十六年（一九三七年）七月七日，盧溝橋事變發生，七月

表1-1： 抗戰前各國在天津投資概況表

單位：千美金

國別＼類別	銀行業	工 業	公共事業	進出口業	航運業	合 計	百分比
英 國	18,886	4,740	3,000	23,069	3,500	53,195	44.9
日 本	8,119	13,614		4,505	3,000	24,238	20.6
美 國	7,695	1,152		7,306	228	16,381	13.8
法 國	7,507	931	75	1,901	200	10,614	9.1
德 國	1,769	173		5,130		7,072	5.9
義大利	2,025					2,025	1.7
其 他							4.0

資料來源：李洛之、矗湯谷，《天津的經濟地位》（經濟部冀察熱綏區特派員辦公處結束辦事處駐津辦事分處，民國三十七年三月），頁134。

三十日，天津失守[44]。自此後至三十四年八月日本投降，天津為日本統治長達八年之久。日本統治期間對天津經濟發展的影響可以從兩方面加以討論，一是日本開發天津的情形，二是民族資本與企業的發展情形。

就日本開發天津的情形而言，七七事變前，日本所需的原料，主要由東北、華北提供，但日本禁止財閥參加東北投資，專由滿鐵擔任開發工作，其所需資金經滿鐵由日政府或民間籌措。華北情形亦復如此，其開發機關「興中公司」，係滿鐵的投資子公司，其資本額不超過一千萬日元，負責長蘆鹽的對日出口、設立天津電業公司、冀東採金公司、塘沽運輸公司等事項。事變發生後日本開始積極開發華北。

二十六年十二月，由日本內閣審定開發華北經濟根本方針：⑴對於鐵路、治水、鹽業、礦窯、通信、電力等重要事業，設立各門特種統制公司，其下再設各投資公司使之擔任開發工作。⑵其他開發對象如棉花、羊毛、紡織等於一定企畫下，准許自由投資。⑶承認滿鐵、興中等公司，並盡量利用其資本及技術。對於事業的經營主體採用「專家主義」，製鐵由日本製鐵、煤炭由石炭聯合會、運輸由滿鐵、電力由電力聯盟、電報電話由滿洲電話、鹽業由興中公司、棉花由紡織聯合會、在華紡織業者及興中公司三者共同出資開發，由大谷尊由、津田新吾、松方幸次郎等人領導。於是華北開發公司及「北支那開發株式會社」，於民國二十七年（一九三八年）十一月正式成立❹❺。

　　日本之所以極力進行華北的經濟開發，主要原因為：⑴華北地區有豐富的資源，如質量甚好的煤，沿海產量極豐的鹽，還有鐵、鎢等礦產，棉花、麻、羊毛、皮革等原料，尤其棉花為日本國內紡織業提供重要的原料來源。工業方面係以確保重要軍需資源為中心，欲由華北掠奪其所需的軍需資源。最初華北在他們的要求中所占的地位，不過是日滿經濟圈內供給原料資源的補助地位而已，然隨著消費的增加及日本進口的銳減，原料來源欠缺下，華北開發遂日趨重要。以煤炭而言，經營機關，在開發公司控制下，把主要煤礦分為七個地區，令日本石炭聯合會的重要會員進行開發，從二十七年與二十三年（一九三四年）煤炭總產量之比較而言，二十七年減少七百萬噸，但出口炭量則增加一百萬噸。平津地區的工礦場如井陘煤礦、龍煙鐵礦、太原製鐵廠、石景山製鐵廠於日人接手後，隨即修復設備開工生產。這顯示日本佔領華北是以供應日本所需為其主要政策。⑵利用豐富的資源及勞動力，就地生產戰爭所需的物資，減少日本國內的開支。⑶透過經濟開發達到所謂「日本、滿洲、華北經濟一體化」的目標，使華北

成為日本侵占中國的戰略基地。

日本政府鼓勵積極開發華北經濟，各大財團及商人，也視天津為淘金場所，紛紛插足於此，投資金額較戰前增加許多，以二十七年底與二十五年（一九三六年）底相較，日本在華北的投資額增加二·四倍，在天津的投資額增加四·六倍❹。尤其在工礦業方面的投資及與華人合辦事業的投資最為熱絡，投資項目極多，包括鋼鐵、機械、化工、紡織、皮革等，其中尤以紡織業的發展最快。抗戰期間，日本在天津設立華北纖維統制協會，全面控制華北棉花的生產、銷售等，二十九年（一九四〇年）較二十六年，日商紗廠的紗錠增加一倍，紡織機增加二倍以上。其它火柴、冶金方面工廠均快速成長。至於鐵路、港口、電業、通信、礦業等企業，由日本官民合辦，開辦時享受免十年所得稅之優惠，至二十七年止，已相繼成立天津電氣、冀東電業、華北電信電話、華北交通、北支棉花等十二家公司，至三十一年（一九四二年）底，增資或新設之開發公司已達六十家以上。二十七年底，日對華總投資額，華北佔全國的百分之六十，而天津佔全國的百分之二十四·八。天津日系工廠在三十四年八月十五日投降時，共有二百二十二家，投資額為五十五億四千一百萬元。總之，日本在佔領天津後，從日本的投資額及進出口貿易額而言均較抗戰前增加❹。

就壓抑中國民族工業方面而言，日本於二十六年至二十七年間掠奪天津財物價值約六十四萬英鎊❹。天津的橡膠工業，中國工廠約十餘家，日本將生膠、棉紗、汽油等列為統制物資，限制工廠的生產，日本以日資的「福助」、「中村」等橡膠公司傾銷橡膠，使中資的橡膠廠無法維持生產。其中如專門製造機器輪帶的飛龍橡膠廠購買一批汽油、煤油等原料，被日本沒收，還將負責人逮捕扣押，該廠為維持開工，只好買些次品，使產品品質下降，無法與日資廠相競爭，生產陷

於絕境。又如皮革方面，日本在天津統制皮革，使中國人所投資的皮革廠需要與日本人合作才能生存，甚至將皮革廠賣與日本。如華北皮革廠，在抗戰前有職工一百二十多人，每天可製百張皮，天津淪陷後，該廠在日本的壓力下將廠房租給德商德孚洋行作為倉庫，製革機器及大部份設備拆除；其他的製革廠，在原料缺少的情況下，生產大不如前。硫酸業方面，利中酸廠是戰前天津唯一製造硫酸的中國工廠，日本佔領後，由原來與利中酸廠競爭的「大清」、「金山」、「清山」等三家日商工廠的負責人，帶領日軍佔領該廠，工廠設備機器全遭破壞。自行車業方面，天津的自行車業戰前本相當發達，抗戰時多次被日本洗劫，三十年（一九四一年）四月，日本將春立德、華利成、同豐、興立德等幾家大車行的存貨全部查封，並藉口協助大東亞聖戰，勒令自行車業公會在浙江會館內成立「協助大東亞聖戰完成臨時購車委員會」的代辦組織，名為購車，實際上則為搶奪，多次遭劫的自行車業一蹶不振，較大的幾十家車行相繼破產倒閉。此外，日本把礦物油也視為軍用品，禁止民間生產和販賣，天津在淪陷前約有四、五十家煉油工廠，在日本佔領後只剩下恆達、興記、新亞等三家，且把煤油改為煉製黑油，勉強開工，但生產力大受影響。棉花方面，天津為華北棉花市場中心，也是日本掠奪我國棉花的中心，日本在天津設有棉花收購站、打包廠、運送公司等，並進行強購。以二十七年秋季而言，當時西河一帶美國種棉花，每石為六十五元，而日本則以三十八元一石價格強購。農業方面，日本在天津一帶的農業組織主要有兩大系統，即華北墾業公司（前身為中日實業公司，三十年後改名，在天津、北平等地設有辦事機構）和米谷統制協會，除直接經營農場外，還控制絕大部份的日本其他集團或私人經營的農場。此外設立一百二十個農場，掠奪的土地多達九十二萬一千七百多畝[49]。天津的民族工業受日

本壓抑與種種不平等的規定,如規定軍用物資和其他重要產品如鋼鐵、煤、棉花、火柴等不准自由銷售,一律由日偽強徵,不但使中國的民族工業喪失與日本的競爭能力,對民生的影響甚鉅。但就整體而言,日本佔領天津期間,天津的經濟較戰前發達,為戰後國民政府經濟接收的重點地區。

(三)人口結構

人口的變遷,不僅是人口數量的問題,同時還包含年齡、性別、教育程度、職業等問題,限於篇幅及資料的關係,僅就人口流動及人口結構作說明。中國歷代人口缺乏確實的統計,北平在清末之前亦同,自京師警察廳成立之後,才有較詳實的統計。根據清宣統元年(一九〇九年), 民政部的調查,北平內城為四十一萬四千五百二十八人,外城為二十九萬一千零七十六人,合計內外城人口總數為七十萬五千六百零四人(城郊地區人口未計算在內)❺⓪。民國十四年(一九二五年)北平內城分為六區,外城分為五區,加上東、西、南、北郊區共十五區,三十四年八月日本投降,北平分為十六區。北平的人口變遷除受政治環境遷移的影響外,行政區劃的大小亦為主因❺①。天津方面,民國元年(一九一二年)沿清末警管區的設置,將全市分為東、西、南、北、中五個區,三個特別區。十七年(一九二八年)六月,國民政府成立天津特別市後,市區的劃分不變,僅將名稱作調整,將東、西、南、北、中五區,改稱為公安一、二、三、四、五區,三個特別區(原德、奧、俄租界)及英、法、日、義、比五國租界。二十年一月,收回比租界,增設特別第四區。三十四年八月日本投降後,國民政府將全市分為一至十一區及水上區。北平市的人口變遷情形,見下頁表1-2。

表1-2：民國以來北平市人口統計表

年別	人口總數	年別	人口總數	年別	人口總數
元年	725,035	十九年	1,365,203	三十一年	1,792,665
六年	811,566	二十一年	1,473,558	三十二年	1,641,751
九年	849,554	二十二年	1,486,996	三十三年	1,639,098
十三年	872,567	二十三年	1,548,003	三十五年	1,684,789
十五年	1,266,148	二十五年	1,550,561	三十六年	1,603,324
十六年	1,325,663	二十七年	1,573,750	三十七年	1,772,840
十八年	1,353,273	二十九年	1,701,099	三十八年	1,896,785

資料來源：北平市政府統計室，《北平市政府手冊》（北平市政府，民國三十五年）；張其昀，《中華民國五十年史論集》，第一冊（臺北，國防研究院，民國五十三年）。

　　由上述資料可知，民國以來北平人口呈穩定成長，但有三個時期人口急劇增加，第一個時期為民國十五年（一九二六年），由十三年（一九二四年）之八十七萬二千五百六十七人，至十五年則為一百二十六萬六千一百四十八人，增加三十九萬三千五百八十一人，比自然成長（約二萬人）要高出許多，推其因：⑴民國十四年因北平城外四郊地面劃歸京師警察廳管轄，全市人口總數因之增加。⑵客居人口移入，北平市於十三年直奉戰爭後，東北人口及其他地方的人民相繼移入北平，使北平人口明顯增加。第二個時期為民國二十一年（一九三二年），由十九年（一九三〇年）的一百三十六萬五千二百零三人，至二十一年為一百四十七萬三千五百五十八人，增加十萬零八千三百

五十五人，推其因：⑴二十年九一八事變發生後，東北相繼失陷，東北地區的人口湧進關內，其中遷居平津地區者甚多，因此人口增加。⑵平津地區之河北省及郊區，自二十一年後有大量日軍活動，加上盜賊猖獗，人口遂往北平、天津市集中。民國二十六年七七事變發生，七月底平津地區為日本所佔領，許多政府機關、學校紛紛遷至後方，但從人口的統計而言，二十五年北平人口為一百五十五萬零五百六十一人，二十七年為一百五十七萬三千七百五十人，較自然成長率為低，即代表有一些人口往後方遷移，但流失情形並不嚴重。太平洋戰事爆發，日本加緊對中國人民的搜刮，在北平地區實行糧食配給制，造成民國三十二年（一九四三年）後人口的死亡率上升，生育率減少，因此三十二年至三十三年（一九四四年）間人口增加有限。第三個時期為民國三十五年，抗戰勝利後北平人口回流，此期因抗戰期間人口缺乏統計，但從一些回憶錄及報導資料中得知戰後人口湧向北平的嚴重性❽。許多離開故鄉多年的北平市民急於回北平，許多流亡學生亦趕回北平，更多的農村人口為尋求發展往北平集中，又因戰後華北局勢不穩，有些地區為中共所佔據，有些則有流匪趁機打劫，這些地區的人口亦大批的湧進北平，使北平人口劇增。第十一戰區（冀、熱、平、津、保定、石家莊）軍事受降之負責人孫連仲之妻羅毓鳳對此有深刻的描述：

> 日軍侵華為我們帶來了無窮的災害，民窮財竭苦不堪言，素稱文化故都的北平也難例外，當時我到各粥廠巡視，見到成群的孤兒流浪各處，繼而鄉間不堪共匪迫害逃來北平者人數尤多，真是一波未平一波又起，我憂心惶惶之下，沒等和家人商量，就把家鄉原有的私產賣掉，用來救濟他們，在北平市中太平倉

平安里購置公家拍賣的敵偽產房屋，創辦四維慈幼院，短短一個月內就收養了八百孤兒。㊿

教育部為收容失學之青年設北平輔導處供失學失業之登記，計三十五年登記者有一萬七千零四十八人㉞。但仍不能解決日益嚴重的流民問題。這些湧往北平的人口，較難計算，民國三十二年與三十五年北平市的人口相較，增加數量有限，但實際的人口可能遠超過此數。

從北平人口的發展而言，客居人口甚多，客居人口之影響，一是流動性大，二是男女之比例逐漸擴大，男性人口比女性人口多。以民國二十二年（一九三三年）一百四十八萬六千九百九十六人為例，男性為九十一萬三千四百五十八人，女性為五十七萬三千五百三十八人；二十五年北平市人口為一百五十五萬零五百六十一人，男性為九十五萬四千六百一十四人，女性為五十九萬五千九百四十七人；二十七年人口一百五十七萬三千七百五十人，男性為九十二萬九千八百二十六人，女性為六十四萬三千九百二十四人；三十六年（一九四七年）北平市人口為一百六十萬三千三百二十四人，男性為九十一萬二千三百五十九人，女性為六十九萬九百六十五人㉟。三是較不排外，就北平市長住人口的籍貫言，以民國三十五年十二月一百六十八萬七千二百一十八人計算，本籍為六十九萬四千二百四十三人，外籍為九十九萬零五百四十六人，外國人口為二千四百二十九人，外來人口甚多。

天津人口部份，明清時期，天津人口增長極快，由「濱海小堡」發展為「畿輔首邑」，明代時，天津居住不少數民族，其中以回民為最多，然外來人口隨著經濟的發展逐漸增多。鴉片戰爭後，由於地方防務的需要，天津開始有比較詳實的人口統計，據清道光二十六年（一八六四年）《津門保甲圖說》的記載，天津全縣共有八萬四千餘

戶，近二十萬人。自天津開埠後，人口隨著對外貿易及近代工商業的興起急劇增加，清光緒二十一年，天津全縣共十二萬二千八百八十五戶，五十六萬九千四百四十五人❸。清光緒三十二年（一九○六年），天津市區、四鄉及租界人口總數為八十萬零八百八十一六人，其中租界內的外國人口為六千三百四十一人。四鄉區的人口約四十萬人，天津市區的人口於清末約四十萬人。入民國後人口不斷增加，如下表：

表1-3：民國以來天津市人口統計表

年別	人口數	年別	人口數	年別	人口數
民國元年	421,735	十五年	726,733	二十九年	1,285,543
三年	452,259	十七年	871,378	三十一年	1,494,842
五年	475,913	十九年	893,212	三十三年	1,562,608
七年	470,549	二十一年	894,343	三十五年	1,677,000
九年	566,611	二十五年	1,292,025	三十六年	1,715,534
十一年	668,821	二十六年	1,000,229	三十七年上	1,772,840
十三年	672,198	二十七年	1,186,478	三十七年	1,913,187

資料來源：天津市政府統計，《天津市主要統計資料手冊》（天津市政府，民國三十七年）。

其中以二個時期流動較大，第一個時期為民國十七年及十八年，十五年為七十二萬二千七百三十三人，至十七年增為八十七萬一千三百七十八人，十八年則為八十九萬三千二百一十二人，推其原因有二：⑴十七年國民政府將天津改為天津特別市，行政區劃分不變，僅將名

稱作調整，東西南北中五區，改稱為公安一、二、三、四、五區，三個特別區（原德、奧、俄租界）及英、法、日、義、比五國租界不變，但人口重新統計。⑵十七年國民政府統一後，政治穩定，外來人口增多。第二個激增期為戰後，三十三年人口為一百五十六萬二千六百零八人，三十五年為一百六十七萬七千人，其因與北平一樣，為戰後還鄉風潮及附近地區局勢不穩，鄉民湧往城市的熱潮所致。以籍貫言，天津市民的籍貫以河北及天津市佔多數，三十六年一百七十萬人中，天津市籍約六十九萬，河北籍約八十萬，山東籍約十四萬，其他地區七萬人。

　　就職業而言，北平自明清後為中國的政治及文化中心，人口眾多，但本身的生產不足，是屬於消費型都市，許多物資需靠其他地區轉運，因此商業發達，自清季以來商業人口即佔全市人口的多數❺❼。自清咸豐十年後，列強開始積極從事於北平的各項商業活動，利用不平等條約，運送米、麵、煙、酒等日用品到北平，更大量引進洋貨，設立洋行，如英國的怡和、安利洋行，美國的慎昌洋行，德國的禪臣、禮和洋行，日本的三井、三菱商行等均至北平開設分行❺❽。中國傳統手工業受打擊，傳統的票號、錢莊等商業行為亦受影響，但北平的商業活動不但未受波及，反而更為發達，從事商業方面的人口比例為各業之冠。清光緒三十四年（一九〇八年）， 商業人口約佔百分之二十九・三。入民國後，從事商業的人口依然佔多數，以二十二年為例，從事商業的人口最多，佔職業人數的百分之二十九・四。其次為工業人口，佔職業人口百分之十六・二。農業人口所佔的比例不高，佔職業人口的百分之十二・八二。農業人口較清末為多，其因在於十四年將北平市郊劃歸北平，而市郊人口從事農業者佔多數之故。戰後仍以商業人口最多，以三十五年十二月統計為例，如下頁表1–4。

表1-4：北平市人口職業統計表（民國35年）

區域	性別	人數	農業	礦業	工業	商業	交通	公務	服務	其他	無業
一	男	86,290	1,158	53	11,223	25,728	6,572	3,511	5,986	16,102	15,953
一	女	50,597	925	4	2,890	2,859	735	360	5,582	9,728	27,505
二	男	63,784	1,276	542	2,369	10,789	1,482	5,487	771	1,316	29,752
二	女	42,076	1,089	126	1,286	562	110	161	237	135	38,369
三	男	95,238	715	104	8,173	6,898	16,101	860	1,322	19,165	41,900
三	女	62,353	330	78	5,246	105	120	341	3,417	16,213	36,503
四	男	73,508	5,266	1,560	8,548	3,093	15,356	15,095	14,950	6,133	507
四	女	59,234	1,056	1,251	5,201	18,075	3,344	13,934	1,644	13,934	1,170
五	男	53,655	3,570	140	4,053	4,700	796	1,902	5,278	3,916	28,850
五	女	45,121	679	–	1,592	361	–	195	705	770	40,819
六	男	35,575	610	38	2,142	3,644	2,174	3,565	2,335	493	20,574
六	女	30,829	–	–	215	560	265	232	1,995	275	27,287
七	男	18,353	385	2,020	2,989	2,534	1,975	2,490	2,626	546	2,788
七	女	15,554	–	–	1,250	986	285	250	4,463	–	8,320
八	男	52,083	303	1,135	15,122	29,412	1,843	9	1,513	100	3,759
八	女	20,351	44	35	9	5,218	–	6	1,935	20	13,119
九	男	64,618	1,735	1	5,702	26,893	3,011	1,484	7,175	10,827	6,656
九	女	34,856	648	–	737	1,345	197	513	1,492	17,755	11,645
十	男	69,930	2,383	28	6,533	29,583	1,764	351	6,968	12,450	9,897
十	女	41,246	324	–	2,794	3,766	2	7	836	13,367	20,150
十一	男	64,042	1,905	–	4,895	18,869	496	657	2,435	1,451	33,306
十一	女	48,128	60	–	197	1,345	–	21	685	711	45,109
十二	男	68,834	587	–	12,291	15,950	3,916	310	3,418	1,623	30,739
十二	女	43,421	179	–	432	163	–	9	291	348	41,999
十三	男	68,834	15,937	–	4,537	5,463	385	816	233	9,737	27,075
十三	女	43,421	7,001	–	1,885	997	–	1	285	3,027	43,657
十四	男	68,834	50,006	–	4,537	4,049	816	901	325	2,204	7,623
十四	女	43,421	24,040	–	2,260	1,314	–	5	2,855	1,039	26,724
十五	男	68,834	31,303	–	4,745	10,179	1,065	612	810	499	18,831
十五	女	43,421	452	–	643	218	–	–	313	106	51,919
十六	男	68,834	24,474	13	1,507	4,805	30	421	2,279	1,278	5,739
十六	女	43,421	6,276	–	25	322	3	4	315	160	26,015
小計	男	989,162	141,613	5,656	99,816	202,589	57,782	38,471	58,424	90,862	293,949
小計	女	695,627	43,103	1,494	26,663	38,695	5,061	16,039	27,070	77,195	460,308
總計		1,684,789	184,716	7,150	126,478	241,284	62,843	54,510	85,494	168,057	754,257

資料來源：北平市政府統計室，《北平市政統計》（北平市政府，民國三十六年六月），頁18～19。

其中商業人口二十四萬一千二百八十四人最多，其次為農業人口十八萬四千七百一十六人，再次為工業十二萬六千四百七十八人。各區因地理發展不同，職業分佈亦有所差異，農業人口集中在北平市郊的十三、十四、十五、十六區等四區，計十五萬九千四百八十九人，佔農業人口百分之八十六‧三。商業人口則集中在內城一、四、八、九、十、十一、十二區。從北平人民的職業分析中得知，男性就業率高於女性，教育方面男性受教育率亦高於女性，自清末以來中國所追求的男女平權觀，至民國三十五年止，顯然仍未落實，社會仍以男性為中心。

天津方面，在鴉片戰爭之前，為南漕北運的咽喉，又是北方主要的產鹽及商品的集散地，加上自然條件的關係，可耕地較少，以商為業者甚多，清季以來即出現八大家❺。天津開埠以來，由於外資的投入，租界的形成，洋行林立，帶動國內許多商人至此投資，於是銀行、票號到處可見。抗戰前，從事商業者最多，約七萬五千三百二十一人，佔職業人口的百分之二十五‧八，其次為工業人口約佔百分二十一‧六；再次為交通等服務業，佔百分之十七‧二，其中無業人口比例亦高，女性無業的比例佔女性人口的百分之六十二‧七，就業率甚低。

戰後天津地區的發展仍為工商業並重，民國三十六年初，從事工業的人口最多，共二十一萬九千九百五十六人，其次為商業人口，計有十一萬七千七百四十人，農業人口僅有一萬七千四百五十九人，且集中在第六區，以三十六年為例，如下頁表1–5。此數據雖與內政部三十六年底的統計有出入❻，但顯示：⑴天津農業人口比率甚低，因此大部份的糧食由外地供應。⑵天津在日本的積極開發礦業資源及注重工業發展下，從事工礦業的人口較戰前增加許多。⑶從事商業的比率甚高。

表1-5：天津市人口職業統計表（民國36年）

區域	類別人數	農業	礦業	工業	商業	交通	公務	其他	無業
一	男	95,001	36	－	8,158	37,814	4,150	7,501	8,576	28,771
	女	53,965	－	－	1,237	858	74	458	3,605	47,683
二	男	79,975	204	54	14,800	22,221	2,967	1,817	5,787	31,945
	女	59,742	－	－	501	255	24	56	2,624	56,280
三	男	94,377	3,104	－	17,904	18,886	5,972	1,966	8,739	37,793
	女	75,294	55	－	3,092	888	10	24	1,113	70,112
四	男	85,183	1,310	－	24,069	13,141	7,606	574	1,964	36,519
	女	71,506	903	－	2,937	894	－	－	383	66,399
五	男	38,505	725	－	13,538	4,048	1,145	538	794	17,667
	女	32,720	2	－	6,617	344	－	－	394	25,423
六	男	96,863	5,916	732	17,920	2,088	4,971	1,300	8,066	37,024
	女	79,743	515	306	6,516	105	－	27	3,629	67,682
七	男	78,903	－	－	12,298	2,965	3,043	817	7,486	25,607
	女	52,045	－	－	929	66	－	17	2,707	47,728
八	男	56,236	16	4	27,847	6,226	4,488	1,711	9,700	50,216
	女	98,091	－	－	2,394	19	4	14	3,778	91,711
九	男	85,964	2,034	－	16,558	2,430	6,226	646	6,022	30,173
	女	61,076	101	－	804	75	－	6	381	59,030
十	男	45,418	45	6	6,146	1,149	2,421	2,121	8,792	14,391
	女	40,829	－	－	1,265	131	369	76	9,884	27,884
十一	男	27,850	2,172	－	34,268	2,984	16,679	769	6,932	37,192
	女	96,236	85	－	9,952	153	－	3	1,432	33,225
水上	男	7,239	675	－	3		4,970	32	152	1,507
	女	2,748	376	－	1		99		2	2,270
小計	男	811,511	16,237	796	194,409	113,952	64,638	19,792	74,290	348,807
	女	723,998	2,037	306	36,245	3,788	580	681	18,184	595,437
總計		1,535,509	18,274	1,102	230,654	117,740	65,218	20,473	92,474	944,244

資料來源：天津市政府統計室，《天津市政統計》（天津市政府，民國三十六年九月）。

從上述分析得知，平津地區的地理環境及歷史沿革，與戰後接收、復員有若干關係：

⑴北平為中國政治及文化中心，留有許多古蹟，在政權轉移過程中，雖然有武力的對峙局面，然新政權建立者為維護及保存文化面貌，大都採和平的方式進行接管，即使在日本佔領平津期間，雖然談不上維護，但亦未有大的破壞。中共三十八年發動平津戰役，以武裝攻佔天津，北平方面則與華北剿匪總司令傅作義達成協議，和平接管北平，維護古都的面貌為雙方最主要的考量。

⑵天津為華北工商業重鎮，在日本積極開發下，經濟較戰前活絡，並增設許多廠礦，為戰後國民政府接收的重點，由於經濟接收所涉複雜，加以有利可圖，因此接收的貪污案件最多，所延伸的問題亦最為複雜。

⑶平津地區人口隨著政治局勢的發展而變動，但由於是中國的政治、文化及經濟重鎮之故，因此外來人口眾多，又歷經多次的政權轉移，地域觀念較不嚴重，戰後國民政府平津地區接收過程中，未因省籍引起反彈。

第二節　接收前平津地區的政權轉移

一、政權轉移的經過

民國以來平津地區的軍政曾歷經五次的變動：㈠北洋政府統治時期（民國元年至民國十七年）；㈡國民政府統治時期（民國十七年至民國二十六年）；㈢日本統治時期（民國二十六年至三十四年）；㈣接收復員時期（民國三十四年至三十八年）；㈤中共統治時期（民國三

十八年起）。 這五期的轉變可視為政權的轉移，在政權轉移的過程中雖都出現過新舊政權間的軍事對峙，但除日本攻佔平津地區外，大部份經由和平方式進行政權轉移，對建設的破壞影響不大。

(一)北洋政府統治時期

民國元年二月十二日，清帝退位。十三日，孫中山向臨時參議院提出辭大總統之職，舉袁世凱代替，但附有辦法三條，其一、臨時政府必須設於南京；其二、新總統至南京就任；其三、參議院制定之臨時約法，新總統必須遵守。孫中山之所以提出這些條件，其目的一方面使袁世凱離開其平津地區的根據地，擺脫舊官僚的約束，再方面擺脫使館區的特殊勢力，使列強在北京至海口的駐軍失去作用。但袁不願置身於革命黨控制下的南京，遂藉口北方秩序不易維持，軍旅須加強部署，東三省人心未盡一致等為由，推拖不肯南下，參議院一度同意政府設於北京（民國十七年以前的稱謂）， 因孫中山與黃興等人反對，乃議決政府須設在南京，當時章炳麟及蘇、浙、湘、滇等省都督，主張建都北京，袁的態度轉硬，聲稱捨北而南，窒礙難行，且北方軍民意見紛紜，袁遂藉北京兵變之機定都北京❻。至此平津為袁世凱所掌控。袁世凱去世後，北京政局先後為皖、直、奉等軍閥派系所左右，各軍系在平津地區的軍事消長大致隨著政治的發展而有變動，民國五年（一九一六年）至九年（一九二〇年）北京政局由段祺瑞之皖系所主控，但馮國璋為主的直系勢力亦不弱，以駐防於京畿一帶的軍隊而言，直系甚至略佔優勢❻。民國十三年十月第二次直奉戰事發生，馮玉祥結合不滿曹錕與吳佩孚的直系將領胡景翼、孫岳部隊倒戈，進入北京，逼曹錕去職，由黃郛代理國務總理，攝行總統職務，強制溥儀（宣統）出宮。十一月二十四日，馮玉祥與張作霖推段祺瑞為臨時執政，新任首長雖然半屬於皖系，實際軍權則由馮玉祥、張作霖所掌控，

馮、張各謀擴張地盤，國民軍系孫岳佔領保定，**胡景翼任河南督辦**，奉軍李景林佔領天津，任直隸督辦。十五年三月，馮軍因張作霖、吳佩孚的壓迫，退集北京，四月十五日後馮軍由北京向西北後撤，退往綏遠，吳佩孚為因應北伐軍行動南下，北京遂為張作霖之天下，奉軍第三方面軍團萬福麟部、于學忠部及楊宇霆部及第四方面軍鎮守北京附近，張宗昌部駐守天津⑥。袁氏去世後，平津地區的軍政統治權隨著軍閥勢力的異動而更張。

(二)國民政府統治時期

收復北京、天津為國民革命軍北伐的重要目標，北京為當時世界承認的中華民國首都，天津為華北的商業重鎮，這兩個城市的克復，不僅代表一個舊政權的結束，同時也象徵國民革命軍北伐事業的完成。民國十五年七月，廣州國民政府北伐，十二月，張作霖在天津自稱「安國軍總司令」，接著進入北京，任大元帥，以外交總長顧維鈞兼代國務總理。民國十六年（一九二七年）初，國民革命軍北伐軍已澈底擊潰孫傳芳的部隊，此時山西閻錫山已經看出：「中國之腐敗軍閥，必不足為國民黨之敵手」⑥，一方面積極與國民政府合作，另一方面引徐永昌之軍隊入晉，以彌補山西軍力薄弱與缺乏境外作戰經驗的缺陷。十六年六月六日，閻錫山被擁為北方革命軍總司令，與奉系公開決裂。十七年二月初，蔣總司令在徐州召集軍事會議，決定以國民革命軍四個集團軍討伐北洋軍閥中僅存的奉系勢力，會師北京、天津；十六日，蔣總司令抵開封，與馮玉祥、閻錫山代表舉行軍事會議，決定將國民軍聯軍改組為第二集團軍，以馮玉祥為總司令，北方革命軍改組為第三集團軍，閻錫山為總司令，其後又成立第四集團軍，任李宗仁為第四集團軍總司令。北伐軍的軍事行動部署為：第一集團軍沿津浦線北進，循泰安、濟南、滄州而直驅天津；第二集團軍擔負平漢路以東，

津浦路以西地區作戰任務,自新鄉向彰德、大名、順德一線北上,與各路集團軍會攻北京、天津;第三集團軍的行動方向和任務是沿平綏路及平漢線以西地區前進,同各集團軍會師北京、天津❻。

　　民國十七年五三濟南慘案發生,國人咸感震驚,皆認為是國恥,於是息兵禦侮之聲不絕於耳,北京政府方面認為:「應乘此時機,釋止干戈,召開國民會議,解決國是」❻。張作霖於九日發佈停戰通電。此時國民革命軍軍事行動在蔣總司令的指示下繼續前進,第二集團軍總司令馮玉祥、第四集團軍總司令李宗仁率部沿京漢鐵路北進占領石家莊,第三集團軍總司令閻錫山派南桂馨去天津。而此時列強外交使節團恐革命政府收復京津,不承認在該區享有之利益,因而傾向歡迎政治立場比較保守的第三集團軍接收京津地區。張繼便於五月二十日,透過山西省駐滬代表張天樞傳達訊息:「外交團稱,兩湖、兩廣尚少共產,南京方面國共雜半,山西方面,完全無共,豫馮受第三國際指導,大有共產風味,如三集團軍到京、津當無問題。一集團軍、四集團軍與二集團軍到京,外交團不甚贊成。日本閣議席上,竟提馮如打津,決武力對之。」❼因此晉軍在國民政府的支持下,積極爭取京津等地的控制權。閻錫山親率徐永昌的第三軍和楊愛源的第二軍沿平漢路北進,又以商震第一軍沿平漢線以西地區進攻,牽制奉軍。為保證後方及左翼安全,又將守雁門關的部隊調來石家莊以北。全力進取石家莊及保定,五月二十九日進佔石家莊,隨之由預先準備好的一批山西幹部接管地方政權,同時任命趙承綬為石家莊警備司令。同日,蔣總司令命各軍停戰待命,俾與公使團商議和平接收北京、天津。三十日,蔣總司令抵達石家莊,與閻錫山會商京津收復後的善後事宜,並聽取保定附近戰況的簡報。由於保定附近為一平原,無險可守,安危繫於方順橋一役,閻錫山親自指揮主力軍向保定挺進,與奉軍激戰二日,

奉軍全線動搖，向高碑店、琉璃河退卻，第三集團軍遂沿津漢路兩側追擊前進，閻部於五月三十一日佔領河北省保定。當時國民政府為避免攻佔京津時發生外交糾紛，決定以和平的方式接收京津，第三集團軍配合此措施，除派張蔭梧第七軍為左縱隊，孫楚第六師為右縱隊，向北挺進；命南桂馨加緊與日本駐屯軍司令新井、參謀長三野聯絡以便進取天津；一方面派孔繁霨代表赴北京，與奉方商談合作及善後等問題，但意見並不一致。三十一日，張作霖知京津不能再留，遂決定出關。

六月一日，張作霖以北京政府領袖身份，約見駐北京各國使節，聲明保護外僑、維護京津治安責無旁貸，以安民心。二日，張作霖下達總退卻令，奉軍陸續出關，張氏並發表通電，表示不忍窮兵黷武，乃整飭所部退出京師**❻❽**。三日凌晨，張作霖與北京政府國務總理潘復等閣員，自北京乘專車返奉天，張學良、楊宇霆等暫時留守關內。四日凌晨五時，張作霖專車行抵瀋陽附近之皇姑屯時，遭日軍預埋之炸彈炸傷不治。在張作霖出關後，北京各團體聯合會隨即成立臨時治安維持會，推王士珍為會長，汪大燮、熊希齡為副會長，並致電國民政府主席譚延闓及各集團軍，稱該會旨在維持北京之治安，並留奉軍鮑毓麟旅維持秩序，「一俟雙方軍隊相距不遠之時，由敝團體商洽交替之法度，免彼此相犯，或有疏虞，然後都城治安、國際交涉，可免險象發生。」**❻❾**八日，國民革命軍第三集團軍孫楚部隊首先進入北京，原北京城內鮑毓麟部因與晉軍達成諒解，部隊先行撤退，因此入城的晉軍並未受到任何軍事的阻擾**❼❶**。第三集團軍第七軍軍長張蔭梧被任命為北京警備司令，與保安隊共同維持北京治安，八日下午，總指揮商震率部，代表總司令閻錫山正式入城接收，並出示布告安民：⑴保護外僑生命財產，⑵保護北洋軍眷屬，⑶如有收藏敗兵軍械者即呈報，

並禁止革命軍擅入民間搜查❼。閻錫山亦聲明保護外僑安全，避免引起國際的干涉。九日，臨時治安維持會以任務已畢，通電宣告解散，十日，令何其鞏❼為北京市長，何成濬❼任北京警備司令。十一日，閻錫山偕第四集團軍前敵總指揮白崇禧等進駐北京，並致電國民政府及蔣總司令，請速飭各部院派員至北京接收。至此北京完全為國民革命軍所掌控，十八年六月則由張蔭梧❼繼任為市長。

天津方面，十七年天津鄉紳嚴範蓀、華世奎等有鑒於時局的緊急，於六月四日集會，討論維持治安辦法。同日，國民政府令閻錫山為京津衛戍總司令，五日，臨時治安會與孔繁霨商定，派代表赴保定歡迎閻錫山入京主持一切，俟軍隊到達城外，即令鮑、呂出關。自奉軍出關後，關內尚駐有張宗昌、褚玉璞之部隊。六月初，奉軍褚玉璞部隊歸順晉軍，張宗昌見勢不可為，十日，下令殘部撤退。褚玉璞部第六軍軍長徐源泉本奉命留天津暫時維持治安，但同日褚玉璞宣佈辭直隸軍務督辦之職，並接受直隸省議會及天津總商會等團體之推舉，就任國民革命軍天津臨時保衛總司令。同時發表文告，「懸掛青天白日旗，令前線各部隊立即停戰，聽候國民政府處理」，閻錫山遂派南桂馨為代表，赴天津與張宗昌、褚玉璞之代表賈濟川及關麟書等商訂直魯軍撤出天津辦法五條❼。十二日，張宗昌、褚玉璞率直魯軍殘部五萬餘人向蘆臺等處撤退，國民革命軍第三集團軍傅作義部隊開進天津。先前閻於十日令南桂馨為天津市長，十二日，傅作義為天津警備司令，袁慶增為天津市憲兵司令。傅就任後，向天津各國領事宣告，保護中外人民生命財產的安全，並特別和部下約法三章：不准吃喝嫖賭、不准貪贓枉法、不准敲詐勒索，並昭告官兵要防腐化，以保持原來的戰鬥力❼。至於徐源泉則接受第三集團軍節制，辭去天津臨時保衛總司令職，將所部撤出天津，改稱國民革命軍第三集團軍第十一軍，徐氏

受任為第十一軍團總指揮。同日，閻錫山致電蔣總司令及馮玉祥，告已和平接收天津，軍事委員會派四組接收軍事機關，第一組主任李互接收參謀廳所，第二組主任張靜愚接收航空處，第三組主任李炎接收經理處與海陸軍審計處，第四組主任陳思籌接收海軍部，由何成濬任指揮❼。在國民政府入主平津地區時，除平津交通多處受到破壞外，北京及天津方面大學及多數市民均表歡迎，青天白日滿地紅的旗幟到處可見❽。

六月二十一日，國民黨中央政治會議作成決議，直隸省改名為河北省，舊京兆區各縣併入河北省；北京改名為北平，天津設為特別市❼。天津特別市仍沿舊制，將東、西、南、北、中五個區的名稱改為公安一、二、三、四、五區，另外設三個特別區（即原德、奧、俄租界）、四鄉區，及英、法、日、德、義、比五國租界❽。天津特別市於六月二十五日正式成立，市長為南桂馨❽，其後相繼任天津市長者有崔廷獻❽、臧啟芳❽、張學銘❽、周龍光❽、王韜等。

國民黨初設中央政治會議，北伐後於北平等地設分會，由當地軍事領袖主持，閻錫山不僅握有河北、北平、天津的軍權，而且名正言順的握有地方的政權。十九年發生「中原大戰」之後，張學良部將領被任為北平、天津衛戍司令及河北省政府主席，閻部退出平、津，其勢力由張學良所取代。九一八事變後，東北政務委員會改組為北平政務委員會，復撤銷陸海空軍總司令部，於十二月成立北平綏靖公署，任張學良為北平政務委員會常務委員兼綏靖公署主任，集平津軍政大權於一身。政務委員包括胡適、張伯苓、傅作義、門致中、宋哲元、商震、徐永昌等三十一人，轄區包括河北、察哈爾、熱河三省及北平、天津二市❽。八月張辭去北平綏靖公署主任一職。九月，中央鑑於河北防務重要，將北平綏靖公署予以裁撤，另設國民政府軍事委員會北

平分會，任張學良為北平分會委員長，指揮華北軍事。二十二年初，日本侵犯熱河，張部湯玉麟未經激戰，棄守承德，全國輿論大譁，張學良在各方的責難下引咎辭職。

張去職後平津地區由何應欽和黃郛共同主持。軍事方面，何應欽兼代執行軍事委員會北平分會會長之職，並任命傅作義、孫魁元、張厲生、吳光新、秦德純、魏宗瀚、門致中等為軍事委員會北平分會委員[67]。政治方面則於二十二年六月十七日成立行政院駐平政務整理委員會，任黃郛為委員長。何、黃兩氏分掌平津地區軍、政達兩年之久。

民國二十四年夏秋之後，河北局勢危急，行政院於九月一日撤銷駐平政務委員會。十一月二十四日，殷汝耕在通縣成立冀東防共自治委員會，自稱為委員長。二十六日行政院撤銷軍事委員會北平分會，另成立冀察綏靖公署，派宋哲元為主任。宋一面力辭該職，一面維持平津地區的治安。國民政府為應付日益嚴重的華北局勢，除於十二月十一日派何應欽赴北平與宋哲元等商討對策外，另派宋哲元、張自忠、門致中、高凌霨、萬福麟、王揖唐、劉哲、李廷玉、賈德耀、胡毓坤、王克敏、蕭振瀛、秦德純、程克、周作民、石敬亭、冷家驥等為冀察政務委員會委員，並指派宋哲元為委員長。十八日委員會正式成立，推秦德純、劉哲、王揖唐等人為常委，該會所轄的範圍包括河北、察哈爾省及北平、天津兩市。為推動會務置經濟、外交、建設、交通、法制等五個委員會。因此至二十六年七七事變發生，平津地區的主要掌權者為宋哲元[68]。

(三)日本統治時期

民國二十六年七月七日盧溝橋事變發生後，蔣委員長決定以積極的態度應付日軍的挑釁，於七月八日電宋哲元：「宛平城應固守勿退，並須全體動員，以備事態擴大。」[69]電令南京軍事委員會辦公廳主任徐

永昌、參謀總長程潛等準備增援華北。九日，電太原綏靖主任閻錫山，隨時準備應戰，並嚴密防範。

日本方面，七月八日，對宛平城作三次攻擊，攻擊的間歇時間，進行調查、要挾、談判，並調動軍隊。七七事變發生時冀察政務委員會委員長兼第二十九軍軍長宋哲元尚在其故鄉山東樂陵，會務由常務委員、北平市長、第二十九軍副軍長秦德純主持，秦的態度頗為鎮定與堅決，電令宛平城守軍團長吉星文：「盧溝橋可為爾等墳墓，應與橋共存亡，不可失守。」⑩當晚，秦德純在清大懷仁堂舉行中國教育學會及中華兒童教育社兩會的歡宴年會上，對教育學者表明：⑴絕對服從中央，⑵不惹事亦不怕事，⑶北平決不作瀋陽第二，⑷準備犧牲⑪。北平於同日宣佈戒嚴，由三十七師師長馮治安為戒嚴司令。在此同時，中日雙方展開談判行動，秦德純最先令河北省第三區行政專員兼宛平縣長王冷齋及冀察外交委員會主席魏宗瀚等到北平與日本特務機關交涉，但毫無進展。八日，秦德純與第三十八師師長張自忠，分別在北平、天津與日本特務機關長松井久太郎及日本駐屯軍參謀長橋本群進行交涉。中日雙方口頭達成三項協議：⑴雙方停止射擊；⑵日軍撤至豐臺，中國軍隊撤到盧溝橋以西地帶；⑶城內防務由中國保安隊接防，人數二、三百人，時間定為九日上午⑫。十一日，松井久太郎又與秦德純簽訂「盧溝橋事件現地協定」，張自忠、張允榮亦與橋本群參謀長簽訂協議三條，除日本自認有過失外，其內容與上述的協議相差無幾。然這些協議對日本根本毫無拘束力，自九日起繼續對宛平發動攻擊。日本之所以以宛平為攻擊重點，在於宛平為通向北平的南大門，其目的即在控制平津地區。

蔣委員長於七月十二、十三日不斷的電告宋哲元必須堅守立場毫不退怯⑬。但宋受到親日份子齊燮元、劉治洲、陳覺生等人的影響，

對於商談與決戰舉棋不定❸。日軍趁此期間，分別自朝鮮、東北調軍進入華北。七月十七日，日本外務省對進攻平津地區的聲明，由日本大使向南京政府提出二點要求：⑴不得阻礙現地解決案的履行。⑵停止一切對日敵對行為。十九日南京政府的答覆：⑴同時撤退中日雙方軍隊。⑵依外交交涉解決。⑶現地解決方案須南京政府批准。⑷南京政府準備接受國際仲裁❺。七月二十日，日軍再度對宛平城進行猛烈攻擊，二十五日，從朝鮮派到華北的日軍第二十師團一個中隊，藉口修理北平至天津的電話線，非法攻佔廊坊車站，經國軍交涉拒不退出，雙方發生衝突，日本駐中國軍司令官香月清司下令日軍攻擊廊坊，國軍被迫撤退，日軍佔領廊坊。廊坊為北平、天津間的鐵路要鎮，佔領廊坊即足以控制平津間的交通，二十九軍第三十八師之一一三旅駐防於此，嚴密控制平津間的日方軍運❻。宋於此時判定戰禍決不能免，決定應戰。

七月二十六日，香月清司下令日軍第二十師團迅速向平津地區移動，日本中國駐屯軍第二聯隊第二大隊，接獲指示後從豐臺乘坐二十六輛汽車開往北平，當日到達廣安門，要求入城被拒，兩軍發生衝突。此兩事件為日本駐華軍蓄意製造，其目的即在佔領平津地區。二十七日，日本政府給中國駐軍司令官的新任務即是以平津地區為作戰區，於是中國駐軍司令官乃擬訂作戰方針，準備以四個師為基幹進攻平津地區，並策劃持久佔領該區。二十八日，香月清司指揮朝鮮軍第二十師團，關東軍第一、第十一混成旅團、中國駐屯軍步兵旅團等部隊，在航空兵團的配合下，分別向駐守北平北苑、西苑、南苑的國軍二十九軍部隊發動猛烈攻擊。二十九軍無險可守，傷亡慘重，副軍長佟麟閣、第一三二師師長趙登禹以身殉國。在日軍的優勢兵力攻擊下，二十九軍被迫撤往保定，北平即為日軍所控制。

　　日軍進攻北平之同時，亦向天津展開攻擊行動，當時日本在天津的軍事部署是：在東局子機場有幾十架軍用飛機和一個中隊的兵力，在工事堅固的海光寺兵營駐有一個聯隊，並配備有十幾門火炮，在東站、北站各有一個聯隊，此外，大沽口外還有日本的軍艦及海軍陸戰隊。中國方面，由於辛丑條約和塘沽協定的規定，天津周圍限制駐紮中國軍隊，因此，在天津的武裝力量不多，計有二十九軍三十八師的一千多人，二十九軍獨立二十六旅的三千多人，天津保安隊及武裝警察一千多人❼。天津之抗日行動係由三十八師副師長李文田所發動，二十八日，天津外圍的日軍迅速分三路進入天津，天津守軍雖發動保衛，但在缺乏增援的情況下，死傷慘重，中國軍隊被迫撤退，二十九日，日軍佔領警局特四分局，並令警察繳械，李文田率部反攻，經一晝夜後退出天津，三十日，大批日軍從大沽口登陸後開進天津，天津隨之淪陷。

　　日本攻佔平津地區後，為確保平津地區及華北其他地區的治安，在華北方面軍內設特務部，由喜多誠一大佐擔任部長，華北方面軍司令部根本博中佐及其他各地的特務機關長等擔任此項工作。八月下旬開始，日本以「建設華北人的華北」、「打倒國民黨專政」為口號，於九月二十三日在天津成立「京津治安維持聯合會」。此外，為達到以華治華的目標，於十二月十四日——即攻佔南京次日，成立中華民國臨時政府（以王揖唐為首，後易為王克敏）。設議政、行政、司法三委員會，各委員會在臨時政府主席下，名為獨立機關❽，而實權則操控在日人手中。強化治安與鎮壓反日活動為日本所重視，因此自民國三十年起至三十一年期間，日本在北平進行五次的強化治安運動❾，以消弭反日情緒、剿共及清除國民黨地下工作人員等為目的。此次的政權轉移，雖在日本淡化日人統治的色彩，由王克敏的中華民國臨時

政府作為領導的幌子，藉新民會等機構，宣傳東亞共榮的理念以減低中國人的反日風潮，但反日運動並未因此終止。

二、政權轉移的紛爭

在中國傳統的政治發展過程中，朝代的興替，雖然在政治體制上未作大的變動，但統治的群體（或精英份子）不同，措施或有所更張，因之可視為政權轉移。傳統政權轉移的模式約分為三大類，一為所謂平民起義（漢、明），二為外族（漢族本位）易位（元、清），三為權臣篡位（隋、宋）， 此三種政權的轉移，第三類通常是和平的轉移，雖有些許的反對，但並沒有發生劇烈的殺戮行為，至於前兩者大部份曾發生過武力的對峙與戰爭的行為，人民的生命與地方的建設多少造成傷害，尤其第二類不僅是政權的轉移而已，還涉及民族（過去為漢族中心主義）的存亡問題，因此抗爭與殺戮較為嚴重。但不論是那一種政權的轉移，在新舊政權交替過程中均有過若干的紛爭。民國以來平津地區的統治權歷經五次重大的變動，本書視之為政權的轉移，大體而言，除日本攻佔平津地區外，其餘四次均是屬於和平的轉移，對平津破壞較小，但在權力移轉後則發生若干的紛爭。

辛亥革命改變了中國的體制，由君主專制改為民主共和，最高統治者由皇帝變為總統，就中國政治發展而言是一項重大的改變，但對平津地區人民的影響極其有限，此者可由以下幾點得知：⑴北平依舊是中國的首都，⑵新政府的重要人事，大部份為原來的舊官僚，清宣統年間天津鎮守使張懷芝、警察廳長楊以德均為袁之部屬，民國二年京師警察總監為王治馨、周肇祥，二年十月至九年七月為吳炳湘。王治馨，山東萊陽人，曾任京師內城巡警總廳廳丞，周肇祥，浙江紹興人，宣統二年任奉天警務局總辦，吳炳湘為北洋軍系出身。民國元年

三月以後相繼擔任直隸省都督者為張錫鑾、馮國璋、趙秉鈞、朱家寶、曹錕等人，或為清季舊官僚，或為北洋系統⑩。⑶平津地區革命黨員並不多，部份京津同盟會⑩黨員且在清末即以「聯袁倒清」為策略，對袁世凱並不反對。⑷民國建立，舊有的經濟環境並未改變，對一般人民的影響不大，激起的反對亦少。⑸此次政權轉移，在平津地區未經激烈的戰爭，平津地區未遭嚴重破壞。

　　袁世凱於民國五年逝世後，直、皖、奉各系間曾因人事安排、對南方和戰態度及勢力之爭等問題引發衝突，如黎任總統，段任國務院總理時，國務院秘書長徐樹錚與總統府秘書長丁世嶧不能相容；段祺瑞對南方廣州政府的武力討伐政策，遭馮國璋直系的杯葛；直皖戰後，直系的過度擴張，引起奉系的不滿；靳雲鵬組閣後，接近皖系，奉系要求改組內閣，乃由交通系的梁士詒組閣，這些政治糾紛延伸為軍事戰爭，十三年第二次直奉戰爭發生，由於馮玉祥倒戈，直系失敗，自此進入馮玉祥的國民軍系及張作霖之奉系爭權的局勢。此階段由於北方派系政治紛爭不斷，平津地區由各派系輪流統治，人民習於此政權的更易，並未發生抗爭行為。

　　其次就國民政府克復平津而言，國民革命軍在北伐期間，與北方軍閥間發生過若干戰役，在克復平津之前，晉系部隊亦曾與當時控制平津地區的奉系部隊發生衝突與對峙，但十七年六月後，張作霖見勢不可為，陸續將部隊撤至關外，僅留存部份部隊維持秩序，六月八日，當國民革命軍第三集團軍孫楚部隊進入北京時，原北京城內鮑毓麟部因與晉軍達成諒解，部隊先行撤退，因此入城的晉軍並未受到任何軍事的阻擾。六月初，駐守天津之奉軍褚玉璞之部歸順晉軍。張宗昌見勢不可為，下令殘部撤退。褚玉璞部第六軍軍長徐源泉本奉命留天津暫時維持治安，但同日褚玉璞宣佈辭直隸軍務督辦，同時令各部隊立

即停戰，聽候國民政府處理。十二日，張宗昌、褚玉璞率直魯軍殘部五萬餘人向蘆臺等處撤退，國民革命軍第三集團軍傅作義部隊開進天津，亦未經戰爭的攻擊行為，因此接收過程是和平的。

國民政府在統治平津地區時期的糾紛，主要來自閻錫山與馮玉祥因爭取平津地區的主導權所引發。由於第二集團軍馮玉祥的勢力與第三集團軍閻錫山的勢力同在華北，時有利益之衝突。十六年底，晉、奉軍交兵之際，馮軍作壁上觀，頗受晉方埋怨。至十七年接收華北地區過程中，第二集團軍一來受制於列強，二來又因國民政府中央恐馮系勢力擴展過大，故刻意扶植第三集團軍，使馮系只得北平市長及山東省主席之職而已，對此馮系甚感不悅。因此接管平津後即發生若干磨擦，一個名為「戰地政務委員會」的龐大隊伍趕到北平接收北平各機關，甚至連崇文門稅務監督公所所屬各稅務機關，亦一併接收，閻錫山所調來的人員則無法安排。蔣介石親自主持中央政治會議，作成決議，由何成濬接收軍事機關，李石曾接收北平政治分會主席，易培基接收北平故宮博物院任院長⑩。這樣的安排自引起閻的不滿。閻、馮間為接管平津亦起衝突。南桂馨就任天津市長不及數月，便發生兩次的市民暴動，當時晉系人士懷疑是第二集團軍少數分子見有機可乘加入，才發生第二次的暴動。民國十八年國民政府中央與第四集團軍衝突時，中央派任北平警察總監的何成濬電閻錫山指出：「據各方報告，四集此次所為，純係馮唆使，馮之如此，第一，在造成機會，竊取平津，利用共黨，以達其領袖之目的。」⑩直至五、六月間，馮部韓復榘、石友三背馮投降，馮主力西撤，國府撤北平市長何其鞏，以張蔭梧繼之，二、三集團軍在平津的明爭暗鬥才告一段落。

第三集團軍為主的晉系與第一、二、四集團軍及其他各軍系的爭執，主要在於資源的分配與人事的安排方面。平津是前清及北洋政府

中樞所在地，對北方軍人具其大的誘惑力。奉系被晉軍趕出平津，自時思報復，此實埋下中原大戰後張學良率軍入關、逼閻錫山下野的主因。而晉系人馬接管平津地區，人事安排僅張繼擔任北平政治分會主席，其餘分居要津者大部為山西人士，亦引起河北地區人士的不滿，天津市李壽昌、石振邦等通電國民政府、中央執行委員會、北平分會、河北省天津市國民黨部及蔣、馮、閻、李四總司令，請將天津市長南桂馨革職嚴辦，其理由是南氏自充閻總司令代表，並任天津特別市長，但憑藉名義，樹黨營私，且不遵閻總司令省政還於省民的意見，稅務各部門全用晉人，所用之人大部份具官僚作風，政治毫無革新希望，如繼續由南氏當政，不滿一年，勢必市無津人，各界全為晉產。並指責南氏將天津視為山西之殖民地，因此應予撤職⑩。總之，山西當局為保有平、津、河北地盤，幾乎與當時各大派系均發生利益衝突，而河北省籍人士亦頗有微詞，故其「保境安民」、「維持均勢」等施政原則，並未為其他軍系所認同⑩。這些爭執於十八年底張學良主控平津後才告一段落。

　　第三就日本統治過程而言，七七事變前，日本的勢力雖已深入平津地區，日本發動盧溝橋事變後向北平、天津地區推進，國軍二十九軍奮力抵抗，損失慘重，於七月底相繼撤守，日本順利進佔平津地區。日本佔領平津後對平津地區的破壞雖不如南京、上海等城市之慘烈，但許多地方遭戰火波及，增加戰後復員的困難。除攻佔時遭國軍強烈的抵抗外，在統治期間亦曾發生過若干的反抗行為。日本為維持治安，並淡化日人統治的情勢，於七月三十日在北平成立北平市地方維持委員會，由江朝宗任委員長。並於十二月十四日扶植王克敏等成立「中華民國臨時政府」，並對平津地區進行經濟的掠奪行動，因此引起平津地區人民的抗日熱潮。首先在七七事變後，北平、天津地區人民隨

即投入抗日戰爭的行列，七月十日，北平地區學生集結於天安門前演講並散發傳單，要求全民合作抗日，十一日，天津學生聯合會召開全體執行委員會，決定發起募捐運動，並派代表慰問第二十九軍官兵，南開大學學生聯合會也於七月十二日致電宋哲元，要求他指揮國軍進行抗戰，並散發「為盧溝橋事變告各界民眾書」，支持二十九軍抗日行動，並要求政府以實力保護華北。十三日，天津學生成立「二十九軍盧溝橋抗戰後援會」，以募捐的行動來支持抗戰。其他各界亦紛紛響應。民國二十六年八月華北各界救國會改組為華北人民抗日自衛委員會，成為華北、天津的抗日統一戰線的組織⑩。他們在租界舉行演講集會，散發傳單，宣傳抗戰。抗日反日之宣傳標語、佈告隨處可見，如北平北海公園三座門發現反日標語、北平圖書館發現反日宣傳品等⑩。有些學校成立讀書會，作為抗日的聯絡處。天津電話局的員工，在淪陷初期開展了抗交電話局的行動，電話局長利用該局地處英國租界的有利條件，不屈服於日本的種種壓力，抗交行動持續達三年之久⑩。

從上述資料可知，在民國元年及十七年的政權轉移過程中，雖有軍隊的對峙，但權力的移轉是和平的，權利轉移後權力間的紛爭，是政治或軍事派系間權力較勁的結果，其中固然在十七年後出現河北省反對山西省統治的情形，但亦可視為政權較勁的延伸，人民間排外的情形不嚴重。二十六年七月日本佔領平津地區的政權轉移，則由於民族主義的影響，不論在轉移的過程中或轉移後均出現抗爭行為。從民國以來平津政權的歷史來看，平津地區人民對政權的轉移，除日本侵佔期間涉及民族主義的抗爭之外，並不排斥新政權，其間的紛爭，大部份與派系的傾軋有關。

註 釋

❶ 丁秉鐩，《北平天津及其他》（臺中，榮泰印書館，民國六十六年八月），頁127。

❷ 侯仁之、金濤，〈北京〉，見陳僑驛，《中國六大古都》（北京，中國青年出版社，1983年4月），頁10。

❸ 侯仁之、金濤，《北京史話》（上海，人民出版社，1980年），頁10～14。

❹ 顧祖禹，《讀史方輿紀要》。

❺ 〈重獻建都北平之議〉，天津《大公報》，民國三十四年十月十七日，第二版。

❻ 北平市全年平均氣溫表：

月份	一月	二月	三月	四月	五月	六月	七月	八月	九月	十月	十一月	十二月
最高氣溫	14.2	14.2	19.8	28.0	32.4	41.0	37.0	34.5	31.2	27.0	19.7	3.8
最低氣溫	−14.8	−15.6	−9.2	1.2	4.9	15.2	19.3	15.8	7.4	0.0	−8.7	−14.2
平均氣溫	−3.4	0.1	2.8	14.6	19.1	26.7	26.8	25.4	20.5	14.0	5.8	− 4.5

資料來源：北平市政府編印，《北平市政統計》（民國三十六年六月），頁4。

❼ 沙學浚，《城市與似城聚落》（臺北，正中書局，民國七十一年八月），頁153。

❽ 喜樂，〈北京城不是一天造成的〉，《聯合報》，民國八十二年十月二十八日。

❾ 郭嗣汾，〈北平的城郭〉，《中華文化復興月刊》，第二卷，第十二期，民國五十八年十二月。

❿ 齊如山，《北平》（臺北，正中書局，民國四十六年），頁25。

⓫ 翁立，《北京的胡同》（北京，燕山出版社，1992年1月），頁4。

⑫　同上，頁10。

⑬　房師文，《天津市財政局實習總報告》（臺北，成文出版社，民國六十六年），頁90711。

⑭　紫竹林原為一個百戶人家的小村莊，為駁船運卸貨物的要道。

⑮　費成康，《中國租界史》（上海，社會科學院出版社，1991年10月），頁427。

⑯　盧繩，〈城市建築簡史〉，天津市政協文史資料研究委員會編，《天津——一個城市的崛起》（天津，天津人民出版社，1990年7月），頁53。

⑰　蕭詢，《北平》（臺北，洪氏出版社，民國七十一年六月），頁14。

⑱　魏樹東，《北平市財政局實習報告》（臺北．成文出版社，民國六十六年十二月），頁89907～89908。李鴻毅，《北平財政局實習總報告》（臺北，成文出版社，民國六十六年），頁90329～90331。

⑲　北平市政府編，《北平市自治之過去及將來》（民國二十三年），頁1。

⑳　《金史》，〈河渠志〉。

㉑　《重修天津府志》，卷39。

㉒　來新夏，《天津近代史》（天津，南開大學出版社，1987年3月），頁1～3。

㉓　《天津衛志》，卷4，李東陽，〈修建衛城舊記〉，康熙朝。

㉔　田紅石，〈天津概述〉，《天津歷史資料》，第三期，1965年3月，頁2。

㉕　張憲文，《中國現代史史料學》（濟南，山東人民出版社，1985年），頁119～147。

㉖　民國十年一月文學研究會在北京發起，由周作人為該會的主腦，文學研究會的主要發起人有十二人，如鄭振鐸、孫伏園、瞿世英等大部份均在北京，十月後才遷至上海。趙聰，《五四文壇泥爪》（臺北，時報文化出版社，民國六十九年六月），頁45～48。

㉗　戈公振，《中國報業史》（臺灣，學生書局，民國五十二年），頁181。

㉘　高清心，《北平回憶錄》（清新文藝社，民國五十六年三月），頁3。

㉙　謝敏聰，〈隋唐明清國都設計建置之比較——以長安城、北京城為例〉，

私立珠海大學中國歷史研究所博士論文，民國八十一年五月，頁4。

㉚ 紫禁城南北長九六〇公尺，東西寬七五〇公尺，占地七十二萬平方尺，宮牆長三千四百二十公尺，高十公尺，上寬六・六六公尺，下寬八・六二公尺，共有四個門，南為午門，東為東華門，西為西華門，北為玄武門（清改為神武門）。紫禁城內有宮殿屋宇九千餘間，建築面積達十五萬平方公尺。這些宮殿沿南北中軸線排列，並向兩旁展開，左右對稱，南達永定門，北至鐘鼓樓，有八公里長，貫穿整座北平城。其中以太和、中和、保和三大殿為中心，文華、武英兩殿為兩翼，氣勢雄偉。紫禁城雖經明清兩朝多次重修，但至今仍保存永樂年間的布局。辛亥革命成功後，根據協議，清室仍居內廷，至民國十三年北京政變後，溥儀被迫出宮，隨即成立清室善後委員會，十四年十月，在內廷部份成立故宮博物院，至今為北京的重要古物陳列處，亦為觀光遊覽聖地。北京市文物事業管理局編，《北京名勝古蹟辭典》（北京，燕山出版社，1988年9月），頁55～58。

㉛ 陳鴻年，《故都風物》（臺北，正中書局，民國七十二年八月，第六版），頁54。

㉜ 北平的大專院校戰後有國立北京大學、國立清華大學、國立師範學院、國立北平鐵道理學院、國立北平藝術學院、私立輔仁大學、私立燕京大學、私立中法大學、私立北平協和醫學院、私立中國學院、私立華文法學院、私立朝陽學院、北平市立體育科學校等十三所，學生約一萬餘人。

㉝ 戰前北平市之中等學校，包括高級中學二所，初級中學十五所，高級兼設初級中學四十一所，師範學校一所，職業學校十四所，共有五十八所，學生人數約二萬五千人。戰後以三十五年度計算，市立中學（含高初級）共十一所，私立中學計四十三所，職業學校四所，師範學校一所，共計六十二所，學生人數約二萬九千人。北平市政府編印，《北平市政統計》，國民教育類，南京第二歷史檔案館藏，檔號：六 4152。

㉞ 戰前北平地區市立小學約七十所，學生人數約二萬餘人，私立小學五十
六所，人數約一萬五千人，簡易小學約五十所。至日本侵佔平津後，除
每年增班外，將地安門內等四所簡易小學升等為完全小學，三十一年接
收美國教會學校十六所改為市立，三十四年八月改簡易小學為普通小
學，並增加許多學校，續辦之市立各級小學，於三十五年後改為中心國
民學校或國民學校，另增設中心學校及幼稚園五十六所。見北平市教育
復員，南京第二歷史檔案館藏，檔號：二㈠50

㉟ 天津社會科學院歷史研究所天津簡史編寫組編，《天津簡史》（天津，天
津人民出版社，1987年8月），頁83。

㊱ 徐景星，〈長蘆鹽與天津鹽商〉，《天津社會科學》，1983年，第一期。

㊲ 民國十八年後天津進出口貿易額的情形列表如下：

單位：元

年份 ＼ 貨值數	進口貨值	出口貨值	入出超貨值	進出口總值佔全國的百分比
民國十八年	113,349,048	81,400,118	31,948,930	14.0
十九年	103,641,015	78,280,220	25,360,895	15.5
二○年	108,778,678	87,901,861	20,867,817	16.2
二一年	163,000,000	98,000,000	65,000,000	18.3
二二年	121,000,000	88,000,000	23,000,000	14.9
二三年	96,000,000	81,100,000	15,600,000	14.4
二四年	85,210,000	91,700,000	出超604,000	16.7
二五年	116,200,000	117,800,000	出超 16,000	18.3

資料來源：來新夏，《天津近代史》（天津，南開大學出版社，1987年3月），
頁78。

❸❽　瓊斯著，許逸凡譯，〈天津〉，《天津歷史資料》，第三期，(1965年3月)，
　　頁51。

❸❾　中國五大商港貿易總額比較表：

單位：百萬元

地點＼年份	十二年	十六年	二十一年
上海	1108	1357	1778
天津	371	514	441
漢口	374	314	261
廣州	343	270	296
青島	167	224	250

資料來源：房師文，《天津市財政局實習總報告》(臺北，成文出版社，民
　　國六十六年)，頁90815～90816。

❹⓪　李洛之、聶湯谷，《天津的經濟地位》(經濟部冀察熱綏區特派員辦公處
　　結束辦事處駐津辦事分處，民國三十七年三月)，頁6～7。又見《中國
　　海關年報》，引自瓊斯著，許逸凡譯，〈天津〉，《天津歷史資料》，第三
　　期 (1965年3月)，頁52。

❹❶　天津社會科學院歷史研究所天津簡史編寫組編，《天津簡史》(天津，天
　　津人民出版社，1987年8月)，頁307。

❹❷　李洛之、聶湯谷，《天津的經濟地位》(經濟部冀察熱綏區特派員辦公處
　　結束辦事處駐津辦事分處，民國三十七年三月)，頁228～229。

❹❸　長江等，《淪亡的平津》(生活書店，1938年7月)，頁68～69。

❹❹　汪馥蓀，〈戰時華北工業資本就業與生產〉，《社會科學雜誌》，第九卷，
　　第二期。

❹❺　李洛之、聶湯谷，《天津的經濟地位》(經濟部冀察熱綏區特派員辦公處

結束辦事處駐津辦事分處，民國三十七年三月），頁322，頁294～295。

㊻ 天津社會科學院歷史研究所天津簡史編寫組編，《天津簡史》（天津，天津人民出版社，1987年8月），頁358。

㊼ 呂萬和，〈解放前天津市郊的土地占有和地租〉，《天津歷史資料》，第五期（1978年10月）。

㊽ 北京大學歷史系北京編寫組編，《北京史》（北京，北京人民出版社，1985年8月），頁256。

㊾ 勝利後沿抗戰期間的分區將內六區改稱第一至六區，外五區調整為第七至十二區，並將區域範圍亦稍作調整，東郊區改稱第十三區，南郊區稱為十四區，西郊區改稱第十五區，北郊區稱為第十六區。

㊿ 資料來源：⑴民國元年至二十二年人口資料根據魏樹東，《北平市財政局實習報告》（臺北，成文出版社，民國六十六年十二月），頁89918～89922。⑵民國二十五年根據內政部戶口統計，引自官蔚藍，〈人口變動〉，見張其昀，《中華民國五十年史論集》，第一冊（臺北，國防研究院，民國五十三年），頁75。⑶二十六年至三十五年引自天津市政府統計室編，《天津市主要統計資料手冊》（民國三十七年）。⑷三十五年，根據北平市政府統計室編，《北平市政統計》。⑸三十六年下半年，根據內政部人口局統計，引自南京《和平日報》，三十七年一月十五日，第四版。⑹三十八年係根據北京市檔案館藏，《北平和平解放前後》（北京，北京出版社，1988年12月），頁116～131。

(51) 資料來源：⑴民國元年至民國二十一年根據房師文，《天津市財政實習總報告》（臺北，成文出版社，民國六十六年十二月），頁43083～43085。⑵二十五年根據內政部戶口統計，引自張其昀等編，《中華民國開國五十年史論集》，第二冊（臺北，國防研究院，民國五十一年一月），頁139～149。⑶二十五年至三十六年引自天津市政府統計室編，《天津市主要統計資料手冊》（民國三十七年）。⑷天津社會科學院歷史研究所天津簡史

編寫組編，《天津簡史》（天津，天津人民出版社，1987年8月），頁467。

㉒ 李宗仁，《李宗仁回憶錄》，下冊（臺中，民國七十五年四月），頁830～831。

㉓ 羅毓鳳，《我與孫連仲將軍》（榮民出版社，民國五十六年），頁147～148。

㉔ 教育部，《第二次教育年鑑》，第二冊（商務印書館，民國三十六年），頁43～49。

㉕ ⑴魏樹東，《北平市財政局實習報告》（臺北，成文出版社，民國六十六年十二月），頁89918～89922。⑵官蔚藍，〈人口變動〉，見張其昀等編，《中華民國五十年史論集》，第一冊（臺北，國防研究院，民國五十三年），頁75。⑶北平市政府統計室編，《北平市政府手冊》（民國三十五年）。

㉖ 《畿輔通志》，卷96，〈戶口篇〉。

㉗ 清光緒三十四年北平市民職業統計資料統計表：

職稱	官吏	士紳	農業	工業	商業	兵差	無業	其他
人數	10,039	4,856	824	64,856	80,738	28,002	5,208	75,757

資料來源：北京大學歷史系北京編寫組編，《北京史》（北京，北京人民出版社，1985年8月），頁256。

㉘ 北京大學歷史系北京編寫組編，《北京史》（北京，北京人民出版社，1985年8月），頁346。

㉙ 所謂八大家即：天成號韓家、益德裕號高家、楊柳青石家、土城劉家、正興德穆家、振德黃家、長源楊家、蓋照臨張家等。見辛成章，〈天津「八大家」〉，《天津文史資料選輯》，第二十輯。

㉚ 內政部的統計資料商業人口為二十八萬三千三百一十一人，工業加礦業

人口為二十三萬一千零四十三人，交通為六萬五千一百一十八人，公務員為二萬零五百二十三人，自由業為一萬零一百五十三人，人事服務業為五萬四千六百五十四人，其他為二萬八千一百五十三人，無業為九十九萬四千二百二十五人（其中女性六十四萬五千四百三十一人）。 天津市政府統計室編，《天津市主要統計資料手冊》（天津市政府，民國三十七年）。

❻ 北京兵變發生在二月二十九日晚上，北京城突然槍聲四起，只見許多灰色軍服的士兵，到處搶劫，兵變的部隊是第三鎮，為曹錕統制。兵變的原因甚多，而與裁餉有直接關係，當時陸軍部所定的營制餉章，凡出征出防將士，照例自起程之日加給津貼，以慰勞武士，優待征夫，事平後仍回防，回防後即無津貼。辛亥起義後，北洋軍第二、第四鎮奉令開赴前線，按照餉章每兵每月加發一兩津貼，第三鎮由長春赴北京防衛，亦照出征慣例加發津貼。和議達成，第三鎮仍在北京，並未回原駐防區長春，所以不在裁餉之列，但裁餉之說遍及於第三鎮，引起騷動，進而發生兵變。另一原因與當時士兵不願袁赴南京就職有關。

❻ 劉鳳翰，〈直皖兩系兵力的消長〉，《中華民國初期歷史研討會論文集》（中央研究院近代史研究所，民國七十三年四月），頁77。

❻ 文直公，《最近三十年軍事史》（臺北，文星書局，民國五十一年六月），頁19～20。

❻ 閻伯川先生紀念會，《民國閻伯川先生錫山年譜》，第二冊（臺北，臺灣商務印書館，民國七十七年），頁746。

❻ 喬希章，《蔣介石馮玉祥閻錫山的恩怨情仇三角鬥爭》（臺北，新新聞文化公司，1993年6月），頁72。

❻ 〈一週間國內大事述評〉，《近代中國史料叢刊》第三編，第六輯（臺北，文海出版社），頁1407～1408。

❻ 國史館藏，閻錫山檔，北伐接收津京案，閻伯川先生要電錄存。

⑱ 中國國民黨中央委員會黨史委員會，《革命文獻》，第二十一輯（臺北，中央文物供應社，民國七十三年五月），頁1592。

⑲ 同上，頁1595。

⑳ 天津《大公報》，民國十七年六月九日，第二版。

㉑ 日本《產經新聞》連載，《中央日報》譯印，《蔣總統秘錄》，第七冊（臺北，中央日報社，民國六十六年九月），頁83。

㉒ 何其鞏，字克之，安徽桐城人，清光緒二十五年（1899年）生，曾任馮玉祥部文書，民國十三年隨馮玉祥至蘇聯考查，曾任國民革命軍第二集團軍秘書長。

㉓ 何成濬，字雪竹，清光緒八年（1882年）生，湖北隨縣人，光緒三十三年（1907年）與閻錫山同入東京振武學校、陸軍士官學校，並加入同盟會，北伐軍佔領北平時，何為國民革命軍總參議，為蔣委員長的親信。

㉔ 張蔭梧，字桐軒，河北博野人，清光緒十七年（1891年）生，保定陸軍軍官學校畢業，任山西陸軍學兵團連長、山西第十團團長，隸屬於晉系，民國十七年六月為北平警備司令，十八年六月繼任為市長。

㉕ 南桂馨與賈濟川及官麟書商訂直魯軍退出天津辦法五條大致為：不在天津作戰、自動交出天津、治安交晉軍負責、晉軍未到前由直魯軍留精銳一部維持等，見中華民國史事紀要編輯委員會編，《中華民國史事紀要》，民國十七年一月至六月（國史館，民國六十七年十月六日），頁1084～1085。

㉖ 蔣曙晨，《傅作義傳略》（中國青年出版社，1990年11月），頁13～17。

㉗ 天津《大公報》，民國十七年六月十七日，第三版。

㉘ 同上，民國十七年六月九日，第三版。

㉙ 史全生、高維良、朱劍合著，《南京政府的建立》（臺北，巴比倫出版社，1992年9月），頁214。

㉚ 天津市於十七年後又歷經幾次的改制，民國十九年六月改天津市為國民

政府行政院管轄。十九年十一月河北省省會由北平遷移至天津，改天津
為省轄市。二十年一月收回比租界，增設特別第四區，二十四年六月河
北省省會遷保定，天津改為特別市，隸屬行政院。天津社會科學院歷史
研究所天津簡史編寫組編著，《天津簡史》（天津，天津人民出版社，1987
年8月），頁304。

⓼ 南桂馨，字佩蘭，山西寧武縣人，清光緒九年（1883年）生，為清代秀
才，日本警察學校畢業，任山西巡警道，晉北鎮守使，親閻錫山。

⓼ 崔廷獻，字文徵，山西壽陽人，光緒元年（1875年）生，清進士，曾赴
日留學，曾任山西省法政學堂齋務長，民國七年任山西省議會議長，十
一年任山西政務廳廳長。十七年九月至十九年十月任天津市長。

⓼ 臧啟芳，字哲先，又字哲軒，遼寧蓋平人，清光緒二十年（1894年）生，
北京中國大學（國民大學）畢業，曾赴美深造，回國後任教於中國大學
經濟系，民國十七年任東北大學法學院院長，與閻錫山私交篤深。十九
年十月至二十年四月任天津市長。

⓼ 張學銘，字西卿，遼寧海城人，生於清光緒三十四年（1908年），張作
霖之次子，日本陸軍步兵學校畢業，曾任職東北軍及天津公安局局長。
民國二十年四月至二十一年五月任天津市長。

⓼ 周龍光，字二為，安徽定遠人，光緒十一年（1885年）生，日本東京大
學畢業，曾任教北大法學院，民國十七年任中國大學副校長，十八年任
國民政府外交部。二十一年五月至二十二年五月任天津市長。

⓼ 李雲漢，《抗戰前華北政局史料》（臺北，正中書局，民國七十一年二
月），頁1～2。

⓼ 何應欽上將九五壽誕編委會編，《北平軍分會三年》（何應欽九五壽誕編
委會，民國七十三年四月），頁11。

⓼ 李雲漢，《抗戰前華北政局史料》（臺北，正中書局，民國七十一年），頁
161～173。

⑧ 蔣委員長致宋哲元齊電兩通，二十六年七月八日，引自李雲漢，〈中國對日抗戰的序幕：從盧溝橋事變到平津淪陷〉，《近代中國》，第八十三期（民國八十年六月），頁31。

⑨ 秦德純對記者的談話，天津《大公報》，民國二十六年七月九日。

⑨ 上海《新聞報》，民國二十六年七月十四日。

⑨ 王冷齋，〈七七回憶〉，《重慶日報》，民國二十七年七月七日；胡德坤，《中日戰爭史》（武漢，武漢大學出版社，1988年7月），頁119。

⑨ 胡德坤，《中日戰爭史》（武漢，武漢大學出版社，1988年7月），頁129。

⑨ 七月十四日晚，日本華北駐屯軍司令官香月清司派參謀專田盛壽向宋哲元提出七條件，要求徹底鎮壓共產黨、罷黜排日要人、取締排日言論及中國軍隊撤出北平市等，然此時宋的態度至為矛盾。對日本所提的條件虛與委蛇，並於十九日藉機離開天津，宋離津後，日方傳出所謂「細目協定」六條，由張自忠、張允榮代表第二十九軍簽字。宋對此協議始終未承認。宋於二十二日將七月十一日張自忠等與日本協議的內容呈蔣委員長及何應欽，七月二十三日，蔣委員長召集軍政負責首長會商平津局勢後，雖決定批准此一協議內容，但附帶兩點補充意見，一是三十七師的撤離宛平城是暫時性的，二是對共黨的鎮壓及其他排日團體的取締，應由中國來決定。見秦郁彥，《日中戰爭史》，頁210～211。

⑨ 北京地區人民抗日鬥爭史課題組編，《北平抗日鬥爭史資料選輯》（北京，燕山出版社，1988年8月），頁63。

⑨ 宋故上將哲元將軍遺集編輯委員會，《宋故上將哲元將軍遺集》，下冊（臺北，傳記文學出版社，民國七十四年），頁1086～1087。

⑨ 天津社會科學院歷史研究所天津簡史編寫組編，《天津簡史》（天津，天津人民出版社，1987年8月），頁347～348。

⑨ 《盛京時報》，康德五年一月五日，民國二十六年十二月十五日。

⑨ 第一次，民國三十年三月三十日至四月三日，華北政務委員會委員長王

揖唐發布，強調不能只依靠「友軍」的力量，而應養成自己負責及自動實施之本能，來做好治安工作，此次的重點有三項，⑴培養及加強區、鄉、村的自治自衛力量，⑵加強擴大民眾組織，⑶剿滅擾亂治安份子。第二次，民國三十年七月七日至九月七日，日本派岡村寧次接替多田駿為北支方面軍司令官，加緊對北平擾亂治安者的剿平工作。第三次，民國三十年十一月一日至十二月二十五日，此期間正值太平洋戰事爆發，此次以經濟為主的治安強化運動，實行徹底封鎖，一切物資一概不准流出作戰區。第四次，民國三十一年三月三十日至六月五日，以新民會為主，除大力宣傳治安外，更加強武裝訓練與保甲制度，偽治安軍在日軍的支持下已可單獨負起某一方面的警備任務。第五次，民國三十一年十月八日至十二月十日，確保華北治安，始終是日本的支那派遣軍所屬北支方面軍的基本任務。其次為建立和健全基層偽組織的問題，亦為北支方面軍的任務之一。見王國華，〈關於日偽的五次強化治安運動〉，北京檔案館編，《日偽在北京地區的五次強化治安運動》（北京，燕山出版社，1987年9月），頁8～10。

⑩ 錢實甫，《北洋政府職官年表》（華東師範大學出版社，1991年9月），頁111～118。

⑩ 清末革命派在北方的活動並不活躍，最重要的團體為「京津同盟會」；成立時間甚晚，辛亥武昌起義後，李石曾由法國回到北京，汪兆銘亦於宣統三年九月十六日出獄，同盟會員認為應擴大北方的革命活動，宣統三年（1911年）九月二十日在天津租界成立「京津同盟會」，會長為汪兆銘，副會長為李石曾。

⑩ 喬希章，《蔣介石馮玉祥閻錫山的恩怨情仇三角鬥爭》（臺北，新新聞文化公司，1993年6月），頁72。

⑩ 閻伯川先生紀念會，《民國閻伯川先生錫山年譜》，第三冊（臺北，臺灣商務印書館，民國七十七年），頁1218。

⑭ 天津《大公報》，民國十七年八月十三日，第七版。

⑮ 吳振漢，《國民政府時期的地方派系意識》（臺北，文史哲出版社，民國八十一年十二月），頁25。

⑯ 天津社會科學院歷史研究所天津簡史編寫組編，《天津簡史》（天津，天津人民出版社，1987年8月），頁377。

⑰ 北京燕山出版社編，《北京地區抗日活動》（北京，燕山出版社，1987年7月），頁172～176。

⑱ 吳雲心，〈回憶淪陷時期天津電話局抗交事件〉，《天津文史資料選輯》，第二十四輯（1984年1月）。

第二章　平津地區軍事的接收

第一節　日本投降與平津地區的軍事接收

一、日本投降

　　戰後軍事接收為其他方面接收的要件，平津方面的接收亦以軍事接收為優先。民國三十四年八月十日，日本照會中、美、英、蘇四國，願意接受菠茨坦宣言之各項規定，向聯合國無條件投降。八月十五日，國民政府外交部正式接獲日本之投降電文，同盟國並將受降區域劃分為：中國受降區、蘇聯受降區、英國、澳大利亞受降區、美國受降區等。中國受降區包括：中國方面（東北三省除外）、臺灣及越南北緯十六度以北地區的日本前任指揮官，一切陸海空軍與輔助部隊，向中國戰區最高統帥投降。同日（十五日），蔣介石即電南京日軍駐華最高指揮官岡村寧次大將，指示六項投降原則❶，並派中國陸軍總司令何應欽將軍代表中國戰區最高統帥接受日軍投降❷。

　　中國戰區治降地點，原定浙江省玉山機場，顧祝同、冷欣建議在江西治降，美軍魏德邁(Albert Coody Wedemeyer)將軍認為日軍雖然投降，但仍很傲慢，不肯認輸，建議空運新六軍到南京準備受降工作，因為新六軍在緬甸作戰時，打敗過日軍的精銳部隊第十八師團，另以第三方面軍空運上海，第二方面軍接收廣州，第四方面軍接收長沙、

武漢，將中國陸軍總司令部推進至湖南芷江，命令日軍洽降使節至芷江接受指示。蔣委員長接受魏德邁的建議，十八日，電告岡村寧次，因浙江玉山機場被雨水損壞不能使用，洽降地點改在湖南芷江，並要求日方於投降時，須隨將駐中國大陸、臺灣及北緯十六度以北安南地區所有日軍之戰鬥序列、兵力位置、指揮區分系統等表冊一併呈交中國政府❸。

八月二十日下午，何應欽率領陸軍參謀長蕭毅肅、參謀處處長劉濂一、政治部主任李惟果、陸軍大學研究部主任徐祖貽、軍訓部次長王俊、勞動局長賀衷寒、行政院參事徐象樞、教育部秘書劉林士、掃蕩報社社長黃少谷及馬崇六、龔德柏、于益謙、邵毓麟、繆雲台、鄧文儀等三十餘人，分乘兩架飛機飛往湖南芷江參與洽商受降工作❹。

芷江，座落於湖南省沅水支流潕水岸邊，選擇這地方作為受降交涉地，有兩個意義：一、芷江為日軍喪師折兵之地，著名的湘西戰役，日軍即在此敗北；二、芷江是湘黔川邊境一個重要空軍基地，空運便利，可以機動使用❺。而選擇在南京接受日本投降亦有兩個原因：其一、南京是抗戰前國民政府的首都，抗戰後仍預定為國民政府的首都。其二、二十六年十二月十三日，日軍侵占南京後，進行屠殺，選擇在南京受降，有其特殊的意義。八月二十日，日本代表今井武夫等人抵達芷江，二十一日下午二時三十分，中國戰區日軍洽降會議正式舉行，出席者有：中國代表蕭毅肅將軍、陸軍總司令部副參謀長冷欣，及杜聿明、湯恩伯、王耀武、盧漢、蔡文治、鈕先銘等人。日本代表為今井武夫、橋島方雄、前川國雄、木村辰男等四人。此次會議中國方面由蕭毅肅轉交何應欽將軍致岡村寧次的第一號備忘錄，日本方面由今井武夫呈遞日軍在華的兵力配備圖❻。並交換受降事宜，會議歷時一小時二十分結束。

　　芷江洽談後，國民政府派陸軍總部副參謀長冷欣❼中將先至南京設立陸軍總司令部前進指揮所，出發前（八月二十六日），何應欽召集前進指揮所成員一百五十九人，指示相關事宜，二十七日，搭機前往南京，同機前往者除冷欣外，另有陳倬、宮其光、李人士、舒適存、林秀巒、黃瀛、曹大中、陳容泰、葉夷沖、傅克軍等高級將領，及參議顧毓琇、刁作謙、邵毓麟等。冷欣等人抵達南京後，八月二十八日，日本駐華最高指揮官岡村寧次大將，率同總參謀副長今井武夫少將，參謀小笠原清中佐等一行親自至南京薩家灣一號前進指揮所總部與冷欣會談，冷欣率同參議邵毓麟及參謀主任陳倬與之進行首次會談❽。會談前冷欣並將陸軍總部所頒發敵中字第六號至十三號的備忘錄八份，面交岡村寧次親收；日本交一份涉外委員會業務的名單，此機關為與前進指揮所聯絡及諮詢的單位，接下來對戰後的一些問題作初步的溝通。八月三十日，今井武夫率小笠原再至前進指揮所作私人談話。三十一日，冷欣與岡村寧次進行第二次會談，對於受降時糧食、運輸及如何解除武裝等問題進行溝通，經過二次會談後，即按原議定於九月九日舉行簽字受降儀式。

　　受降簽字儀式地點，原擬在國民政府禮堂舉行，由新六軍副軍長舒適存少將、高參王連慶少將負責籌備，後經磋商擇定在黃埔路中央軍校大禮堂，負責人改由工兵指揮官馬崇六少將。為強化南京治安，加強戒備，經何應欽批准，成立南京警備司令部，由龍天武師長兼司令。為督導受降事宜，何應欽九月八日抵達南京，隨即召開督導會報，聽取冷欣等人關於受降典禮準備工作的報告，南京特別市市長馬超俊、江蘇省政府主席王懋功等人報告南京及江蘇省接收的準備情形，廖耀湘報告南京的治安及日、偽軍的情況。何應欽在聽取報告後，作了簡單的訓示，要求接收日軍投降和處置偽軍組織時要遵守紀律，對日軍、

偽軍繳來的軍械物資要認真清點，並妥為保管，防止破壞，並嚴禁私自處理或侵吞。至各部隊進城後更應嚴守軍紀，保持最高的警戒❾。

　　九月九日，正式舉行中國戰區日軍投降的簽字儀式，受降席主要為何應欽、顧祝同、陳紹寬、張廷孟、蕭毅肅等人，投降席有岡村寧次、福田良三、小林淺三郎、今井武夫、諫山春樹、佐三澤昌雄、小笠原清等人❿。簽字臺左側就坐的有湯恩伯（第三方面軍司令官）、王懋功（江蘇省政府主席）、賀衷寒（接收計劃委員）、李明揚、鄭洞國、冷欣、廖耀湘、舒適存、蔡文治、彭孟緝、馬崇六、白雨生、盧致德、金璧奎、宮其光、龍天武、李濤、陳倬、牟庭芳、谷正綱、李惟果、丁惟汾、葛敬恩、顧毓琇、邵毓麟、卓衡之、馬超俊、孫天放、趙思堯、刁作謙、陳行、鈕先銘等。右側就坐的有：美國陸軍麥克魯將軍、柏德諾將軍、海軍遼斯少將、英國海思中將、法國保義上校，及蘇聯、荷蘭、澳大利亞等國軍官十餘人。其他在樓上觀禮的中外代表及記者計四百餘人。受降典禮在何應欽將軍率領受降代表，及岡村寧次率領投降代表入座後展開，首先舉行的是降書的簽字儀式，先由蕭毅肅將降書二份交岡村寧次簽名蓋章，再由何應欽簽名蓋章；接著何應欽又將中國戰區最高統帥蔣委員長的第一號命令及命令受領證，交由岡村寧次簽名蓋章後，何應欽隨即發表簡短的廣播，受降儀式即告結束，而這份由日本中國派遣軍總司令陸軍大將岡村寧次簽字之降書⓫，也代表著日軍侵華行動的結束，至此中國經歷八年的苦戰終告結束，蔣委員長特別強調：「本日為革命第一次在廣州起義的紀念日，而日本在南京投降典禮也正於今日舉行，實為本黨五十年革命光榮與勝利的一日。」⓬南京受降後，國民政府隨即展開各地的軍事接收行動。

二、軍事接收

三十四年八月二十六日，何應欽根據蔣委員長之指令，將中國戰區劃分為十六個受降區❸，平津地區由第十一戰區司令長官孫連仲❹為受降主官，指揮新八軍、第三十、三十一、四十軍，負責接收河北、北平、天津、保定、石家莊等地區。日軍投降代表為日本華北軍事司令官陸軍中將根本博，投降部隊有華北方面軍所屬第一一八師團，獨立第一、二、八、九旅團，步兵第二旅團，獨立第三、五、七警備隊及華北特別警備隊，部分駐蒙軍隊，受降定點在北平。

中國陸軍總司令部為督導各區受降工作，發佈「規定各地區日軍受降時應注意事項」之命令，要求採集中受降分區辦理原則❺。平津地區的軍事接收即在此原則下進行，由第十一戰區司令長官孫連仲負責。第十一戰區成立於民國三十四年八月一日，目的是準備對日進行反攻，任務是收復華北地區。孫連仲任戰區司令長官，陳繼承❻、上官雲相❼、馬法五❽為副司令長官，宋肯堂為參謀長。八月十八日，蔣委員長電令孫連仲：⑴指派孫連仲為北平、天津、保定、石家莊等地區受降主官，指揮新八軍、第三十、三十一、四十軍，負責接收上述地區日軍華北派遣軍及其直轄部隊的投降。⑵第十一戰區的第十五軍歸第五戰區管轄。第六戰區的第三十二軍，第十戰區第十九集團軍所轄第十三、九十七軍為第十一戰區序列。⑶將第五十四、九十四軍空運北平、天津，歸第十一戰區戰鬥序列。八月二十五日，又接獲中國陸軍總司令何應欽電令：

> 日軍投降部隊為第九旅團，集中天津；華北特別警備隊，集中唐山；第三十七戰車師團，第三、八旅團，集中北平；第七警

備隊集中保定；第一旅團，第二步兵旅團集中石家莊。日軍投
降代表為華北方面軍下村定（後改為根本博），投降地點為北
平。❿

自此第十一戰區的任務由進攻日本轉為：⑴受降及處理華北日軍事宜。
⑵綏靖地方，恢復華北秩序。⑶預防中共妄動接收，相機打擊其蠢
動❷。

八月二十六日，孫連仲首先遵照指示，完成第十一戰區受降部隊
的編制與部署。八月二十七日，在北平成立前進指揮所，指派副參謀
長呂文貞少將為前進指揮所主任，軍務處處長劉厚高少將為參謀主任，
隋兆善為副官主任，胡鍾京為外事主任，徐維賢為軍法主任，趙子英
為軍需主任，傅印圖為通訊主任，張家銓為調統主任。下設兩個軍組、
一個黨政組及總務組❷。北平前進指揮所的任務是：⑴傳達第十一戰
區受降主官的命令，督促日軍從速履行無條件投降。⑵關於第十一戰
區轄境內偽軍的調查及處置，並向主官隨時提出報告與建議。⑶為長
官司令部與省政府的進駐作準備。⑷宣傳國民政府德威，嚴密諜報組
織。⑸根據工作的需要，要求日軍隨時提供一切的方便❷。

組織及工作分配後，孫連仲在西安命前進指揮所人員分批進駐北
平。九月七日，前進指揮所主任呂文貞等第一批二十一人由西安機場
飛赴北平，稍後第二批人員二十三人亦出發前往北平。九月九日，飛
抵南苑機場，由日本華北方面軍司令官根本博，派人前往迎接。指揮
所隨即在定埠大街的慶王府，設立辦公室❷。十日，呂文貞將軍召日
本華北方面軍司令根本博中將，作非正式的溝通，十二日，與根本博
的代表高橋坦中將作第一次的正式洽降事宜，中國方面參與者有劉本
厚將軍、劉雲楷將軍、初光中校及高卓東、劉漫天、陳開疆、劉之澤、

張家銓、施奎齡、何海秋、張伯駒、楊海瀾、許少莊、李鏡俊、王子恩、張廷樓、黃宗徽等。日方高橋坦中將外,有尾關正爾中佐、內山虎雄中尉。二十二日,第二次正式洽談有關投降的事務性事宜,並就日軍遣返及日僑問題交換意見,最後決定於雙十國慶日舉行受降典禮,受降部隊亦逐次抵達。

北平、天津地區的日軍,按規定除遵令守護要點及物資設備外,大多集中待降。國軍主力尚在大後方,北平地區治安,遂由歸順的偽綏靖軍門致中❷部負責維持。前進指揮所的警衛,亦由門部派兵擔任。當時調度受降部隊曾一度受阻,三十軍、四十軍及三十九集團軍,奉命沿平漢路北進,未能按時抵達北平;為使受降工作能夠順利進行,乃由空軍地區司令郝中和令飛機前往新鄉,接運國軍士兵四十名,於十月八日飛抵北平❷。孫連仲將軍於十月九日由新鄉抵北平,第十一戰區北平前進指揮所呂主任以下高級官員、北平市長熊斌、財政局長傅正舜、公用局長凌勒之、河北高等法院院長鄧哲熙、第九路軍總司令門致中等至機場迎接❷。抵達北平後,為安定人心對記者表示:「領袖及中央對華北同胞所受之痛苦,深為眷念,目前主要設施為:⑴安定地方,使民眾得以安居樂業。⑵恢復交通,使民眾能早日得衣食用品之救濟。」❷

十月十日當天的受降典禮極為隆重,中國方面有受降主官孫連仲及呂文貞、劉本厚、高卓東、劉漫天、高松元、隋兆喜、劉雲楷、劉之澤、陳開疆、梁同祺、張家銓等將軍,日方代表有根本博中將等二十一人,出席典禮者有北平市長及其他中外代表三百餘人參加❷。會議在根本博簽字及日本代表退席後結束,歷時十五分鐘,孫連仲及中外來賓隨之於太和殿內舉行慶祝抗戰勝利酒會,平津地區的軍事受降即告完成。受降儀式後,第十一戰區司令長官孫連仲按下列步驟解除

日軍武裝：

⑴受降部隊在要點、要線佈防，命令日軍照指定地點集結。日軍第一一八師團、第九旅團、及華北特別警備隊等集中天津，華北及蒙疆方面軍，及第三騎兵師團、第三混成旅團、第八混成旅團等集結北平。第七騎兵旅團、第一混成旅團、第二十一混成旅團集結於河北一帶。詳如下表：

表2-1：平津地區日軍投降部隊表

```
華北方面軍司令官 ———— 根本博
參    謀    長 ———— 高橋坦
    ┌── 第一一八師團………┐
    ├── 獨立第九旅團………┤  天津方面
    └── 華北特別警備隊………┘

    ┌── 第三騎兵師團………┐
    ├── 第三混成旅團………┤
    ├── 第八混成旅團………┤  北平方面
    ├── 戰車第三師團………┤
    └── 華北及蒙疆方面軍團…┘

    ┌── 第七騎兵旅團………┐
    ├── 第一混成旅團………┤  河北方面
    └── 第二十一混成旅團……┘
```

資料來源：國防部史政局編，《中日戰爭史略》，下冊（臺北，正中書局，民國五十七年二月），頁525。劉本厚，〈第十一戰區北平受降典禮實錄〉，《傳記文學》，第三十八卷，第八期，民國七十年六月，頁29。

⑵凡到達集結地的日軍，在國軍的監視下，自動卸下一切武裝軍品，置於國軍指定的倉庫或場所。

⑶應繳之武器軍品等數目、品類，應由日軍預為繕造清冊呈報，

由國軍部隊照數點收。日軍應保留之私人物品錢幣數量，須經國民政府許可者為限。

⑷繳械後之軍隊，稱為俘虜。所有俘虜不論官兵，一律送入集中營，加以管理，衣食口糧由國軍供給，直至遣返其本國為止。所供給之數量，與國軍官兵相同。

⑸日軍眷及日僑，另行集中指定地點等待遣返，其口糧依大小口數量，由國民政府供給至遣返為止。

⑹戰俘在集中營間，不准有結社連絡及通訊等非法活動。日僑男女分別集中❷。

由孫連仲領導的第十一戰區接收部隊，主要為第三十四集團軍第十六軍，軍長李正先；第三軍，軍長羅歷戎；第十三軍，軍長石覺❸；第六十二軍，軍長林偉儔；第九十二軍，軍長侯鏡如❸；第九十四軍，軍長牟廷芳；第五十三軍，軍長周福成❷；新編第二軍，軍長高卓東；另有第二〇八師、裝甲兵司令部、保定警備司令部等，其部署（實際調動略有出入）見下頁表2-2。受降部隊部署完竣後，第十一戰區分北平、天津、保定、石家莊四區開始受降及換防工作，其中平津地區的接收如下：

(一)北平地區

十月十六日，第九十二軍（軍長為侯鏡如）抵北平，旋即換防，並展開受降工作，當時負責北平地區的日軍投降代表是第三師團團長山路秀南中將，投降部隊有華北方面軍司令部及其所屬部隊，駐蒙軍司令部，戰車第三師團，第三警備隊，第三、第八混成旅團，伊藤支隊，北平區輔助部隊，兵力大約五萬人。受降分三期進行，第一期為北平市區，從十一月七日開始至十一日結束。包括北平市西直門、東直門、左安門、右安門等地區、受降官為第一四一師師長劉春嶺少將、

表2-2：平津地區及第十一戰區國軍受降部隊部署表

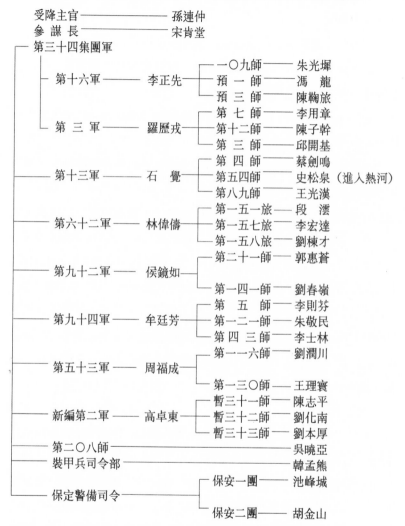

受降主官————————孫連仲
參　謀　長————————宋肯堂
第三十四集團軍
　　第十六軍————李正先————一〇九師————朱光墀
　　　　　　　　　　　　　　　預　一　師————馮　龍
　　　　　　　　　　　　　　　預　三　師————陳鞠旅
　　第　三　軍————羅歷戎————第　七　師————李用章
　　　　　　　　　　　　　　　第十二師————陳子幹
　　　　　　　　　　　　　　　第　三　師————邱開基
　　第十三軍————石　覺————第　四　師————蔡劍鳴
　　　　　　　　　　　　　　　第五四師————史松泉（進入熱河）
　　　　　　　　　　　　　　　第八九師————王光漢
　　第六十二軍——林偉儔————第一五一旅——段　澐
　　　　　　　　　　　　　　　第一五七旅——李宏達
　　　　　　　　　　　　　　　第一五八旅——劉棟才
　　第九十二軍——侯鏡如————第二十一師——郭惠蒼
　　　　　　　　　　　　　　　第一四一師——劉春嶺
　　第九十四軍——牟廷芳————第　五　師————李則芬
　　　　　　　　　　　　　　　第一二一師——朱敬民
　　　　　　　　　　　　　　　第四三師————李士林
　　第五十三軍——周福成————第一一六師——劉潤川
　　　　　　　　　　　　　　　第一三〇師——王理寰
　　新編第二軍——高卓東————暫三十一師——陳志平
　　　　　　　　　　　　　　　暫三十二師——劉化南
　　　　　　　　　　　　　　　暫三十三師——劉本厚
　　第二〇八師——————————————————吳曉亞
　　裝甲兵司令部——————————————韓孟熊
　　保定警備司令————保安一團————池峰城
　　　　　　　　　　　　保安二團————胡金山

資料來源：劉本厚，〈第十一戰區北平受降典禮實錄〉，《傳記文學》，第三十八卷，
　　　第八期，民國七十年六月，頁29。

日本投降部隊有華北方面軍司令部及其所屬部隊，駐蒙軍司令部，戰車第三師團及直屬部隊的一部份，第三警備隊的一部份，北平輔助部隊的一部份。第二期為豐臺區、北郊區，自十一月十三日至十八日展開接收換防。豐臺區包括大成山至馬鞍山，栗園至八里庄，西直門至沿北平城的左安門一線。受降官為二十一師郭惠蒼少將。日軍投降部隊為戰車第三師團，獨立步兵聯隊，戰車第三師團第六旅團，華北方面軍直屬部隊的一部份，戰車第三師團直屬部隊的一部份，第三警備隊的一部份，北平輔助隊的一部份。北郊區包括石匣鎮至順義，通縣至左安門沿北平城的妙峰山至南苑地區。受降官為第五十九師師長孔海鯤少將。日軍投降部隊為獨立混成旅第二、第八旅團，第三警備隊，伊藤支隊，華北方面軍直屬部隊的一部份，戰車第三師團直屬部隊的一部份。第三期為涿縣廊房區、密雲南口區，從十一月二十日，涿縣廊房區包括廊房、涿縣、良鄉之間地區，受降部隊為郭惠蒼的第二十一師。日軍投降隊為戰車第六旅團主力，獨立步兵聯隊，機動步兵第三聯隊主力等。密雲南口區包括門頭溝、順義、南口、密雲、通縣間的地區，受降部隊為第九十二軍。日軍投降部隊為獨立混成旅第三旅團，獨立混成旅第八旅團，第三獨立警備隊的一部份❸。

　　此外有關「華北政務委員會」部份，十月十日，北平行營以偽「華北政務委員會」為華北偽政權之最高行政機構，不隸屬於任何省市，乃請准由行營接收，十一月四日，派中將參謀盛濟清負責接收，北平行營負責督導，負責辦理接收之單位，原由十一戰區長官部及軍政部特派員辦公處、十一戰區兵站總監部等機關合組接收委員會辦理。關於軍械部份，長官部隨收隨撥，迨三十四年十一月聯勤總部第五補給區司令部成立後，北平地區長官部將之交給該部處理❹。三十四年十一月八日，孫連仲司令長官所率領的國軍，開始解除北平地區日軍之

武裝，至十六日已解除一萬二千六百四十九名，其餘陸續於三十四年底解繳完竣。至三十五年底，除石門區第三軍接收之平漢北段日軍軍品尚由日軍與第五補給區十三支部辦理接收外，其餘已接收完竣，自此北平地區正式由國軍所接管。

(二)天津地區

該區受降官為第九十四軍軍長牟廷芳。十月十一日，九十四軍未抵達天津前，由美國海軍陸戰隊司令駱基中將代理受降。直至三十五年一月二十日，第九十四軍才抵達天津主持受降工作，並迅速指揮所屬部隊解除殘餘的日軍武裝，至一月二十四日，日軍武裝全部被解除。日軍的投降代表是第一一八師團長內田銀之助。投降部隊為第一一八師團，獨立混成旅第九旅團北支特別警備隊、第四十工兵聯隊、天津輔助部隊等，兵力約四萬餘人。天津地區日軍繳降約分為三個部份，分別於三十五年一月下旬被解除武裝：(1)步兵第八十九旅司令部，獨立步兵第二二三、二二四、二二五、二二六、三九二、四〇三大隊，第一一八師迫擊炮隊等武裝被解除。日俘集中於天津海光寺及北站等地。(2)第二、三、四、五、八、九、十警備隊，高射炮第十五聯隊，野戰高射炮第八十六大隊，冀東憲兵隊等部隊。日俘集中於天津貨物廠。(3)獨立混成第九旅團司令部，獨立步兵第三十六、三十七、三十八、四十大隊，獨立混成第九旅團炮兵隊、工兵隊、通信隊，獨立鐵道第十三大隊的第一、二、三中隊。日俘集中於天津、唐山、滄縣、靜海等地❸❺。保定地區，由池峰城指揮第二十八軍於三十四年十二月完成受降與換防的工作。石家莊地區，本由第三十四集團軍總司令李文❸❻將軍為受降主官，後由第三軍軍長羅歷戎擔任受降官。自三十四年十一月二十日開始，至三十五年一月十六日結束。至此，平津地區受降工作全部結束，日俘、日僑分別集中於指定地點，等待遣送回國。

根據十一戰區長官部副參謀長呂文貞於三十四年十一月二十九日在北平行營報告：

> 平津日軍已繳械情形：⑴自十一月八日至二十九日，已解除武裝之日軍，共五萬九千一百零九名。⑵日俘繳槍械計三八式步騎槍一萬六千五百七十六枝，雜槍一萬一千八百零八枝，輕機槍四百八十二挺，重機槍一百七十七挺，手槍二千一百零四枝，汽車三百一十四輛，裝甲車二十九輛，馬一千一百四十六匹，尚未解除者：計北平一萬五千一百名，天津一萬三千一百六十三名。❸

這份報告顯示平津地區日軍在三十四年十一月底為止已大致完成受降，平津地區順利完成軍事方面的接收，使經濟、交通、文教，及平津市政府的接收得以順利展開。東北由於未能完成軍事的接收，其他的接收工作亦同時受阻❸。華北其他地區如熱河、察哈爾、綏遠及河北省部份地區軍事接收受阻於中共❸。未完成軍事接收，影響其他方面的接收，因此平津地區的軍事接收有其重要意義。

就平津地區軍事接收而言，其之所以順利完成接收有幾個重要因素：

其一、孫連仲部隊自抗戰以來即重紀律，萬福增（為河北人，跟隨孫部多年）談到：

> 孫將軍是河北人，他的高級幕僚和所部軍、師、旅長也多是河北、河南籍軍官。第二集團軍主力第三十軍共三個師（指抗戰時），還保持著西北軍的優良傳統，善於打陣地戰，士兵多來

自農村，體格強健，敢於施行白刃戰和夜間突襲，所以能在臺兒莊激戰中堅守陣地，與敵機械部隊肉搏。❹

其二、孫連仲為河北人，其指揮受降的部隊中有屬於中央軍的將領馬法五，有保定軍校畢業的陳繼承、上官雲相、周福成等將領，但亦有黃埔軍校系統的侯鏡如、石覺等將領，包容性強。加以任命西北軍將領門致中（曾為偽軍）維持接收前的秩序，雖然曾發生湯恩伯、蔣鼎文（銘三）排斥高樹勛❹，造成高的叛變，此事件之原因，孫連仲回憶說：「高樹勛如果不受逼太甚，是不會投共匪的，他當初既然殺了石友三，自然是一心一意的向中央的，結果湯恩伯、蔣銘三都『吃』他，逼他走上這條路。」❹李宗仁亦談到：「高樹勛的部隊原從石友三的副軍長處劫奪而來，中央不但未論功行賞，且處處伺機消滅他，樹勛早已積憤在心。」❹共軍亦全力阻擾孫連仲接收，加以「孫連仲在華北所指揮的，名義上，全係由空運或海道而來的『中央軍』，然而這些部隊長官俱是『天子門生』，所謂層層節制，逐級服從，早已蕩然無存，這種部隊不但孫連仲指揮不了，就是蔣先生的心腹股肱也無法指揮。」❹但在孫連仲的調度下，三十五年初完成平津區的軍事接收與換防的工作。

其三、戰後軍事接收優先，其他單位在受降前未進行接收，因此軍事接收並無其他單位的阻擾。

其四、美軍海軍部隊第三軍團（團長為駱基中將）協同孫連仲部隊完成北平、天津、塘沽、灤縣等地區的佈防，由美軍第三軍團第一師（師長為派克少將）率所屬進入天津，部份軍隊進駐北平，第三軍團直屬部隊空軍、炮兵、工兵、戰車、後勤部隊均駐天津一帶，在美軍的協防下，孫部得以順利完成接收與換防的工作。接下來即展開警

政、交通、教育等單位的接收工作❹。

第二節　平津地區接收的準備工作

一、準備工作

　　一個政策的形成，可能經過許多繁複的過程，包括：⑴資料的蒐集和初步評定所面對的問題；⑵檢視構成決策背景的目標及目的；⑶基於各因素之間的關係，與涉及的變項，建構有關問題情境的模型；⑷編擬許多可能達成目標和目的的政策或行動方案；⑸評估各方案，其在達成目標與目的上，可能產生的效果；⑹根據指定的執擇標準，從這些方案中選擇一種或多種方案以為執行的方向。簡言之，一個較完整政策的制訂，應包括問題的建構、問題的檢視、預測、評估、推介及實際的推論等過程❹。民國以來雖然政權幾經變動，但戰後的接收與復員工作，在我國歷史上，並無前例可循，國民政府制定接收復員面臨多種困境，抗戰初期中國處於劣勢，無法確知何時戰事會結束，為因應戰事，無暇顧及戰後的復員事宜，然自民國三十年十二月珍珠港事變發生後，美國加入對抗軸心國（德、義、日）行列，蔣委員長有見於日本的投降只是時間的問題，於是責成中央設計局擬定復員計劃綱要，並命令各單位及地方政府擬訂戰後五年計劃❹。

　　有關接收復員的準備，戰前及戰後各有不同的機關負責，亦訂定許多辦法以為因應，其中最重要的是戰後復員計劃的擬定，國府對於復員政策的制定相當審慎，分成幾個步驟：⑴由中央設計局會商各機關制定「復員計劃綱要」，呈奉國防最高委員會核定；⑵行政院依據復員計劃綱要各點，責成各部會及省市政府規劃復員事宜，並頒發「關

於各機關編擬復員計劃應行注意事項」❹，供各部會署制定復員計劃之參考；⑶各部會署及省市政府各機關即依此擬訂詳細的復員計劃，交由中央設計局綜合審核，編成復員總計劃，呈請國防最高委員會核定。各部會及省市政府於接獲指示後，於三十二年後陸續將復員計劃呈報行政院，如交通復員計劃綱要、省市政府復員工作計劃、教育復員計畫工作計劃、教育復員計劃事別計劃、經濟復員計劃綱要等陸續呈到行政院❹。⑷中央設計局將各部會及省市政府的計劃彙整後，於三十三年七月三十一日向國防最高委員會第一四一次常務會議提出「復員計劃綱要」，並獲得通過❺。

除復員計劃的擬定外，為準備戰後接收復員工作，國民政府相繼成立各種委員會，如「敵產處理委員會」、「抗戰損失調查委員會」及各部會的復員準備委員會等，前者成立於三十二年三月二十四日，由行政院及內政、外交、交通、經濟、財政、教育、軍政及司法行政等單位各派代表一人組成，負責敵產之處理，為處理方便，將業務分成三組，第一組負責敵產的登記，第二組負責敵產之清理，第三組負責敵產之管理❺。敵產處理委員會為三十四年十二月敵偽產業處理局成立之前，處理敵產的重要機關。「抗戰損失調查委員會」成立於三十三年二月五日，早在二十七年十月在重慶召開的第一屆國民參政會時即有參政員黃炎培等要求設立抗戰公私損失調查委員會；三十二年抗日戰事日益激烈，損失更加慘重，國民政府蔣主席於十一月七日手令行政院：

　　自九一八以來，我國因受日本侵略，關於國家社會公私財產所有損失，應即分類調查統計，在行政院或國防最高委員會組織機構，切實著手進行。❺

行政院奉令後即由行政院秘書長張厲生積極加以籌劃，於三十三年一月名稱及組織大致議定，並於二月五日公布「行政院抗戰損失調查委員會組織規程」，並隨即成立「抗戰損失調查委員會」，該會成立之宗旨，乃為調查自民國二十年九一八事變以後，因日人侵略直接或間接所受損失，向日人要求賠償❸，各部會之復員委員會於復員計劃綱要通過後相繼成立，如經濟部經濟復員委員會於三十四年五月成立，教育部教育復員委員會於六月成立，交通部交通復員委員會於七月成立等❺。這些委員會負責資料的蒐集及政策的擬定，對戰後的復員工作有所裨益。

二、接收機關的建立

戰後國民政府的接收與復員工作，大致有幾個重要步驟，一為接收復員法令的制定，二為接收復員委員會及接收機關的成立，三為接收與復員工作的進行，這些步驟沒有絕對的先後順序，有些接收機關未成立之前，各種委員會即已成立，有些委員會則成立於機關之後，法令的頒訂有先於機關者，亦有後於機關成立者，茲分述如下：

就法令的制定言，戰後接收應有所依據，因此接收復員法令的制定有其重要性，由於戰爭勝利的驟然到來，戰後接收法令有所不足，只得一面進行接收，一面頒訂或修正法令，自三十四年八月至三十五年十二月底為止，為因應接收與復員的需要相繼訂定許多法令，其中與平津地區有關的接收與復員的法令而言，初步蒐集到的即超過一百種，經濟工礦類辦法十八項❺，財政類二十五項❺，教育類十四項❺，其他類三十八項❺，關於平津地區中央頒訂者八項❺，總計共一○三項辦法或施行細則。就頒訂的時間言，有九項時間不詳，其餘九十四項辦法之公布時間，見下頁表2-3。從此項統計結果可知三十四年九

表2-3：接收復員法令公布時間表

年	三十四年					三十五年									合
月	八月	九月	十月	十一月	十二月	一月	二月	三月	四月	五月	六月	七月	十月	不詳	計
法規數	四	十六	十二	十二	十四	四	八	四	四	三	六	六	三	九	一〇三

月制訂的法令最多，十二月次之，十月、十一月再次之，三十四年八
月至十二月間，頒訂的法令高達五十八項，四個月佔二分之一強，三
十六年後因復員工作已告一段落，所有事務歸於平時，因之未有以復
員之名公布之法令。

　　接收機關甚雜，約可分為四方面討論：一為中國陸軍總司令部下
的黨政接收計畫委員會（以下簡稱黨政接收委員會）；二為行政院下
的收復區全國性事業臨時接收委員會；三為行政院各部會特派員辦公
處；四為接收的相關單位。

（一）黨政接收委員會

　　戰後國民政府，為統一指揮與督導接收工作的進行，於三十四年
九月五日，在陸軍總司令部下成立黨政接收計畫委員會，由何應欽❻
任主任委員，谷正綱❻、蕭毅肅❻為副主任委員，李惟果為秘書長。
委員會下分黨團、經濟（包括糧食、農林、水利等）、內政（包括教
育、社會、司法、衛生及地方行政等）、財政金融、交通六組，委員
及各負責人，由各有關機關派代表擔任，會址設於芷江。為使工作順
利推行，各省市成立黨政接收委員會，由各戰區軍事長官主持❻。黨
政接收計畫委員會主要在於擬定黨政接收計畫委員會組織規則及省市
黨政接收委員會組織通則等。為順利進行接收工作，又於各地成立地

方黨政接收委員會，以當地最高行政長官為主任委員，受陸軍總司令及該區受降主官之指揮。

北平市黨政接收委員會即依照省市黨政接收委員會組織通則第一條，於三十四年十月十六日正式成立北平市黨政接收委員會。由市長、市黨部主任委員、三民主義青年團幹事長、市政府各局局長、中央各部會接收特派員，或指定之接收人員及其他特請參加之人員組織之，以市長任主任委員，其餘為委員。其具體任務大約分為四項：⑴統一接洽與相互聯繫事宜；⑵統一發出接收證件分交主管接收事宜；⑶關於接收隸屬不明或機關尚有疑義財物之暫行保管事項；⑷接收清冊之查核與彙報事項。並依其特質分十組接收，第一組主管文書會計庶務，第二組主管黨務接收事項，第三組負責團務，第四組關於金融財政，第五組為經濟，第六組負責教育文化，第七組關於宣傳接收事項，第八組為交通方面，第九組關於糧食接收，第十組關於北平市政府及所屬機關全部接收事項❻。北平市黨政接收委員會於三十四年十月十六日成立，由北平市長熊斌❻為主任委員，張伯謹、石志仁、張果為、陳開疆、劉漫天、高東卓、溫崇信、李世芳等二十七人為委員，黨政接收委員會負責接收督導、政策的擬定及處理接收之糾紛案件。在其督導下自三十四年十月下旬展開接收工作，當時在北平較重要的機構如北支產業株式會社、華北開發公司、北支那採礦株式會社等相繼由北平市黨政接收委員會所接收。

天津黨政接收委員會，亦依照省市黨政接收委員會組織通則第一條，於民國三十四年九月三十日正式成立，天津市長張廷諤❻為主任委員，國民黨天津市黨部主任委員時子周❻為副主任，委員會設於舊義租界二馬路杜建時住處，委員會主任秘書裴潔忱❻，該會至三十四年十二月結束，歷時三個月，該會下設三組：經營組，組長李家煥（為

天津市政府秘書長）， 副組長李紹泌，負責保管接收清冊，填發接收憑證，或根據密告信件調查與接收敵偽產業；文書組，組長祖彥彬，負責文書往來及收發；總務組，組長張樹華（張廷諤之侄）。 該會所聘請當地工商界人士三十餘人擔任接收委員，均係義務職。其中有東亞毛呢公司副總經理陳錫三（兼天津市政府顧問）， 仁立毛紡公司經理朱繼經，北洋紗廠經理朱夢蘇，天津造膠公司經理何宗謙，紅鍾醬油廠經理李惠南，華北酒精廠董事長徐曉奄，唐山德勝窯業董事長秦幼林等人。接收工作開始後，將各委員及部份外勤人員按行業分成紡織、機器、化學、酒精等若干組，分頭出發按名單順序接收，當時接收方法極為簡單，即攜帶黨政接收委員填發的接收憑證、布告及若干封條進廠後，召集廠方負責的日本人，出示接收憑證，宣布接收。並在廠門口張貼接收布告及封條一張，然後將廠內各倉庫及現金逐一封存，並責成日人編造接收清冊（包括房地產、機器設備及物資等），資產負債表、損益計算書，限期交予接收人員。由於當時日本人早已將接收清冊準備妥當，所以接收工作還算順利。接收時並不按項核對點收，只是一封了之，如該廠仍在生產，即責成日本人維持開工，等待處理，而由接收人員帶回接收清冊，即告接收完成。有時一個工廠僅需一、二天的時間，天津市黨政接收委員會接收工廠約一百五十餘家，僅需十天即可大體完成❽。為使接收工廠繼續生產，接收委員會決定採取如下的辦法：

第一、天津市政府以籌措地方經費、造福當地人民為名，選擇規模不大，容易開工，利潤較多的工廠十餘家，原應由經濟部接收的在天津比較好的十六家工廠中，張廷諤會同天津財政局長李金洲將其中較好的十家❼，由市政府接收，成立公營事業管理處，李金洲為處長。民國三十四年底河北平津區敵偽產業處理局成立後，根據行政院宋子

文的統一接收與統一處理的原則，曾和天津市長張廷諤及副市長杜建時等交涉，要求將上述工廠移交經濟部冀熱察綏區特派員辦公處天津辦事處接管，但天津市政府不同意。多次協商，行政院同意將味之素等八家工廠撥交天津市政府，在財政局下設天津市企業公司進行管理。

第二、對一些情況特殊的工廠，如東亞菸草廠，暫時由接收委員會派人管理，繼續生產，當時李郁芬（張廷諤之盟兄）任該廠經理，民國三十四年底移交經濟部特派員辦公處天津辦事處管理，三十五年十月交由恆大公司經營。

第三、較大的工廠移交經濟部特派員辦公處天津辦事處管理，如公大各紡織廠、東洋造紙廠、天津西山製鐵廠、中山製鋼所等廠。

黨政接收員自大規模接收工作告一段落後，即轉入零碎的接收業務，如根據市民和天津市漢奸財產調查委員會的密告，分別予以查封和接收。由此可見行政院各部會特派員辦公處未成立之前，許多機構已由北平、天津市政府接收。因之出現一些亂象，杜建時談到天津黨政接收委員會接收天津時指出：

> 接收方式分為兩種，一種是先將日本的企業、機關封門，要日本人交出清冊，聽候處理。另一種是對一般工廠、商店，按日本人清冊接收後，另派經理人員，繼續開工、開業。無論是那一種方式，日本人有些先送給接收人一筆價值頗大的賄賂，免受留難與挑剔，接收人自然笑納，馬虎了事，跟著自己大走後門，進行盜竊。從十月至十二月底，總共接收日本工廠四百處，機關、商店、醫院、學校共約四百處，德國商店、住宅百餘處，另接收偽組織一所存糧倉庫。❼

㈡全國性事業接收委員會

黨政接收委員會成立不久，行政院有見於接收業務中，有全國性的事業，非一部會或一省市所能接收者，遂於民國三十四年九月十一日，在南京籌設行政院收復區全國性事業臨時接收委員會。以行政院各部會所派代表特派員組成，主任委員及副主任委員由行政院令派，該會成立之初，由何應欽總司令兼任全國性事業臨時接收委員會主任委員，社會部部長谷正綱及蕭毅肅為副主任委員⓲，然接收工作應作長期的規畫，臨時接收委員會只是過渡的組織，行政院為使接收工作制度化，於三十四年十月二十六日，頒訂「行政院收復區全國性事業接收委員會組織規程」⓳，並由宋子文簽請蔣委員長批准，於十一月一日在南京鐵湯池二十四號正式成立全國性事業接收委員會，派行政院副院長翁文灝⓴為主任委員，程義法為副主任委員，邵毓麟、楊繼曾、韋以黻為經濟、財政、糧食、農林、社會水利各部會代表委員，杜光祖為秘書長。其接收的對象為日人在華所辦的華北開發公司、華日振興公司等重要企業，因所涉大部份與經濟有關，因此任命翁文灝為主任委員。除全國性事業接收委員會外，行政院有見於各地接收工作相當紊亂，決定集中統一處理之原則，將全國分為四區，每區設立敵偽產業處理局統籌處理接收物資，其中第二區即為三十四年十二月成立於北平之河北平津區處理局（將於第三章介紹）。

㈢各部會特派員辦公處

行政院為進行接收工作，依其接收機關的性質分別派遣接收委員，如接收機關較多、事業較鉅者，並得分區派遣特派員，於該地區成立辦公處，所有該區內的接收委員應受特派員之指導。特派員及接收委員，均由各部會署局呈行政院轉中國陸軍總司令部派遣，並受中國陸軍總司令部的指導監督。於是各部會特派員辦公處紛紛成立，其中設

於平津地區者有：教育部河北平津區特派員辦公處（三十四年十月至三十五年十月）、 經濟部冀察熱綏區特派員辦公處（三十四年十月至三十五年十一月）、 財政部冀魯察綏區特派員辦公處（三十四年十月至三十五年十月）、 交通部平津區特派員辦公處（三十四年九月至三十五年六月）、 農業部河北平津區特派員辦公處（三十四年九月至三十五年六月）、河北平津區處理局（三十四年十二月至三十七年九月）等分別成立。特派員辦公處負有接收工礦與其他相關事業及供應主要物資之權❼，各部特派員辦公處之組織及成立經過於下列各章分別詳細介紹。

㈣相關的接收單位

由於戰後接收工作甚為龐雜，接收單位疊床架屋，除上述機關外，第十一戰區總司令部、北平行營、北平市政府、天津市政府等單位亦負責部份的接收業務。按黨政接收委員會之規章第十一戰區總司令部及北平行營有督導及接收北平、天津地區工作之權，就北平行營的成立經過而言，三十四年八月李宗仁❼被任命為行營主任，九月一日國民政府將之改北平行營直轄第十一、第十二兩個戰區，包括河北、山東、察哈爾、綏遠、熱河等五省，北平、天津、青島等三市，按組織轄區一切軍、政、黨措施俱得聽行營主任的命令行事。李宗仁奉任北平行營主任時，曾向最高當局表示，希望把他原在第五、第十兩戰區作戰的桂系四個軍，帶往華北，並給他較大的權力，但最高當局基於統籌全局的考慮，並未採納他的要求❼。李宗仁在此情況下勉強上任，首先要求設一秘書長（西北大學教授蕭一山擔任）。 九月二十日，蕭秘書長與王鴻韶參謀長先至北平佈置行營事宜；十月二十六日，李宗仁率副參謀長甘沛澤、主任秘書黃雪村等至北平，行營會址設於中南海居人堂，名義上各機關聽命於行營，事實上則屬於中央管制。尤其

是負責在華北肅奸的特務人員，更不受北平行營主任之約束❼；李在行營任內雖解決一些問題如糧食困境、接收期間的糾紛、學潮等難題。但因李宗仁既無子弟兵可以掌握運用，位高而權不稱、責不專。對於所轄兩個戰區的兵力，未能有效的統一指揮，靈活運用，形成垂拱而不治。

　　北平市政府及天津市政府各單位分別接收屬於地方性質之業務。勝利後，國民政府任命熊斌為市長，張伯謹❼為副市長，同時派楊宣誠為北平市政府秘書長、溫崇信為社會局局長、英千里為教育局局長、傅正舜為財政局局長、譚炳訓為工務局局長、凌勉之為公用局局長、張道輔為地政局局長、韓雲峰為衛生局局長、陳焯為警察局局長❽。熊市長上任後首要工作即配合中央的軍政接收，屬於地方性質者，如高中以下學校機關、地方衛生與交通等由北平市政府進行接收。地方最重要的是接收後的復員，三十四年九月初，責令各局提出復員計劃，十月二十四日成立日僑管理處，由警察局長陳焯兼任處長。蔣委員長特別關心北平市政之發展，巡視北平時指示將接收及查獲之日偽資產於拍賣後提出百分之二十撥歸市府，以後續有發現之敵偽物資，亦撥交市府發展市政。因此北平市政府積極進行接收工作，教育局、警察局等所屬的單位於三十五年底接收完竣。十二月，熊去職，由當時山東省政府主席何思源接任，何因處理學生示威遊行及人民生活等問題與特務系統爭執於三十七年（一九四八年）七月去職❽。七月一日由劉瑤章❽繼任，此時接收工作雖告一段落，北平市卻岌岌可危，劉認為係人事的紛爭所致，在其回憶中曾談到：

　　　一九四八年七月一日，接北平市市長，發現有二個難題：⑴當時我的政治環境錯綜複雜，有不少不利條件，一是北平市參議

會議長許惠東和北平市黨部主任委員吳鑄人，我對他們，他們
對我，相互較少交往，各有成見，他們對我任市長，雖未公開
反對，反應卻很冷淡，甚至多少帶有歧視之意。二是我過去對
警備總司令陳繼承敬而遠之，這個人氣燄逼人，對我任市長也
無什麼好感。總之，和這幾個人都不好打交道，很難處。⑵因
為我根本沒有一個底，從秘書長到局長、處長，一時很難拼湊
起一個比較滿意的班子來。❸

天津市政府方面，三十四年八月國民政府任命張廷諤❽為天津市
長，杜建時❽為副市長，秘書長為王玉科、社會局長胡夢華、財政局
長李金洲、工務局長馮鶴鳴、教育局長黃鈺生、衛生局長陸滌寰、地
政局長吳惠和、公用局長王錫鈞、警察局長李漢元等亦由中央任命。
天津市政府成立後即配合黨政接收委員會進行接收，張並兼任天津市
黨政接收委員會主任委員，負責接收事宜的協調工作。為配合政府推
行地方自治運動，天津市臨時議會於三十五年六月成立。時子周為議
長，喻傳鑒為副議長，李曜林、陳錫三、嚴仁穎等為臨時參議員，三
十七年一月天津市政府根據南京國民政府之指示，決定結束臨時參議
會，成立正式參議會，二月份成立天津市參議員選舉事務所，並於二
月二十九日進行投票，當選者有屬於朱家驊系統，如劉澤民、方大成、
梁維琪等；有屬於陳立夫之ＣＣ系統者，如中國國民黨天津市黨部委
員李墨元、李書田、田誠秀、劉仁甫等；有屬於實業派者如中紡公司
總經理楊亦周、朱玉田、王籃（三青團）等；有屬於青年黨系統者如
李伯鈞、葛世傑、盧統之等；山東籍者自成一系統，如趙靜民、趙友
梅、王平貴、宋錫九等；最後由楊亦周當選為議長，劉澤民、李墨元
當選為副議長❽。三十五年十月國民政府任命杜建時為市長，杜就職

後除繼續進行接收工作外，以實施地方自治、扶植工商業、轉移社會
風氣為施政重點。

　　其他各部會成立之委員會如社會部復員委員會、北平市漢奸財產
調查委員會、財政金融復員委員會等，主要的目的在協助接收與復員
工作之進行。

　　從上述戰後平津地區接收行政體系建立的情形而論，其間中央雖
由收復區全國性事業臨時接收委員會及中國陸軍總司令部黨政接收委
員會統籌，但實際的推行由行政院各部特派員辦公處負責，地方由平
津地區黨政接收委員會統籌，因北平市、天津市長為黨政接收委員會
主任委員，因此實際的接收業務仍由北平市、天津市政府所主控，其
縱橫交錯的機關，為接收工作帶來若干的困擾，其中又與準備工作的
不足有關，應加以檢討。

第三節　接收準備工作的檢討

一、接收人員

　　國民政府深知接收人員攸關接收工作的成敗，因此對於接收人員
的派遣亦極慎重，除專業能力外，為避免地方人士的反彈，平津地區
的受降主官、北平、天津市長及各部會特派員等人員的安排，籍貫、
淵源為重要的考量因素，平津地區接收主管人員群，如下頁表 2-4。
從表中得知：籍貫方面十一人中，六人為河北籍，學經歷與平津地區
有淵源者佔九位。教育程度方面，受西方教育者有七位。籍貫、淵源
及學經歷均為重要的考慮因素，如戰後第一任北平市長熊斌為湖北安
陸人，曾任馮玉祥的參謀長，戰時在華北地區的偽軍，許多是西北軍，

表2-4：平津地區接收主管人員一覽表

姓　名	職　務	籍貫	學　歷	重　要　經　歷	就職時間
李宗仁	北平行營主任	廣西臨桂	陸軍速成學校	北伐期間任第四集團軍總司令，抗戰期間任第五戰區司令長官，三十二年駐漢中行營主任。	34.8
孫連仲	第十一戰區司令長官	河北雄縣	保定中學	民國元年為馮玉祥部，十七年為軍事委員會委員，二十七年任第二集團總軍司令，三十一年任第六戰區司令長官。	34.8
熊　斌	北平市市長	湖北禮山	陸軍大學	曾任馮玉祥的參謀長，民國十四年國民軍攻佔天津，任天津長蘆鹽運使，二十二年任北平軍分會總參議，有許多西北軍為其門屬。	34.8
何思源	北平市市長	山東菏澤	北大，留美、德	民國十五年任教廣州大學，十七年任國民政府軍事委員會政治訓練部主任，三十一年任山省政府委員，三十四年任山東省主席。	35.10
劉瑤章	北平市市長	河北安新	北大	民國二十七年任國民黨中央訓練委員會主任秘書，二十九年任國民參政會政員，三十五年六月任河北省臨時參議會議長。	37.7
張伯謹	北平市副市長	河北行唐	留美博士	曾任北平燕京大學教授，抗戰期間任國民政府軍事委員會政治部設計委員，二十九年任三民主義青年團湖北省支團部幹事長，戰後任為北平市副市長及三青團北平、天津支團部幹事。	34.8
張廷諤	天津市市長	河北豐潤	留日	民國三年任天津內河輪船局局長，十一年任北京電報局總辦，二十三年任天津特別市市長。	34.8
杜建時	天津市副市長、市長	直隸武清(天津)	陸軍大學，留日	曾就讀天津南開中學，北平志成中學；民國三十一年任國防研究院副主任。	35.7
張果為	收復區財政金融冀魯察熱區特派員	安徽宿松	留德	曾任福建省政府參議、財政廳長。	34.8
沈兼士	平津區教育復員輔導委員會特派員	浙江吳興	留日	任教北大、清大、中法大學、輔大，歷任故宮博物院文獻館館長，輔大校長。	34.8
石志仁	交通通信平津區特派員	河北昌黎	留美	津浦鐵路機務處處長，北洋大學教授，北寧鐵路工程師，北寧鐵路局局長。	34.8

資料來源：中國人民政治協商會議天津市委員會文史資料研究委員會編，《天津近代人物錄》(天津，天津市地方史志編修委員會總編輯室出版，1987年12月)。

駐在北平的門致中，即屬其中之一，熊任市長對收拾人心、安輯地方有穩定作用。又如天津市戰後第一任市長張廷諤為河北人，學經歷又與天津有所淵源，亦具有安輯人心之意。副市長杜建時亦為河北人，曾留美，於抗戰時即負責與美軍高級將領聯絡，由其負責與美軍聯絡，以協助平津地區國軍進行接收與駐防工作，並藉美軍艦遣送日俘及日僑[87]。中央各部會派赴平津地區的接收委員，如交通方面的接收委員謝宗周[88]，及北平市政府及天津市政府成立後的局長如北平市教育局長英千里[89]、警察局局長陳焯[90]、天津市教育局長黃鈺生[91]等除與國民政府的關係之外，以上述諸條件為重要的考慮因素。

　　雖有如此之考慮，但接收人員不足、接收人員缺乏訓練以致欠缺專業素養、中央過份干預地方人事的任命等則為戰後接收人員安排的三大問題。就接收人員不足而言，抗戰期間國府將各部門於復員時所需的人員，編擬標準，將人員分為文、法、商、理、工、農、醫、教育、軍事、警務等十類，各類人員概分為高、中、初三級，高級人員指具有相當於大學畢業並服務五年以上，或高級中學畢業並服務十一年以上之學識經驗者；中級人員指具有相當於大學畢業或高級中學畢業，並服務六年以上之學識經驗者；初級人員指具有相當於高級中學畢業之學識經驗者。但各機關並未按實際需要編列[92]，而接收人員大部份又由後方派遣，接收工作又有時效性，以致接收時常有人力不足之感，接收發生若干弊端與接收人員的缺乏有關。就接收人員的訓練而言，由於接收單位甚多，接收物資龐雜，非具有專業涵養者不足以勝任，然由於勝利前，國府未刻意培訓專業人員，雖然派至平津地區的接收人員大部份與平津地區頗有淵源，但經過八年的隔閡，許多接收人員對接收機關的性質與業務不熟悉，負責接收北大的鄭天挺談到：「三十四年十一月才抵北平，北平性質與我們在昆明想像不同，這時

北平各大學正在上課，不能接收。」❸經濟方面的接收發生點收時對品名誤解的爭執，專業素質的低落甚至影響到接收後的經營與管理。就中央過份干預人事的任命而言，中央過份干涉地方人事的安排，造成地方對中央的不滿。李宗仁為北平行營主任應有政、軍及人事權，但北平市長何思源被撤換，他於事後才得知。又如戰後北平市從市府主任秘書到各局長均由中央任命，市長熊斌無權過問，自對中央頗有微詞。以嫡系或非嫡系作考量，造成人事間傾軋，亦是戰後接收復員工作的一大問題。

二、 接收機關

㈠接收機關疊床架屋

日本統治平津時期，權責明確，重要或大規模的工廠，悉數歸「北支那開發」統制，彼此間有密切的聯繫。國府方面，抗戰期間，雖有復員計畫，亦成立各種委員會，如抗戰損失調查委員會、敵產處理委員會及各部會復員委員會等，但並未成立專責機關負責接收工作。而戰後的接收機關雖多，亦有一定的組織體系：陸軍總司令部負責接收軍事方面，並統籌黨政接收委員會事宜；行政院收復區全國性事業接收委員會負責全國性事業的接收，行政院各部會特派員辦公處負責該部的地區業務，屬於省市政府者由地方黨政接收委員會統籌，從表面上看，分工有條不紊，職責分明，但實際上，由於戰爭勝利突然到來，各地區的情況迥異，軍隊與政府、中央與地方同時插手接收，致使各地接收機關林立，造成接收工作的嚴重困難。各地的接收機關極多，天津二十三個，北平為二十九個，杭州為二十八個，上海更高達八十九個。北平僅中央機關就有教育部、經濟部、社會部、農林部、交通部、衛生署、蒙藏委員會等特派員辦公處，最高法院北平辦事處、財

政金融特派員辦公處、糧政特派員辦公處，以及中央調查統計局、中央銀行、中央信託局等十三個單位❹。這樣縱橫交叉的接收機關，各部會間又缺乏統籌，如處理局成立之初，要求各部會有關敵偽產業由處理局接管，各部會置之不理。特派員辦公處向北平、天津市黨政接收委員會要求接收其管轄業務的廠礦時亦時遭拒絕，經濟部冀熱察綏區特派員辦公處委員周乃賡率員接收德商德孚洋行時，與天津市政府黨政接收委員會發生爭議❺。因接收單位已被黨政接收委員會接收，因而引發許多爭議。許多機關一接再接，相互牽制，接收工作自受影響，國民黨監察委員崔震華在視察華北各省的接收工作後稱：

> 各地之敵偽產業物資先由地方機關接收，後經中央機關接收，至少經過兩道手續，甚或先由私人接收，再經由地方接收，或先由中央軍事或其他機關接收，再經主管機關接收，經過三道或四道手續者。……接收之次數愈多，物資走漏，產業損失亦愈大。❻

(二)業務複雜，權責難分

有些單位因經營業務複雜，有屬於軍方，有屬於經濟部，如天津製被廠，生產軍被及軍品，軍政單位要求接收，經濟部冀察熱綏區特派員辦公處則認為產業應屬於經濟接收的範圍亦要求接收，加以被軍方佔用或先行接收的機關，久不歸還，遂引起不少的糾紛。另外工礦事業的接收，北平方面由總務組負責，天津方面由工電組負責❼。

(三)接收單位調查不實

行政院雖在擬訂復員計劃綱要同時，制發「關於各機關編擬復員計劃應行注意事項」，要求各單位必須作到對現狀的調查並對復員情

勢作預測，根據調查與預測的結果作詳實的規劃❽。然對於收復區的規劃因未能實地作現狀的調查，亦乏嚴密的統計資料，資料不確實。以特辦處工電組成立之初，各機關草率統計為例，北平約有二百四十處，天津約有四百四十餘處，唐山有三十餘處，熱察綏區五十餘處，計約七百處，然實際僅接收二百四十餘處，差距甚鉅。

三、接收法令

復員計劃綱要為戰後接收復員的重要依據，但在制定計劃之時，一方面戰事的結果仍不能預知，只能提原則性計劃，未能訂出詳實具體實施的辦法；且對淪陷區資料蒐集不確實，決策遂有所偏差，更缺乏有效的評估，因此勝利前後的接收計畫與法令有需加以檢討者：

㈠接收復員辦法既少又欠周詳

以三十三年三月十四日所訂之「淪陷區敵國資產處理辦法」為例，共四條，僅規定凡敵國在中國工礦事業之資產及一切權益，一律沒收為國有，由中國政府經營處理。但對於如何進行接收，由何單位接收，接收後又如何經營，均未訂辦法。此外，規定凡與敵人合辦之事業，不論公營或私營，一律由中國政府派員接收，這對大的公司如中興煤礦、華北開發公司等自無問題，較具爭議者是規模較小，日資佔少部份的公司，即發生認定上的困難。這些原則性的母法，因無相關性的子法，不足以因應戰後複雜的政局❾。又三十二年十二月七日頒訂的「敵產處理條例」，共十四條，其中賦予軍方過大的權力，第三條規定，敵國公有之不動產，運輸、機械、船、車、軍火及其他可供軍運之動產，現款基金及有價證券等得由軍方扣押使用或沒收。第四條，敵國人民私有財產，可供軍者，得扣押使用，必要時得以破壞。對戰後接收帶來不利的影響，許多產業為軍方所佔據，即使破壞者仍得

以引用第四條處理❶。以戰時狀況加之於平時，引發其他單位的不滿。

(二)計劃大部份以假設性為基礎

如交通有關平津地區的復員部份，於三十二年提出，假設國軍以軍事方式克復平津後即進行：(1)恢復平漢鐵路石家莊、北平段交通。(2)恢復平綏鐵路大同、北平段交通。(3)恢復津浦鐵路津浦段交通。(4)修復敵人所築德州、石家莊間鐵路交通。(5)恢復北寧鐵路平津段交通。(6)恢復冀省與魯北豫北各公路交通。(7)恢復以上各收復地區電信與郵遞交通❶。然一因戰事與原先計劃不同，二因許多政治及其它因素未曾加以考量，戰後極少如交通部之計劃實施者。準備不周，實為戰後接收紊亂之源。

(三)戰後法律引起反彈

戰後平津地區的學潮肇因之一即是對教育部甄審辦法的反彈。戰後為處理收復區及光復區學生的資格問題，教育部於三十四年月訂定「收復區中等以上學校學生甄審辦法」及收復區專科以上學校教職員處理辦法❶，其中規定收復區敵偽專科以上學校，及私立專科以上學校教職員，由教育部先作詳盡之調查，並加以審核，凡附逆有據的教職員均不予續任。對敵偽專科以上畢業及肄業學生之資格則分南京、上海、武漢、廣州、杭州、平津等六區舉行甄審，各校肄業學生必須經過登記甄審合格後，才發給轉業證書，歷屆畢業生學歷則不予承認，必須經過甄審合格後，再補習三個月，方可發給畢業證書。這個辦法公佈後，對受盡日偽壓迫的青年學生，極大的打擊，引起收復區各校青年學生及校友的諸多疑慮，北大教授容庚白寫信給傅斯年時談到：

> 俄而教育部擬定收復區中等以上學校學生甄審辦法公布「收復區敵偽專科以上學校肄業生，須經登記甄審，合格後始得分

發。」信如斯言，則教育部根本不承認敵偽專科以上學校之存在。同仁聞之，咸驚愕失色，北平偽北大、師大、藝專三校之五千同學，在未甄審合格分發以前，將安所歸？⑱

北大等校學生的反彈更大，在經歷日本的欺壓後，本冀望戰後能獲得舒緩，於是紛起抗議。師大、北大校友聯合會，因政府公佈甄審登記限於三十五年三月十五日已近，政府未有進一步的表示，又銓敘部公布凡未經甄審的偽大學畢業生，皆以雇員聘，引起不滿，於三月十二日假師大附中召開第三次校友會，會中決議：反對政府甄審制度，繼續向蔣主席、教育部及北平市政府請願。並發表一封反對甄審登記的公開信⑭。北平收復區北京大學全體學生，發表〈我們的呼聲〉以示抗議，文中強調，抗戰期間非不得已留在「淪陷區」，未有為虎作倀的行為，政府應寬大處理⑮。北大、師大校友會於三十五年三月十二日、十六日，分別召開記者會，並向全國各界發出：「反甄審登記公開信」強力反對政府甄審制度的不合理。三月十二日，天津市學生聯合會成立，出版《天津學聯報》，其主要任務，就是要求政府取消甄審制度⑯。此後收復區各大學相繼發起反甄審運動，輿論對甄審辦法亦提出質疑⑰。教育部制定甄審制或有其實際的需要，但以導正思想為主要的考慮，教育部朱家驊部長在三十四年八月十四日抗日結束對學術界同仁的廣播中曾談到：「日本投降了，勝利已經到手，但是諸君的任務益見繁重。本人適長教育，願與諸君共勉。收復區有無數青年，思想上已經中了八年的毒，我們要去消毒。」⑱教育部長既有此想法，其他人更無庸置論，對於收復區學生處置自有所偏差。

㈣各部會法令時有矛盾

社會部王雲五部長在三十四年十一月四日呈行政院之四點建議中

第一點即提到：

> 處理敵偽物資法令，因發布機關不同，多有矛盾，最後行政院
> 納一處理法令，雖為最高法令；但各接收機關仍多不遵照，敵
> 偽產業處理局在事實上無法依照法令處理，應請行政院重申前
> 令，令各接收機關必須依照法令將所接收物資工廠，限期交敵
> 偽產業處理局處理。⑩

經濟部特辦處工電組接收報告中亦指出：「關於敵偽產業之處理，中
央雖早有規定，然因事前缺乏正確的調查與嚴密的統計，致使所訂辦
法，每與實際情形扞格不入，執行之際，常感棘手。」⑩

　　接收人員不足、缺乏訓練、中央過份干預接收人員的派遣；接收
機關疊床架屋、權責不分、缺乏協調；接收法令欠周、各單位制定的
法令時有矛盾等弊病均為接收準備工作值得檢討者。

註　釋

❶ 民國三十四年八月十五日，蔣委員長以中國戰區盟軍最高統帥名義致電南京駐華日軍最高指揮官岡村寧次，指示日軍六項投降原則：⑴日本政府已正式無條件投降；⑵該指揮官即通令所屬日軍停止一切軍事行動，並派代表至玉山接受中國陸軍總司令何應欽之命令；⑶軍事行動停止後，日軍之秩序可暫保有其武裝及裝備，保持現有態勢，並維持所在地之秩序及交通，聽候中國陸軍總司令何應欽之命令；⑷所有飛機及船艦應停留現在地，但長江內之船艦應集中宜昌、沙市；⑸不得破壞任何設備和物資；⑹以上各項命令之執行，該指揮官及所屬官員，均應負個人之責任，並迅速答覆為要。見南京第二歷史檔案館藏，國民政府國防部史政局及戰史編纂委員會檔案，檔號：三㈠3425。

❷ 冷欣，〈籌備日軍受降盛典追記〉，《軍事雜誌》，第四十卷，第十二期（民國六十一年九月十五日），頁8。

❸ 中國人民政治協商會議南京市委員會文史資料委員會編，《中國戰區受降始末》（北京，中國文史出版社，1991年8月），頁23～24。

❹ 同上，頁52。

❺ 鈕先銘，〈受降前後〉，《中外雜誌》，第十卷，第三期（民國六十年九月），頁81。

❻ 中國派遣軍最高指揮官岡村寧次交給何應欽將軍一份侵華日軍部隊名單，日兵投降之兵力總共為一百二十八萬三千二百四十九人。其中華北方面包括第一、十二、四十三軍，第一一〇師團以及駐蒙軍。約三十二萬六千二百四十四人。陳三井等，《白崇禧先生訪問紀錄》（臺北，中央研究院近代史研究所，民國七十三年五月），頁454。又見何應欽，《受降經過——中國戰區中國陸軍總司令部受降報告書》（南京，民國三十五

年三月)，錄自《日本在中國》(臺北，中華民國歷史文化出版社，民國
六十二年七月七日)，頁444。

❼ 冷欣，字容庵，江蘇興化人，清光緒二十六年（1900年）生，民國十三
年入黃埔軍官學校第一期，參加過第一次東征，十六年為第一軍政治部
主任，五月兼情報處處長，二十一年陸軍第三十軍參謀長，二十八年任
江蘇省政府委員兼江南行署主任，三十四年任中國陸軍總部副參謀長，
三十四年抗戰勝利後任南京前進指揮所主任。

❽ 冷欣，〈籌備日軍受降盛典追記〉，《軍事雜誌》，第四十卷，第十二期(民
國六十一年九月十五日)，頁9。

❾ 中國人民政治協商會議南京市委員會文史資料委員會編，《中國戰區受
降始末》(北京，中國文史出版社，1991年8月)，頁70。

❿ 受降席及投降席座次表如下：

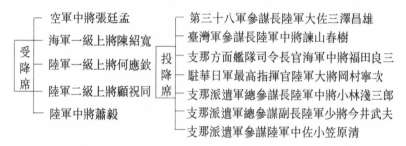

資料來源：劉本厚，〈第十一戰區北平受降典禮實錄〉，《傳記文學》，第三
　　　　　十八卷，第八期（民國七十年六月），頁27。

⓫ 同上。

⓬ 日本《產經新聞》連載，《中央日報》譯印，《蔣總統秘錄》，第十三冊
(臺北，中央日報社，民國六十六年九月)，頁196。

⓭ 中國戰區十六區計為：⑴北越地區：第一方面軍司令官盧漢為受降主官，

受降地點在河内。(2)汕頭地區：由第七戰區司令長官余漢謀為受降主官，受降地點在汕頭。(3)長衡地區：由第四方面軍司令官王耀武為受降主官，受降地點在長沙。(4)南昌九江地區：由第九戰區司令長官薛岳為受降主官，受降地點在南昌。(5)杭州廈門地區：由第三戰區司令長官顧祝同為受降主官，受降地點在杭州。(6)上海南京地區：由第三方面軍司令官湯恩伯為總受降官，受降地點在南京。(7)武漢宜昌沙市地區：由第六戰區司令長官孫蔚如為受降主官，受降地點在漢口。(8)徐州安慶蚌埠海州區：由第十戰區司令長官李品仙為受降主官，受降地點在蚌埠。(9)平津地區：由第十一戰區司令長官孫連仲為受降主官，受降定點在北平。(10)山東地區：由第十一戰區副司令長官李延年為受降主官，受降地點在濟南。(11)洛陽地區：由第一戰區司令長官胡宗南為受降主官，受降地點在洛陽。(12)山西地區：由第二戰區司令長官閻錫山為受降主官，受降地點在太原。(13)熱河察哈爾綏遠三省地區：由第十二戰區司令長官傅作義為受降主官，受降地點在歸綏。(14)鄖城許昌商邱地區：由第五戰區司令長官劉峙為受降主官，受降地點原定許昌，後改為鄖城。(15)臺灣澎湖地區：由臺灣行政長官陳儀為受降主官，受降地點在臺北。(16)廣州海南地區：由第二方面軍司令官張發奎為受降主官，受降地點在廣州。見中國人民政治協商會議南京市委員會文史資料委員會編，《中國戰區受降始末》(北京，中國文史出版社，1991年8月)，頁61～63。

❹ 孫連仲，字仿魯，河北雄縣人，清光緒十九年（1893年）生，民國元年後歷任馮玉祥部連長、營長、團長、師長之職，十七年任第二集團軍第二方面軍總指揮兼十二軍軍長，十九年任馮玉祥部第八路軍總指揮。抗戰後任第二集團軍總司令，又曾任第一戰區副司令長官、第五戰區副司令長官及第六戰區司令長官，三十四年五月被選為國民黨第六屆中央監察委員，轉戰南北功績彪炳。

❺ 中國陸軍總司令部編，《中國戰區中國陸軍司令部處理日本投降文件彙

編》，下卷（臺北，文海出版社，民國六十三年複印），頁5。

⑯ 陳繼承，字武民，江蘇靖江人，清光緒十九年（1893年）生，保定軍校畢業，曾任黃埔軍校教導團第二營營長，國民革命軍北伐時任第一軍第二師第四及第六團團長，民國十五年升任第二十二師師長，十九年討伐石友三時升任陸軍第一軍軍長，二十四年升中將，任湘鄂贛邊區剿匪總指揮，兼武漢警備司令，西安事變發生時亦被拘於西京招待所，二十六年任陸軍軍官學校教育長，三十三年任重慶衛戍副司令，三十四年二月調任第六戰區副司令長官，勝利後任第十一戰區副司令長官。

⑰ 上官雲相，字紀青，山東商河人，清光緒二十一年（1895年）生，保定軍校畢業，歷任排長、營長及孫傳芳五省聯軍第七師第十三旅旅長，後任國民革命軍第四師師長，二十四年升中將，二十七年任第三十二集團軍總司令，三十二年任第三戰區副司令長官，三十四年調任第十一戰區副司令長官。

⑱ 馬法五，號賡虞，河北高陽人，清光緒十六年（1890年）生，畢業於保定軍校，歷任營長、旅長、第四十軍第三十九師師長，民國二十四年升陸軍中將，三十一年任第四十軍軍長，三十二年任第二十四集團軍副總司令，十二月兼河北保安司令，三十四年勝利後任第十一戰區副司令長官。

⑲ 中國人民政治協商會議南京市委員會文史資料委員會編，《中國戰區受降始末》（北京，中國文史出版社，1991年8月），頁87。

⑳ 劉本厚，〈第十一戰區北平受降典禮實錄〉，《傳記文學》，第三十八卷，第八期（民國七十年六月），頁27。

㉑ 同上，頁28。

㉒ 同上。

㉓ 王禹廷，〈華北之收復與陷落〉，《傳記文學》，第三十八卷，第五期（民國七十年五月），頁121～122。

㉔ 門致中與孫連仲，係西北軍的老同事，亦是連襟關係，民國十七年，青海、寧夏分別設省，孫、門兩人同時出任青、寧兩省的主席，後為汪偽政權收編，此番係令其戴罪立功。政府接收北平後將其改編為新編第二軍。見王禹廷，〈華北之收復與陷落〉，《傳記文學》，第三十八卷，第五期（民國七十年五月），頁122。

㉕ 中國陸軍總司令部編，《處理日本投降文件彙編》，下卷（臺北，文海出版社複印，民國三十五年四月），頁425。

㉖ 重慶《中央日報》，三十四年十月九日，第二版。

㉗ 同上。

㉘ 受降典禮於太和殿舉行，當時二十萬北平市民齊集在殿前及天安門外觀禮。王禹廷，〈華北之收復與陷落〉，《傳記文學》，第三十八卷，第五期（民國七十年五月），頁121～122。又見重慶《中央日報》，民國三十四年十月十一日，第二版，十月十二日，第二版。

㉙ 劉本厚，〈第十一戰區北平受降典禮實錄〉，《傳記文學》，第三十八卷，第六期（民國七十年六月），頁32。

㉚ 石覺，字為開，廣西桂林人，清光緒三十四年（1908年）生，黃埔軍校第三期畢業，歷任排、連、營、團、旅長，第四師師長，第十三軍軍長。

㉛ 侯鏡如，原名心朗，河南永城人，清光緒二十八年（1902年）生，黃埔軍校畢，民國十四年加入胡景毅國民二軍，十五年加入中國共產黨，十七年被捕，十八年七月被釋放，二十二年任第三十軍第三十師師長，二十七年任第九十二軍第二十一師師長，三十二年升為軍長，抗戰勝利後，赴北平受降，兼北平警備司令。

㉜ 周福成，遼寧遼陽人，清光緒二十四年（1898年）生，保定軍校畢業，曾任陸軍連長、營長、團長，民國二十六年春任第一一六師師長，二十七年十二月任第五十三軍軍長，三十三年率遠征軍赴滇西。

㉝ 中國人民政治協商會議南京市委員會文史資料委員會編，《中國戰區受

降始末》(北京，中國文史出版社，1991年8月)，頁92～93。

❸ 聯勤各補給區司令部工作報告㈡，國防部史政局藏，檔號：109.3/1217. 10。

❸ 中國人民政治協商會議南京市委員會文史資料委員會編，《中國戰區受 降始末》(北京，中國文史出版社，1991年8月)，頁92～94。

❸ 李文，字質吾，湖南新化人，清光緒三十一年（1905年）生，黃埔軍校 第一期畢業，民國十七年任第一師第四團營長、副團長，二十六年任第 七十八師師長，三十二年任第三十四集團軍副總司令，兼第九十軍軍長， 三十四年一月任第三十四集團軍司令，十月進駐河北省石家莊，接受日 本投降，其後移駐北平，三十七年兼北平警備總司令。

❸ 上海《中央日報》，民國三十四年十二月二日，第二版。

❸ 高純淑，〈戰後中國政府接收東北之經緯〉，文化大學史學研究所博士論 文（民國八十二年六月），頁257。

❸ 當孫連仲奉命接收華北之後即率領三個軍七個師共約十萬大軍，向北開 進，其第十一戰區長官部，本來在勝利前夕，在西安編組成立，此時推 進至河南新鄉，從事完成以下之部署：「以第三十軍（魯崇義）之三個 師，第四十軍（馬法五），新八軍（高樹勛）各兩個師總共七個師的兵 力，編成北進兵團。十月上旬，在新鄉集結完畢，由戰區參謀長宋肯堂 負責率領，於十月十三日開始向北挺進」。然此時平漢鐵路沿線，從新 鄉到石家莊間，除少數重要據點，或因日軍集結待降，或因偽軍駐守者 外，大部份地區，均被共軍乘機竊據。共軍偵知國軍北上，乃集晉南、 魯西、冀中及冀南等區之所有部隊，總兵力共達八十個團，由劉伯承統 一指揮，沿線設伏，國軍受創甚重。參考楊國宇、陳斐琴、李毓明、王 偉等著，《劉伯承軍事生涯》(北京，中國青年出版社，1982年7月)，頁 182～185。

❹ 萬福增，〈抗戰時在孫連仲將軍身邊工作紀事〉，劉鳳翰編著，《孫連仲先

生年譜長編》，第五冊（臺北，國史館，民國八十二年七月），頁2696。

❹ 高樹勛，字建侯，河北鹽山人，清光緒二十三年（1897年）生，民國四年轉入馮玉祥的西北軍，曾任國民革命軍第二集團軍師長，抗日戰爭後任河北保安處副處長，三十一年任三十九集團軍總司令。戰後任第十一戰區副司令長官。

❷ 〈孫連仲口述歷史〉，引自劉鳳翰編著，《孫連仲先生年譜長編》，第五冊（臺北，國史館，民國八十二年七月），頁2729～2730。

❸ 李宗仁口述，唐德剛撰寫，《李宗仁回憶錄》（臺中，永蓮清出版社，民國七十五年四月），頁833。

❹ 同上，頁834。

❺ 北平市警察局呈送內政部警察總署該市警政復員工作概況報告、天津市警察局呈送內政部警察總署該局復員工作概況報告，國史館藏，內政部檔，檔號：204.12/35。

❻ 林水波，《政策分析評論》（臺北，五南圖書出版有限公司，民國七十三年七月），頁75。William N. Dunn, *Public Policy Analysis: An Introduction.* (Englewood Cliffs, N.J.: Prentice-hall, 1981), p.48.

❼ 中央設計局成立係蔣委員長的構想，民國二十九年七月，中國國民黨舉行五屆七中全會，會中蔣委員長以國民黨總裁身份提出設置中央設計局作為全國政治經濟的策劃機構之建議，經全會通過後，便由中央常會制定「中央設計局組織大綱」，經籌備後於國民黨最高決策機關最高國防委員會（前身為國民黨的中央政治委員會，二十八年一月改組）下設中央設計局。並於二十九年十月一日正式在重慶成立，由國民黨總裁兼國防委員會委員長蔣介石任設計局局長；其提出成立設計局之因，一方面鑑於政府各部門的計畫個別擬訂，多是枝節，缺乏整體的協調觀念，甚至發生矛盾與衝突，並有重複浪費的毛病；另一方面他希望抗戰與建國工作並重，使中央設計局為行政三聯制（計畫、執行、考核）的一環，

負責計劃的制定，國民黨和國民政府負責執行計畫，黨政工作考核委員會（三十年成立）負責考核。中央設計局成立之初，由張群任秘書長，其後由王世杰、熊式輝任秘書長。中央設計局的工作是分部門編組，其工作除擬訂各項計劃外，並負有審核各機關所擬訂計劃之權，又可分為兩大類：一類為經常性的工作，即是編定或審議每年度的國家施政計劃及國家總預算；另一類是專案設計及專題研究工作。最重要者為戰後復員計劃的擬訂。張希哲，〈記抗戰時期中央設計局的人與事〉，《傳記文學》，第十七卷，第四期（民國六十四年十月），頁39～40。朱佑慈等譯，《何廉回憶錄》（北京，中國文史出版社，1988年2月），頁238～245。

㊽ 關於各機關編擬復員計劃應行注意事項，南京第二歷史檔案館藏，檔號：二㈠7956。

㊾ 各部會及各省市之復員計劃於抗戰期間即陸續呈報，如交通部擬訂交通復員計劃綱要。見交通復員計劃綱要案，國史館藏，交通部檔，檔號：0724.80/2790；交通建設五年計劃草案，國史館藏，交通部檔，檔號：1200.03/0037；物資建設五年計畫案，國史館藏，交通部檔，檔號：1100.30/2737；省市政府之復員計劃，見國史館藏，行政院檔，省市政府復員工作計劃案，檔號：0765/9000。

㊿ 此項復員計劃綱要共分軍事、財政、教育文化、交通、社會、工礦商業等十六部門，每部門包括「工作要點」、「計劃項目」，「工作要點」所列者大部份為每部門主要復員業務的原則，各機關據此制訂「復員工作計畫」；「計劃項目」則提示有單獨計劃必要的特別重要事項，便於各主管機關分別擬訂「復員事別計劃」。見中國國民黨中央委員會黨史委員會，《中華民國重要史料初編——對日抗戰時期》，第七編，《戰後中國㈣》（臺北，中國國民黨中央委員會黨史委員會，民國七十年九月），頁351，頁381。

51 同上，頁38～40。

㊲ 抗戰損失調查委員會案，國史館藏，行政院檔，檔號：3-793.6/27。

㊳ 遲景德，《中國對日抗戰損失調查史述》（臺北，國史館，民國七十六年三月），頁12。

㊴ 《國民政府公報》，民國三十四年七月十七日。

㊵ 有關經濟工礦辦法如：收復區重要工礦事業處理辦法（三十四年八月）、收復區工礦事業接收整理辦法（三十四年八月）、收復區敵國資產處理辦法（三十四年九月）、經濟部戰時生產局各收復區特派員辦公處登記及接收工礦事業實施辦法（三十四年九月）、收復區工礦事業實施辦法（三十四年九月）、收復區敵偽財政金融機構財產接收辦法（三十四年九月）、收復區電氣事業處理辦法（三十四年十月）、收復區礦業權處理辦法（三十四年十月）、復員期間後方區民營工廠被裁工人處理辦法（三十四年十月）、處理敵偽產業辦法（三十四年十二月）、軍政部特派員與接收業務有關連特派員分工合作辦法（三十五年二月）、收復區敵偽產業處理辦法（三十五年五月）、地方政府撥用接收敵偽產業辦法（三十五年五月）、德僑在華私人產業處理辦法及收復地區土地權利清理辦法（三十五年七月）等。資料來源：⑴行政院制發接收處理日偽財產有關法令，南京第二歷史檔案館藏，檔號：五三六 199。⑵《國民政府公報》，民國三十四年八月三十一日、九月十三日、三十五年八月一日。⑶本處（經濟部冀熱察綏區特派員辦公處）總報告，南京第二歷史檔案館藏，檔號：五三六 773。⑷中央研究院近代史研究所藏，經濟部檔，收復區工礦電商事業接收工作審議考核委員會，檔號：一(3)1225。

㊶ 財政金融法令有：收復區商營金融機關清理辦法（三十四年九月）、收復區調整貨物管制緊急實施辦法（三十四年九月）、收復區敵偽財政金融機構財產接收辦法（三十四年九月）、非常時期營利法人維持現狀暫行辦法（三十四年九月）、戰區或接近戰區各項事業限制辦法（三十四年九月）、限制淪陷區各項事業產權移轉補充事項（三十四年九月）、收復

區各項企業組織應行遵守事項（三十四年九月）、機關結束費發給辦法（三十四年九月）、四行庫辦理匯往收復區工商業匯款辦法（三十四年九月）、收復區商業保險公司復員辦法（三十四年九月）、收復區商業銀行復員辦法（三十四年九月）、收復區各省縣市整理契稅辦法（三十四年十月）、收復區敵偽鈔票及金融機關處理辦法（三十四年十月）、收復區庫款收支緊急處理辦法實施手續（三十四年十月）、收復區各省縣市整理契稅辦法（三十四年十月）、中央及各省機關員工復員各項經費支給辦法（三十四年十月）、收復區庫款緊急處理辦法（三十四年十月）、收復區金融緊急措施處理辦法（三十四年十一月）、收復區敵偽財政金融機關財產接收辦法（三十四年十一月）、收復區銀行戰時劫失債票處理辦法（三十五年二月）、收復區各種公司登記處理辦法（三十五年二月）、修正收復區商業銀行復員辦法（三十五年四月）、機關結束費發給辦法（三十五年九月）等。資料來源：⑴《國民政府公報》，民國三十四年十月二日、十三日、十七日、三十一日、三十五年五月二日。⑵本處總報告，南京第二歷史檔案館藏，檔號：五三六 773。⑶河北平津區敵偽產業處理局及經濟部冀熱察綏區特派員辦公處制訂接收日偽產業有關法令及規定事項，南京第二歷史檔案館藏，檔號：五三六 202。⑷《資源委員會公報》，第九卷，第五期，頁20；第十卷，第四期，頁20～21。⑸經濟部等制發接收處理日偽財政金融機構財產有關法令，南京第二歷史檔案館藏，檔號：五三六 203。⑹北京市檔案館藏，檔號：15/7。⑺陳炳章，〈五十年來中國之公債〉，《五十年來之中國經濟》，頁140～141。

⑰ 教育方面的法令有：收復區中等以上學校學生甄審辦法（三十四年十月）、收復區專科以上學校教職員甄審辦法（三十四年十月）、收復區各縣市小學教員登記甄審訓練辦法（三十四年十月）、設立臨時大學補習班辦法（三十四年十月）、中等學校戰時服役學生復學及轉學辦法（三

十四年十一月)、收復區專科以上學校處理辦法 (三十五年一月)、收復區專科以上學校畢業生甄審辦法 (三十五年一月)、 修正收復區中等學校教職員甄審辦法 (三十五年一月)、 收復區專科以上學校肄業生學業處理辦法 (三十五年二月)、 國立專科以上學校戰區學生還鄉轉學辦法 (三十五年二月)、 南洋各區學校輔導委員會甄審僑民中小學校教員辦法 (三十五年二月)、 修正收復區中等學校學生甄審辦法 (三十五年四月)、 各臨時大學補習班畢業生畢業證書發給辦法 (三十四年十月) 等十五項。資料來源：⑴《教育部公報》，第十七卷，第十期，民國三十四年十月三十日；第十八卷，第二期，民國三十五年二月二十八日。⑵全國教育善後會議及復員工作報告，頁63～69，中央研究院近代史研究所藏，朱家驊檔，檔號：一○六。⑶《國民政府公報》， 民國三十五年七月十二日。

❺⑧ 其他方面有：收復淪陷區郵政緊急措施辦法 (三十四年八月)、 各部會署局派遣收復區接收人員辦法 (三十四年九月)、 社會部接收敵偽合作組織資產處理辦法 (三十四年十一月)、收復地區戒煙院所設置辦法(三十五年十一月)、 復員期間後方區民營工廠被裁工人處理辦法 (三十四年十一月)、調派全國船舶辦法 (三十四年十一月)、處理漢奸案條例(三十四年十一月)、戰後德僑處理辦法 (三十四年十二月)、各行政機關復員建設撥借國防工事材暫行辦法 (三十四年十二月)、 中央裁撤機關職員還鄉運送辦法 (三十四年十二月)、復員後辦理民事訴訟補充條例(三十四年十二月)、復員後辦理刑事訴訟補充條例 (三十四年十二月)、中央及各省機關員工復員各項經費支給辦法 (三十四年十二月)、 遣送德僑辦法 (三十五年一月)、復員軍官轉任警官訓練辦法 (三十五年二月)、復員軍官轉任警官訓練選送辦法 (三十五年三月)、 復員軍官佐轉業警員十萬人訓練計畫綱要 (三十五年六月) 等三十九項。資料來源：⑴《天津郵政史料》，第四輯 (北平，航空航天大學出版社，1992年12月)，頁

65。⑵《國民政府公報》，民國三十四年十月十日、二十五日；十一月四日、五日、十五日、二十三日；十二月一日、十八日；三十五年一月五日、十六日、十八日；二月十二日、六月二十二日、七月二十七日。⑶《資源委員會公報》，第十卷，第一期，頁22；第十卷，第二期，頁28。⑷經濟部等制定接收處理日偽財政金融機構財產有關法令，南京第二歷史檔案館藏，檔號：五三六 203。⑸中央研究院近代史研究所藏，朱家驊檔，檔號：381.33/118。⑹國史館藏，內政部檔，檔號：201.11/65。⑺本處（經濟部冀熱察綏區特派員辦公處）總報告，南京第二歷史檔案館藏，檔號：五三六 773。

❺ 有關平津部份由中央頒訂的法令計有：北平市黨政接收委員會組織章程（三十四年八月）、天津市黨政接收委員會組織章程（三十四年八月）、接收租界及北平使館界辦法（三十四年十一月）、天津市敵偽放領公有土地清理實施辦法（三十四年十二月）、河北平津區工礦事業復工督導辦法綱要（三十五年一月）、河北平津區處理敵偽產業處理局洽購洽租敵偽產業辦法、華北黨政工作推進暫行辦法。資料來源：⑴接收租界及北平使館界辦法，中央研究院近代史研究所藏，經濟部檔，收復區工礦電商事業接收工作審議考核委員會，檔號：一⑷。⑵《國民政府公報》，民國三十四年十月三十一日。⑶國史館藏，行政院檔案，檔號：3011.21/2311。⑷南京第二歷史檔案館藏，檔號：五三六 755。⑸南京第二歷史檔案館藏，檔號：二①50。⑹河北平津區處理敵偽產業處理局洽購洽租敵偽產業辦法，中央研究院近代史研究所藏，經濟部檔，經濟部冀熱察綏區特派員辦公處，檔號：二⑶。⑺行政院社會部等單位制定的接收處理敵偽機構、物資、財務的規程辦法等，北京市檔案館藏，檔號：15/97。

❻ 何應欽，字敬之，貴州興義人，清光緒十六年（1890年）生，日本士官學校步兵科，民國十三年任廣州大本營參議，六月任黃埔軍校總教官，

十五年任國民革命軍第一軍軍長，十七年任國民革命軍總司令部參謀長兼軍事委員會主席，二十一年兼代軍事委員會北平分會委員長，二十六年任參謀本部參謀總長，二十七年兼任第四戰區司令長官，三十三年兼任中國陸軍總司令，抗戰後負責南京受降。

⑥ 谷正綱，字叔常，貴州安順人，清光緒二十八年（1902年）生，留德，民國二十四年任中國國民黨組織部副部長，二十九年任國民政府社會部部長，三十四年兼任農林部部長。

⑥ 蕭毅肅，四川蓬安人，清光緒二十五年（1899年）生，雲南講武學校畢業，民國二十五年任陸軍第四十三軍參謀長，二十七年任陸軍第四十二軍副軍長，三十二年任遠征軍司令部參謀長，三十三年任中國陸軍總司令部參謀長，戰後協助何應欽處理受降事宜。

⑥ 何漢文，〈大劫收見聞〉，中國人民政治協商會議全國委員會文史資料研究會編，《全國文史資料選輯》，第五十五輯，頁7。

⑥ 北平市黨政接收委員會第三至第十次會議紀錄，南京第二歷史檔案館藏，檔號：五三七 96。

⑥ 熊斌，字哲明，湖北禮山人，清光緒二十年（1894年）生，廣西陸軍幹部學校及奉天講武學堂畢業，任馮玉祥的參謀長，民國十四年國民軍攻佔天津，任天津長蘆鹽運使，二十二年任北平軍分會總參議。有許多西北軍為其門屬，如駐北平的門致中。曾任河北省政府委員，三十四年五月任華北宣撫使，八月任命為戰後第一任北平市長，至三十五年十二月卸任。

⑥ 張廷諤，河北豐潤人，留日，民國三年任天津內河輪船局局長，在北洋政府時期為國務院秘書長，卸任後因與曾任長蘆鹽運使的葛敬猷過從甚密，遂改行從商，二十三年任天津市長，二十四年下臺，抗戰期間至重慶追隨張伯苓，勝利後經張伯苓推薦為第一任天津市長。李紹泌，〈國民政府劫收平津產業概況〉，《天津文史資料選輯》，第五輯（1979年10月），

頁80。副市長杜建時，直隸武清縣人，陸軍大學畢業後曾留美，民國三十一年任國防研究院副主任，又任蔣介石兼任侍從室中將高級參謀，三十四年八月十五日任副市長及北寧線區警備司令。杜建時，〈從接收天津到垮臺〉，《天津文史資料選輯》，第五輯（1979年10月），頁12。

⑥ 時子周，名作新，字子周，天津人，清光緒五年（1879年）生，保定大學畢業，與張伯苓創辦南開大學，曾任華北新聞報主筆，民國十七年任中國國民黨天津特別市黨部整理委員，二十八年任湖北省政府委員兼教育廳廳長，抗戰勝利任中國國民黨天津市主任委員。

⑥ 裘潔忱，字世廉，與張廷諤為同鄉，為張之盟兄，張任北洋政府國務院秘書長之時，裘為秘書；張從事鹽運生意時，由裘代為經手業務，張二十三年任天津市長時，裘任天津市警察局督察長；戰後任黨政接收委員會主任秘書。李紹泌，〈國民政府劫收平津產業概況〉，《天津文史資料選輯》，第五輯（1979年10月），頁82。

⑥ 同上，頁81～82。

⑦ 同上。

⑦ 杜建時，〈從接收天津到垮臺〉，《天津文史資料選輯》，第五輯（1979年10月），頁9。

⑦ 丁永隆、孫宅巍，《南京政府崩潰始末》（臺灣，巴比倫出版社，1992年1月），頁20。

⑦ 行政院社會部等單位制定的接收處理敵偽機構、物資、財務的規程辦法等，北京市檔案館藏，檔號：15/97《國民政府公報》，民國三十四年十月三十日。

⑦ 翁文灝，字詠霓，浙江鄞縣人，清光緒十五年（1889年）生，清秀才，比利時地理及物理博士，民國十二年為地質調查所所長，二十一年任教育部長，二十七年任經濟部部長，三十二年工礦調整處改為戰時生產局兼任局長，三十四年一月任局長，六月，任行政院副院長。

⑦ 特派員辦公處之任務：⑴登記及處理工礦及其他有關事業；⑵處理友邦原辦工礦及其他有關事業；⑶接收整理敵偽所辦工礦及其他有關事業；⑷促進主要物資之生產；⑸辦理主要物資之供應；⑹採辦及接收國外必需物資；⑺建立重要工礦事業機構；⑻向盟軍接洽有關事宜。

⑦ 李宗仁，字德鄰，廣西臨桂人，清光緒十七年（1891年）生，廣西陸軍小學堂（後改為廣西陸軍速成學校）畢業，民國七年任廣東陸軍第二軍營長，十一年任廣西陸軍第二陸軍總司令，北伐期間，曾任第四集團軍總司令，十六年任武漢國民政府委員，寧漢分裂後任北伐軍第三陸軍總指揮，十八年被開除中國國民黨黨籍，十九年聯合閻錫山、馮玉祥反蔣。抗戰期間曾任軍事委員會委員長及駐漢中行營主任，負責指揮第一、五及十戰區，戰後被任為北平行營主任。

⑦ 王禹廷，〈華北之收復與陷落〉，《傳記文學》，第三十八卷，第三期，頁79～80。

⑦ 李宗仁，《李宗仁回憶錄》，下冊（臺中，永蓮清出版社，民國七十五年四月翻印），頁825～831。

⑦ 張伯謹，河北行唐人，清光緒二十八年（1902年）生，美國康乃爾大學科學博士，曾任北平燕京大學教授，抗戰期間任國民政府軍事委員會政治部設計委員，二十九年任三民主義青年團湖北省支團部幹事長，戰後任北平市副市長及三青團北平支團部兼天津支團部幹事長。

⑧ 《國民政府公報》，民國三十四年九月五日，渝字第八四八號，府令。

⑧ 何思源，〈我參加和平解放北平的經過〉，見中國人民政治協商委員會全國委員會文史資料委員會撰寫組，《平津戰役親歷記》（北京，中國文史出版社，1989年1月），頁347。

⑧ 劉瑤章，河北安新人，清光緒二十三年（1897年）生，民國十一年畢業於北大哲學系，二十七年任中國國民黨訓練委員會主任秘書，二十九年任第二屆國民參政會參政員，三十四年五月當選為中國國民黨中央執行

委員，抗戰勝利後赴北平，三十五年十月任河北省臨時參議會會長，三十七年七月任北平市長。

㉘ 劉瑤璋，〈北平和平解放前夕的片斷回憶〉，《全國文史資料選輯》，第六十八輯，頁99。

㉙ 張廷諤，字直卿，河北豐潤人，清光緒十六年（1890年）生，民初天津北洋高等工業學堂畢業，曾任天津內河輪船局局長，十一年任山東轉運使，十二年任北京政府國務院秘書長，二十三年黃郛推薦為天津特別市市長。三十四年八月任天津市市長，三十五年十月去職。

㉚ 杜建時，戰後負責與美國將領聯絡，民國三十五年十月接任天津市長。

㉛ 趙靜民，〈國民黨反動統治的御用工具——天津市參議會〉，《天津文史資料選輯》，第五輯（1979年10月），頁106～112。

㉜ 杜建時，〈從接收天津到垮臺〉，《天津文史資料選輯》，第五輯（1979年10月），頁12～14。

㉝ 謝宗周，字暴岐，河北清苑人，清光緒十四年（1888年）生，民國十七年任北平市財政局長兼地政局長，十九年任平漢鐵路管理局局長。

㉞ 英千里，名驥良，上海人，清光緒二十六年十二月（1901年1月）生，英國倫敦大學畢業，民國十六年任輔仁大學秘書長，先後任教於輔大、北大等校，三十一年任中國國民黨北平市黨部書記長，三十四年九月任北平市教育局長。

㉟ 陳焯，字空如，浙江奉化人，清光緒二十三年（1897年）生，保定軍校畢業，任教浙江講武學堂，民國十六年任國民革命軍軍務處處長，十七年任第二十六軍軍長，二十一年任首都警察廳副廳長，三十四年九月任北平市警察局長。

㊱ 黃鈺生，字子堅，湖北沔陽人，清光緒二十四年（1898年）生，畢業於清華學校，美國芝加哥大學博士，歸國後任南開大學教授兼教務長，民國三十四年八月任天津市教育局局長。

⑫ 關於各機關編擬復員計劃應行注意事項，南京第二歷史檔案館藏，檔號：
二㈠7956。

⑬ 鄭天挺，〈自傳〉，《鄭天挺紀念論文集》（北京，中華書局，1990年3月），
頁704。

⑭ 陸仰淵、方慶秋主編，《民國社會經濟史》（北京，中國經濟出版社，1991
年11月），頁682，頁730。

⑮ 辦公處（特辦處）接收平津區德孚洋行情形，南京第二歷史檔案館藏，
檔號：五三六456。

⑯ 接收處理敵偽產業物資工作清查團工作報告，南京第二歷史檔案館藏，
檔號：六三二8824。

⑰ 本處（特辦處）工電組接收工作報告書，南京第二歷史檔案館藏，檔號：
五三六815。

⑱ 關於各機關編擬復員計劃應行注意事項，南京第二歷史檔案館藏，檔號：
二(1)7956。

⑲ 三十三年三月十四日所訂之「淪陷區敵國資產處理辦法」為例，共四條，
中國國民黨中央委員會黨史委員會，《中華民國重要史料初編——對日
抗戰時期》，第七編，《戰後中國(4)》（臺北，中國國民黨中央委員會黨
史委員會，民國七十年九月，初版），頁41～42。

⑳ 三十二年十二月七日頒「敵產處理條例」，共十四條，《國民政府公報》，
民國三十二年十二月十八日，渝字第六二九號，法規，頁5。

㉑ 交通復員計劃綱要案，國史館藏，交通部檔。

㉒ 全國教育善後會議及復員工作報告，頁66～69，中央研究院近代史研究
所藏，朱家驊檔，檔號：一〇六。

㉓ 北大教授容庚致傅斯年函，三十四年十一月十七日，中國社會科學院近
代史研究所編，《胡適來往書信選》，下冊（北京，中華書局，1980年8
月），頁82。

⑭　《晉察冀日報》，1946年3月26日。

⑮　北平收復區北京大學全體學生，〈我們的呼聲〉，北京檔案館藏；《解放
戰爭時期北平學生運動》（光明日報社，1988年11月），頁7～9。

⑯　左熒，〈收復區學生反甄審鬥爭〉，《解放日報》，1946年4月16日。

⑰　施惠群，《中國學生運動史──1945－1949》（上海，人民出版社，1992
年），頁15。

⑱　朱家驊，〈敵人投降時對教育學術界文化界同仁的廣播詞〉，王聿均、孫
斌編，《朱家驊先生言論集》（臺北，中央研究院近代史研究所，民國六
十六年五月），頁176。

⑲　行政院制發接收處理日偽財產有關法令，南京第二歷史檔案館藏，檔號：
五三六 199。

⑳　本處（特辦處）工電組接收工作報告書，南京第二歷史檔案館藏，檔號：
五三六 815。

第三章　平津地區經濟與交通的接收

　　國民政府於進行平津地區軍事的接收後，即展開經濟、財政、交通、農業、社會、教育、衛生等項的接收工作❶，本章僅就經濟、交通方面作介紹。

第一節　經濟事業的接收與復員

一、經濟事業的接收

㈠日本統治時期的經濟事業

　　民國二十六年七七事變後，日本佔領平津地區，許多日人視為重要淘金場所，工商企業紛紛插足於此，工礦商業反較戰前發達。對外貿易方面，雖由過去的出超變為入超，但總進出口額則大幅增加。民國二十五年的進口額為國幣七千二百六十四萬七千元，出口額為國幣一億一千七百八十二萬七千元，總進出口額為一億九千零四十七萬四千元；二十九年進口額為國幣六億五千四百九十六萬八千元，出口額為國幣一億五千六百零二萬二千元，總進出口額為八億一千零九十八萬五千元。總進出口額的增加因素頗多，但日本成立華北開發公司積極開發，亦為重要原因。

　　華北開發公司為日本在華北地區重要的經濟統制機構，其成立與日本對華侵略政策有關，日本侵略平津的目的在於劫取商品、獲得原

料市場，以確保其軍需資源不虞匱乏，二十七年實施「日滿華綜合生產力擴充計劃」，十一月，日本內閣審定開發華北經濟的方針：

⑴對於鐵路、治水、鹽業、礦窰、通信、電力等重要事業，設立各種特種統制公司，其控制下再設各投資公司使之擔任開發工作。

⑵其他開發對象如棉花、羊毛、紡織等於一定企畫下，准許自由投資，承認中國資本的加入。

⑶過渡辦法即承認滿鐵、興中等公司，並儘量利用其資本及技術。以此原則由企畫院發表較具體的方案，基本方針係日滿華互相依存，對於事業的經營主體採用「專家主義」，製鐵由日本製鐵、煤炭由石炭聯合會、運輸由滿鐵、電力由電力聯盟、電報電話由滿州電話、鹽業由興中公司、棉花由紡織聯合會、在華紡織業者及興中公司三者共同出資開發，欲由華北掠奪其所需的軍需資源，平津區的地位，只不過是日滿經濟圈內供給原料資源的輔助地區而已。然隨著消費的增加及日本進口的銳減，原料來源欠缺下，華北開發遂日趨重要❷。民國二十七年十一月由大谷尊由、津田新吾、松方幸次郎等人領導統籌，成立「華北開發公司」及「北支那開發株式會社」，總資本額四億四千三百萬日圓❸，與「興亞院」、「華中振興會社」❹等成為日本對華經濟掠奪的重要機構，其目的在：

⑴對公共事業、電氣業、礦業等事業投資，統一經營，並調整各該事業。

⑵統一經營並調整其他在華北經濟開發促進上之必要事業。

⑶經營經政府任可或政府命令之事業。

故其經營範圍甚廣，包括電氣、鐵道、通信等公用事業九單位，煤礦、鹽業、煉鐵等基本工礦事業三十二單位，其他產業二十三單位，共計六十四單位，從業員工大約五十一萬人，其中日籍職員七萬二千人，

華籍職員二十萬人，勞工二十三萬八千人❺。以煤炭而言，經營機關在開發公司控制下，把主要煤礦分為七個地區，令日本石炭聯合會的重要會員進行開發，以二十七年與二十三年煤炭總產量相比，二十七年減少七百萬噸，但出口炭量則增加一百萬噸，這顯示日本佔領華北之開發以供應日本所需為其主要政策。其他工礦場在其佔領後亦積極開發，如井陘煤礦、龍煙鐵礦、太原製鐵廠、石景山製鐵廠於日人接手後，隨即修復設備，開工生產。至於北支那開發株式會社開發方面，北支那開發株式會社係以華北所統制的鐵路、港口、電業、通信、礦業等企業為對象，由日本官民合辦，開辦時享受免十年所得稅之優惠，至二十七年止已相繼成立天津電氣、冀東電業、華北電信電話、華北交通、北支棉花等十二家公司，至三十一年底增資或新設之開發公司已達六十家以上❻，加上平津區之日資、中日合資或日偽所經營的工商企業計約一千餘家。

（二）經濟接收機關的成立及接收程序

國民政府為接收平津區敵偽產業與工礦商業事宜，分別於三十四年十月三十日及十二月一日在北平成立冀察熱綏區特派員辦公處（以下簡稱特辦處）及河北平津區敵偽產業處理局（以下簡稱處理局），特辦處負責敵偽廠礦及商業事務所的接收與運用，處理局負責處理敵偽產業，此兩機構為接收平津區敵偽產業與工礦商業的統籌機關。

首先就特辦處的成立而言，三十四年九月一日，經濟部先在四川成立特辦處籌備處；九月二十七日，特辦處特派員王翼臣率重要職員至北平，即在西城地質調查所借地組設特辦處，十月三十日，公告各界開始辦公。十一月一日，開始接收北支那開發株式會社，並於十一月七日移入北支那開發株式會社所佔用之東交民巷三十六號樓房辦公。辦公處成立後，對外均以「經濟部及戰時生產局冀熱察綏區特派

員〕名義行文，三十五年一月戰時生產局撤消，改以「經濟部冀熱察綏區特派員辦公處」行文。該辦公處所轄區本包括冀、熱、察、綏四省及平、津兩市，惟因熱河及察哈爾兩省至三十四年底為止尚未完成接管，綏省及冀省多數城鎮，因治安及交通關係無法派員前往，故接收工作僅限於平、津兩市及河北省一部份及唐山、石家莊、秦皇島、井陘、臨榆等地❼。

特辦處為避免接收時的紛爭，採調查與接收並行的方式，一方面將重要機關先行接收，一方面進行調查，然後按照下列程序進行接收：

⑴指派接收人員與對方洽定接收時日，並責令編造移交清冊。

⑵接收人員與原日人或移交人，會同辦理交接手續。

⑶依原始清冊或移交清冊，逐項清點。

⑷如有現金及證券契據等項，應即日呈繳該處專案保管。

⑸清點完竣，加以封鎖，並派駐廠員工看守。

⑹接收竣事由接收人員出給臨時收據，並填具接收報告附具處理意見，呈報特派員核辦。

⑺按照規定編具各項表報。

⑻接收人員負責至該單位處理完竣時止❽。

此為接收人員的重要依據。至三十五年十一月，經濟接收工作大抵告一段落，尚未處理的事務，交由處理局接管，三十一日，特辦處正式結束❾，特辦處人員大部份予以遣散❿。

其次就處理局成立而言，戰後行政院長宋子文有見於各地的接收工作相當紊亂，決定集中統一處理之原則，於是在行政院下將全國分為四區，每區設立敵偽產業處理局，代行政院接管敵偽產業⓫，其中第二區為設於北平的河北平津區敵偽產業處理局，處理局於民國三十四年十二月一日正式成立，派孫越崎為局長⓬，顧毓瑔為副局長，會

址設於北平東交民巷內。行政院同時制訂河北平津區敵偽產業處理辦法❸，規定處理局為全國性事業接收委員會的中心機關，直屬行政院，所有已接收的敵偽產業（包括工廠、物資及房屋等）必須報經處理局作決定後方得處理❹，其所作的決定，該區各機關均須遵照辦理。然處理局成立之初，各單位不願配合，三十四年十二月中旬，國民政府蔣主席至北平視察，處理局長孫越崎將處理局成立的情況，及規定敵偽物資應由處理局統一辦理的辦法，向蔣主席呈報。蔣要求其於三日內擬定華北工礦復工計劃，早日復工生產，以安定地方人民生活。孫除與北平參軍長商震聯絡，召開中央各部會特派員及有關單位的負責人開會，擬定「華北工礦復工初步計劃」外，並將處理局的困難報告宋子文，宋接電後，於民國三十四年十二月下旬來平，在中南海居仁堂設立行政院在平臨時辦事處召開會議，並要求各方將接收清冊於三日內送達居仁堂臨時辦公處，處理局業務才得以展開工作❺。

處理局下設秘書、清算二處及三組，第一組主管工礦商業單位，任吳學藺❻為組長，徐楷為副組長；第二組主管物資，聘董詢謀為組長，王向潮為副組長；第三組負責房地產及家具，聘趙英達為組長，張家傑為副組長；秘書處負責處理機關內部業務，任田策衛為處長；清算處負責核算處理敵偽產業的賬務，任宋作楠為處長；經濟資料室負責蒐集並保管處理局資料，任杜春宴為主任；並成立審議委員會，由行政院聘任谷鍾秀❼、杜建時、石志仁、王翼臣、凌勉之❽、李捷、顧毓琇、張子奇、姒南笙等為審議委員會審議委員；審議委員會成立後每週開會一次，所有處理敵偽產業重要事項須提經審議委員會議決。處理局所轄區域以河北省及平、津二市為主，斟酌各地事務，先後設天津、石門、唐山、太原等處辦公處，天津辦事處處長由姒南笙擔任，石門辦事處聘張沖霄為處長，太原辦事處聘楊駿昌為處長，唐山辦事

處處長由李仁波擔任。

後又因事務日繁，先後成立各種委員會如：法律顧問委員會任張師竹為主任委員，日用品處理委員會任孫明哲為主任委員，評價委員會任馬師亮❶為主任委員，醫藥品處理委員會任姒南笙為主任委員，零星物資處理事務所聘董詢為主任，事業單位監理委員會任馬師亮為主任委員。委員會內設專門人員，專司該會一切日常事務，但任務執行完竣後即行撤銷❷。此外，由於三十五年十月，經濟部冀熱察綏區特派員辦公處及其他天津辦事處撤銷，所有尚未處理的業務交由處理局負責，遂又成立事業單位監督委員會❸。並於次年成立第四組，負責處理漢奸財產及逆產及家具，任張廉卿為組長。處理局的工作展開後，人員逐步增加，至民國三十六年初全局人員增至一千一百餘人，除其中少數係隨孫越崎由重慶欲至東北接收的人員外，絕大多數均從當地錄用，如三十五年十一月二十八日處理局派任的秘書孫堯平、馮楚子及科長劉石城、王宗選、王善、范君超、柳世樸等皆為河北平津區人士。該局的待遇比其他單位高，許多人員爭至此工作。其後張子奇、張楚相繼任局長❹。

處理局的接收程序及處理原則與特辦處稍有差異。對每單位的接收，訂定接管注意事項十項：

⑴依照清冊所載在廠實物，會同評價委員會派員點收。

⑵依照清冊所載未在本廠物品，必需有借據。

⑶房地契存中信局之收據或租約，交監委會。

⑷駐廠員工保單，經監委會核對。

⑸清冊經監委會與原始清冊核對。

⑹銀行存款結算表送交監委會審核。

⑺現金結存表送交監委會審核。

⑻會計各科目餘額表，送交監委會審核。

⑼業務報告表送交監委會審核。

⑽機器、工具、圖表以及各種有關業務之資料交監委會❷。

並按下列步驟進行處理：

1.蒐集清冊

日本移交均有詳細清冊，此項清冊為接收處理敵偽產業之重要憑證，處理局成立後，初步工作即收集清冊，經由各機關繳送，或由該局函索，截至三十五年底，計有三千六百四十二個單位，其中原始移交清冊與接收清冊均齊者有一千七百二十個單位，僅有原始清冊而無接收清冊者一千一百五十九個單位，僅有接收清冊而無原始清冊者三百八十二個單位，無清冊僅有報告書者三百八十一個單位。處理局根據蒐集所得之清冊，分別其資產內容，逐項登記，並分函核對，有經其他機關移轉接收者，並須追溯其原接收機關移交之清冊，以資核對清算。

2.調整接收

依照行政院所頒收復區敵偽產業處理辦法第三條規定，將敵偽產業分十四類門，分別規定委託機關接收，軍用品委託軍政部、軍艦委託海軍總司令部、陸上運輸工具委託戰時運輸管理局、水上運輸工具委託招商局、空中運輸工具委託航空委員會、碼頭倉庫委託海關或直接有關機關、工廠礦廠設備原料成品委託經濟部、固體及液體燃料委託專管燃料機關、地產房屋家具委託中央信託局、糧食委託糧食部、農場委託農林部、大學及文化機關設備委託教育部、錢幣、金銀、證券、珍寶、飾物等委託中央銀行、直接有關地方事業委託省市政府❷。但在處理局成立前，頗多機關不符合規定，處理局為求統籌處理，遂依宋子文院長於三十四年十二月三十一日在北平頒發調整接收辦法十

五項，由處理局統籌處理敵偽產業，並分函各機關照辦。此項調整接收，即欲使種種紊亂的接收情形，先行矯正為合理的狀態，然後著手處理。

3.委託保管運用

經調整接收後，由處理局委託各規定機關，先行保管運用，例如工廠、礦廠委託經濟部設法整理復工；倉庫物資委託海關保管清點，如有易壞的物資，立即報局處理；房地產家具委託中央信託局保管，並可依照規定出租或暫撥借各機關應用；糧食委託糧食部保管，並統籌撥充軍糧或民食，報由處理局審議處理；農場委託農林部接管運用；汽車器材委託交通部保管，錢幣及金銀珠寶委託中央銀行保管，小商店交由平、津兩市政府保管應用。各受託機關，因接收保管所需各項必要直接支出，准向處理局報領，如處理敵產收入，則均應解交國庫。

4.審核產權及發還

敵偽產業無論工礦物資或是房地產，經依法接收委託保管後，在處理以前，應予查明其產權是否確屬敵偽產業，如經本國或盟國人民申請該項產業原屬民產或盟產，並非敵偽產業，或係經敵偽強佔、強租、強購者，具文申請發還時，處理局應審核產權，詳予調查各項文件，或傳詢有關人證送請法律顧問委員會查核，再行提請審議委員會審議，決定予以駁回或發還。如准發還須經登報公告，十五日後無人異議，方准具保發還。其產業如係強購案件，須將前收敵偽價款，依照行政院令應按金價折算繳價後，方准領回其產業。然由於申請發還產業的案件極多，行政院為早日處理，限期三十四年八月底截止，逾期者則需逕行向法院申請，處理局不受理。

5.評價撥交及出售

敵偽產業經確定後，可依法處理，先由評價委員會實地查明，並

依市價斟酌新舊程度及市場供需情況評定價格。至處理原則為：部份重要工礦農場撥交資委會、紡織委員會及農林部等機關經營，一般房地產均標售或准公營機關洽購，物資則視其數量、種類、性質分為標售、平售、配售及拍賣等。

6.彙總清算

敵偽產業於處理過程中，自接收、委託、保管、運用、審核、發還以至撥交或出售及債權債務之清理，變價款之繳庫或轉賬，所有各項賬目數字均須逐項冊報處理局清算處登記審核，予以彙總清算，最後作成全部敵偽產業之總賬彙報行政院，作為對日清算之依據。此項清算工作內容紛繁，審核整理尤費時日，處理局成立之初即訂「清算工作程序」， 隨時蒐集並催報各項有關賬表資料，循序進行，以期完成處理之最後一步工作❻。

民國三十七年九月，平津區敵偽產業大致處理完竣，由於華北局勢緊張，行政院下令結束處理局的業務。

(三)特辦處接收工作的進行

平津地區的經濟接收，名為經濟部所統籌，而事實上的接收工作則甚為複雜，陸軍總司令部、北平行營、後方勤務部、北平市政府、天津市政府、黨政接收委員會、特辦處、處理局等均先後直接接收平津地區之工礦商業。行政院為協調各部會的接收工作，由特辦處、北平行營、處理局、北平市政府、北平市黨部、北平市社會局、交通部特派員辦公處、三民主義青年團、財政部特派員辦公處、行政院長臨時駐平辦公處、糧食部特派員辦公處等單位組成黨政軍團緊急會議，對於平津區接收時所面對的問題進行討論❷。但經濟方面的接收主要還是由特辦處負責。僅就接收人員、接收時間、接收地區、接收單位等部份加以敘述。

　　首先就接收人員的安排而言，特辦處置特派員一人，由王翼臣擔任，主任秘書由孫葆楨擔任，會計主任為萬樹青，特辦處下分工電、礦冶、紡織、總務四組，分別由范濟川、馬濬之、王仲宜、鄧毓鼎等任組長，設專門委員八人，由程義法、劉蔭荄、唐之肅、顧敬曾（兼冀北電力公司天津分公司專門委員）、李公達（天津煉鋼廠專門委員）、王恆源（門頭溝煤公司專門委員）、郭克悌（冀北電力公司專門委員）、張佶（天津分處專門委員）擔任，任命孫錫華、劉永義、齊瑛、鍾約翰、萬時清、陶永伯、康靖寰、孫顯惠、光屹思、徐連城、高峻等十一人為接收專員，任命王德滋等四十一位為接收委員❷。其下則視其需要設組員、事務員、雇員若干人。由於天津地區為敵偽工礦重鎮，為適應事實的需要，特別成立駐天津辦事分處，派李景渤為該處主任，處理天津地區工礦事業的接收。分處置秘書、會計二室，總務、儲運、調查、經理、供應五組辦事，設主任一人，秘書一人，專員三至五人，技術人員十至二十人，辦事員三十五至五十五人，雇員若干人。後又因石家莊地區，敵產甚多，為就近統籌接收起見，復組設石門事務所，派張末元為該所主任。根據三十五年九月的統計，特辦處本處職、雇員計一百零一人；駐天津辦事處職員、雇員一百二十人，附屬各開工廠礦六十三單位，職員、技術員及雇員共有一千三百一十八人；辦公處附屬各保管二百五十個單位酌留接收人員五十人，共計約一千五百八十九人❷。以上人員的任用，約可分為四類：⑴經濟部派：特辦處專門委員、祕書、組長、專員及接收委員，均為部派；⑵特辦處派：特辦處組員、事務員、接收專員、接收技術員、接收管理員等，為特辦處派用，呈報備案；⑶借調：接收工作開始，技術人員缺乏，分由經濟部所屬各機關借調人員多名，委以接收人員名義，呈報備案。此項人員，或工作完竣仍行遣回，或商准原機關，改由本處任用；⑷考

試：三十五年一月開始，奉經濟部及北平行營轉國民政府令，以收復區失業青年過多，飭各部救濟安置，乃公開舉行考試，錄用合格者四十二名，分別派往特辦處本處及各廠礦工作❷。

特辦處為便於接收工作之進行，將所轄區域畫分為北平、天津、河北等三區，並依性質分為礦廠、工廠、商社事務所及倉庫等四項，再分組進行接收，各組又以部門區分，以工電組而言，分電業、電工、機工、化工、陶業、製紙、製材、製藥、塑膠、釀造、油類、印刷、雜工、商業組織及事務所等部門，分別依規模大小及性質的繁複派員接收。大部份是採一單位一人為原則，但有些單位較為龐雜，特派二至三人負責，如天津陶業方面之天津窯業工廠、由秦子青、王壽祺、曹用等三人負責接收，性質相關或相似的單位則由同一人前往接收，自特辦處成立至三十五年九月止，分別接收北平地區工廠八十一單位、北平地區商社事務所及倉庫八十七單位、天津地區工廠二百九十五單位、天津地區商社事務所及倉庫一百八十一單位、河北地區工廠、商社、事務所及倉庫二十五單位，共六百八十七單位，負責接收者共二百二十四人❸。其他協助接收人員更多，約一千人。接收主要負責人，大部份由後方地區派任，少部份人及技術人員，由平津區選派。由於接收人員對於接收單位的瞭解僅止於接收清冊之清點而已，無法全盤控制其運作情形，自有許多弊端產生。至於接收後日人的處理，原則上應全部遣返，但為使接收產業順利復工，各廠礦視其事實之需要，可留用日本技術人員，其名單均按程序報該辦公處核備。計留用日籍人員技術人員九十七人，眷屬二百一十人；協助清點日籍人員一百零八人，眷屬二百三十七人；資委會留用日人二百五十五人，眷屬四百八十八人；計留用日人四百六十人，眷屬九百三十五人❹。

其次就接收各廠礦的時間而言，特辦處於三十四年十月三十日在

北平成立，十一月即正式展開接收工作，至三十五年九月結束止，十個月中，總共接收六百七十八個單位，其中以三十五年一月接收的單位最多，共接收一百八十一個單位，三十四年十二月，接收一百零二個單位，三十五年三月份，接收六十八單位❸。

　　第三就接收的地區而言，特辦處所轄區雖包括冀、熱、察、綏四省及平、津兩市，惟因熱河、察哈爾、綏遠等省，自抗戰勝利後因中共佔據、交通要道被破壞、治安不佳等因素的影響，未完成接管工作，接收人員無法前往接收，因此接收工作僅限於平、津兩市、河北省一部份及唐山、石家莊、秦皇島、井陘、臨榆等地。天津區尤為接收的重點區域，設天津辦事處分處及石門事務所就近統籌接收工作❸。從接收的六百七十八單位的地區作統計，北平區接收的工廠七十八，礦廠一，商社事務所及倉庫八十六，總計一百六十五個單位，天津區接收二百九十五處工廠，商社事務所及倉庫一百八十四，總計四百七十九個單位，天津、北平兩市合計接收六百六十四個單位，佔特辦處接收的百分之九十五，其中又以天津區所佔的比例最高，工廠佔工廠類的百分之七十七，商社事務所及倉庫佔該類的百分之六十四❸。顯示華北其他地區的接收工作並未落實。

　　第四就接收的單位而言，特辦處自成立至結束為止，接收工作大致分為三大部份，一是接收華北開發公司及其附屬事業，如北平電車公司、北支那採礦株式會社、北支產金株式會社、北支那製鐵株式會社、華北石炭販賣股份有限公司、華北礦山開發組合、華北礬土礦業股份有限公司、華北開發公司調查局、三菱礦業株式會社北平事務所約一百三十單位。二是接收一般工礦、電氣、商業等事業如西門子洋行、華北化學統制學會、華北重要物資組合等約三百單位。三是受處理局及其他單位委託接收的機關如福原工廠、興和鐵工廠、福安器具

工廠、寶山洋酒廠、韓僑印刷所、昭通鐵工廠、三井製藥廠、大陸膠皮工廠、北支坦克車工廠、天成打線工廠、石川完木材廠、盛興化學工廠、三菱製革廠、新興纖維公司等約二百四十個單位。特辦處接收過程中，有些單位是直接派員接收，但大部份的單位已為其他單位所接收，如北支那燃料化學株式會社（已被河北省政府建設廳接收）、三井礦山北平事務所（已被第十一戰區長官部接收）、華北洋灰公司(已被河北省建設廳接收)、 明治礦業北平事務所（已被河北黨政接收委員會接收）等，只得從其他單位接收，因此由特辦處直接接收的單位所佔的比例僅百分之十九‧三，由黨政接收委員會接收者計二百五十七單位，佔接收總數之百分之三十七‧九，接收自其他方面者佔百分之四十二‧八，此為經濟接收緩慢與紛爭的重要原因❸。其接收情形如下表：

表3-1：平津地區各單位接收情形表

接收單位＼類別	礦廠	北平地區接收工廠	北平區接收商社事務所倉庫	天津地區接收工廠	天津區接收商社事務所倉庫	河北及其他地區接收商社等	合計	百分比
特辦處	2	5	36	25	56	7	131	19.3
黨政接收委員會	1	6	5	159	86		257	37.9
河北省政府	2		12				14	2.1
河北建設廳	1	8	12	8	3		32	4.7
北平市政府公用局		48	1				49	7.3

北平市政府		2	2				4	0.5
天津市政府				12	1		13	1.9
第十一戰區		1			1		2	0.2
中國文化服務所		2					2	0.2
北平行營		1	1	1	1		4	0.5
軍政部		1	1	2			4	0.5
交通部		4		1			5	0.7
中央信託局			10	1	8		19	2.8
處理局			1	32	6		39	5.8
公營管理處				38	4		42	6.2
清理委員會				1	1		2	0.2
石門接收委員會						7	7	1.0
其他軍事單位		1	6	8	5		20	3.6
其他		2		7	12	11	32	4.7
總計	6	81	87	295	184	25	678	100

資料來源：經濟部冀熱察綏區特派員辦公處接收北平地區日偽各工廠分類一覽表，南京第二歷史檔案館藏，檔號：五三六 83。本處（特辦處）工作報告書，南京第二歷史檔案館藏，檔號：五三六 773。

二、經濟事業的復員

㈠特辦處對接收事業的處理

接收為戰後復員工作的第一要務，其次為處理工作的進行，經濟部在接收工礦企業時即已分五類處理：一是凡屬敵偽產業，其性質與經濟部所辦國營事業相同者，由經濟部直接接收經營；二是凡屬敵偽產業，其性質與資源委員會或其他部門所辦國營事業相同者，移交各該部門接管；三是凡屬敵偽產業而性質合於民營條件者，以標售方式交予民營；四是凡屬國人或盟邦人民產業被敵偽強占、強買者，則在查明後發還原業主；五是凡決定處理尚未標售者，則由各區特派員辦公處暫行保管，並選擇經營❸。有關平津區敵偽經濟產業的處理又可分為特辦處及處理局兩部份。

特辦處關於平津區工礦事業之處理，按照「收復區重要工礦事業處理辦法」第一項規定步驟處理：⑴分別以臨時機構先行接收全部資產，並迅速恢復業務。⑵整理股權及債權。⑶組織正常機構，經營業務。特辦處主要業務在於第一項，第二及第三項部份則由處理局及其他有關機關主管。特辦處即以完成接收全部資產及迅速恢復其業務兩項為其主要目標，為此分別訂定下列實施辦法：

⑴登記及處理工礦及其他有關事業。為協助民營廠礦予以合理保障，並介紹向四聯總處或其他銀行申請貸款，於三十四年十二月起舉辦民營廠礦登記，並在天津分處組設登記審議委員會，合格者發給登記執照。

⑵處理盟國及中立國原辦工礦及其他有關事業。盟國及中立國在收復區內經營之工礦事業，由特辦處先行接收，於查明主權後依法發還。

⑶接收整理敵偽所辦工礦及其他有關事業。此為特辦處主要事務，接收對象除工礦外，所有屬於經濟機構之商社、倉庫、事務所亦一併接收，於整理後迅速設法恢復業務。

⑷處理經濟部及戰時生產局職掌有關之商務事項。如公司登記、商標登記、復工貸款實施。

⑸接收經濟部及戰時生產局有關機關。派李爾康接收天津商品檢驗局，又分別接收度量衡製造工廠、經濟部礦冶研究所、中央工業試驗所、地質調查所等有關之敵偽產業。

⑹促進主要物資（煤、鐵、棉紗、電器、機械、鹽等）之生產。

⑺辦理主要物資（煤焦及副產品）之供應。

⑻採辦及接收國外必需物資。如幫門頭溝及井陘煤礦公司訂機械等❸。

接收後之處理即按此原則，對屬於必要及可能復工的礦廠盡力設法督促扶助復工，其中規模較小，不屬於國營範圍之工廠六十七個單位，由特辦處逕行經營外，規模較大之工礦電氣事業，移交資委會；紡織事業移交中紡公司接辦，商社事務所倉庫物資移交中央信託局及海關處理；經核准發還者移交原業主，另有標售者。茲分述如下：

1.保管及移交

日本投降後，許多的工廠及礦廠因而停工，接收後又因原料缺乏、破壞過甚，重新整理，費時傷財，復工問題自感棘手。特辦處先就接收單位，擇其重要而破壞較輕者分別復工，不能復工或非工廠性質之商社、倉庫、事務所，由特辦處派員妥善保管，保管期間，所有房屋、物資等的移動須經處理局核准，方可辦理。經保管之廠礦、商社等計三百三十八單位。但保管僅是權宜之法，保管後仍需進行處理，處理方式又以移交各單位者為最多。三十五年三月一日，資委會成立八大

生產機構❸，並在平津地區設立國營事業機構，接辦經濟部接收的敵偽重要工礦電氣事業，特辦處將華北電力公司、天津化學工業公司、北支製鐵株式會社等包括礦廠二，工廠四十六，商社事務所及倉庫十三單位等六十一單位交資源委員會處理。另外接收天津紡織等二十三單位的棉毛、麻紡織廠、染整廠及其附屬機器撥中紡公司接管；中川造酒廠等移交海關；房屋、家具等移交中央信託局北平分局，其他移交中信局者計有工廠二十一，商社事務所及倉庫一百九十一單位；規模較小者四十單位移交各機關團體接管應用，總計移轉或移交者共三百三十六單位；因債權或債務不能處理的有二百六十八單位，則交處理局及所屬監委會處理，其移交的情形如下表：

表3-2： 平津地區接收後廠礦處理情形表

處理情形 ＼ 類別	礦廠	工廠	商社事務所倉庫	合計	百分比
移交資委會	2	46	13	61	9.0
移交中紡	0	23	0	23	3.4
移交海關及中信局	0	21	191	212	31.2
移交其他機關	0	28	12	40	5.9
移交處理局	3	201	64	268	39.6
標售	0	59	5	64	9.4
發還	1	8	1	10	1.5
總計	6	386	286	678	100.0

資料來源：本處（特辦處）接收物資報告，南京第二歷史檔案館藏，檔號：五三六798。

2.復員

戰後的接收本是一種手段而非目的，真正的目的在於復員，因此接收後的廠礦首要使其繼續營運，然戰後的廠礦及其他生產單位出現二種普遍現象，一是勝利之初即由經營者撤資停工，二是由接收之黨政單位接收後貼上封條，等待進一步指示，形成接而不管的局面，工廠自然停工。除上述之因外，特派員王翼臣指出：

> 然當時仍有一八〇餘工廠未能復工，其原因：⑴設備原料缺乏；⑵破壞過甚；⑶產品無關民生及不適於國人需要；⑷主要建設尚未完成；⑸復工後的流動資金，所需數目龐大，全仗少數銀行貸款，週轉調度頗費周章。❸

這些均為阻礙復工之因素，國民參政會第四屆第二次會議於三十五年三月召開時，即有康紹周等四十六位參政員向經濟部長翁文灝提出緊急質詢，要求處理，最後並通過建議，請政府通令收復區經濟事業應一律嚴令復工❹。經濟部規定未停工的重要廠礦，於接收後立即指派專門技術人員或管理人員負責，繼續維持生產，不使其中斷，如門頭溝煤礦公司、華北電業公司、井陘煤礦公司及開灤礦務局等。已停工之廠礦，接收後第一步先派專門技術人員及管理人員負責整理內部作復工準備；第二步規定各單位組織，充實人員、撥發資金、購買物料；第三步即正式復工生產，此種情形最多。每一工廠的復工均面臨人員及材料短缺的問題，以天津煉鋼廠為例，民國三十五年二月，天津煉鋼廠對原有的六家工廠進行調整，全廠下設五個分廠，其面臨的最主要問題是：一部份的設備損壞嚴重，原料和經費嚴重的不足。全廠的主要生產設備除拉絲廠、製釘廠、軋鋼廠、製鏍釘廠、鐵合金爐完好

外，其餘設備均需大修。天津煉鋼廠制訂三期復工計劃，至三十七年底，第三期復工計劃尚未完成❹。復工之廠礦（一四九單位）即在平津兩地設立營業所，進行營業，專售其直接經營各單位之產品，並供應重要物資。以天津分處而言，所經售的二十四廠出品，共計一百三十餘種，收入貸款六千九百四十七萬餘元，盈利一千一百餘萬元❹。

3.發還

根據收復區敵偽產業處理辦法第四條第一款之規定:「產業原屬本國、盟國或友邦人民，經查明確實證據，係由日方強迫接收者，應發還原主。但原主應備殷實保證，始得領回。」❹戰後要求發還的廠礦不少，但或因與日本或日偽有投資經營等關係，或因提供資料不足，經認定後發還者並不多。計有開灤煤礦、啟新洋灰、永利化學、久大精鹽公司等十單位。開灤煤礦為業主王崇植及英人裴利耶合資所經營，日本佔領後強徵為日人所經營，三十四年十一月十九日，由接收委員朱玉崙、王崇植前往接收，因內部組織系統及生產設備均保持完整，加以王為接收委員之便，呈請交還原業主，經經濟部長翁文灝指示後於十一月二十日交還原業主王崇植及英人裴利耶保管。啟新洋灰於淪陷期間始終保持民營立場，未與日人合資，三十四年十一月下旬，派姒南笙、王松波前往接收，接收後即奉指示發還原主。永利化學及久大精鹽公司為天津分處主任李景渤於三十四年十一月接收，該公司代表李燭塵呈請發還，經調查後，以該公司雖被敵偽所侵佔，然其負責人彭九生等協助後方建設，有功於抗戰，應予發還原主❹。另有標售者，標售工廠由平津區敵偽產業處理局處理，特辦處協助處理，於處理局中作說明。

(二)處理局對敵偽產業的處理

處理局成立的目的主要在於集中敵偽產業作統一的處理，但不負

責保管。由於敵偽產業性質及範圍極廣，為處理起見，先訂定處理辦法六項❹。並按性質分為三類處理——工礦企業、物資、房地產。三十六年三月後增加第四類，負責處理漢奸財產及逆產及家具問題。各類的處理情形如下：

1.工礦企業

日本投降後，各敵偽工礦企業已分別由特辦處、各部會特派員辦公處、河北省政府、平、津兩市政府接收。有的於接收後復工生產，未生產或因缺乏資金原料而停工者，由原接收單位查封保管。由處理局處理者，依其性質分為撥交、發還及標售等三種，所謂撥交，即將敵偽工礦企業作價撥交給有關部門或原接收單位。由財政部轉賬，其中比較重要的大部門，撥交資源委員會經營，如天津中山製鋼所、北平石景山鋼廠等，撥交給資源委員會華北鋼鐵公司；井陘煤礦、門頭溝、大同、長城等煤礦交煤礦總局；硫璃河水泥廠等撥交華北水泥公司；天津各日商紡織廠撥交中國紡織建設公司天津分公司；天津灰堆東洋造紙廠撥交資源委員會天津造紙廠；天津電工一百一十五廠等交資源委員會；交由主管單位接管運用者至三十六年一月，計六百五十三個單位。其它較小的工廠則撥交原接收單位及地方政府，如天津市各日軍被服廠撥交國民政府軍政部聯勤總司令部華北被服總廠；各衛生材料廠撥交中央衛生署衛生材料總廠；北平燕京造紙廠撥交北平市政府；天津味之素等八個廠撥交天津市政府；唐山華新紗廠的官股部份撥交河北省政府。另將東亞煙草廠、東亞麵粉廠、中華火柴廠撥交國民黨中央財政委員會。至三十六年一月止，撥交政府接辦者有二百七十八單位。

所謂發還，即在所查封的廠礦企業內，全部或其中一部係屬中國人所有，而經日本人強占強購，經本人申請，提出有關證據，調查屬

實，合乎法律手續，由第一組提出處理意見，經法律顧問室審核，審議委員會通過，報請行政院批准，發還給原業主，其中如有日本人強占新增的資產，可由原業主備價承購，或估價作為官股，成為公私合營企業。戰後申請發還產業的案件特別多，處理局敵偽產業審議委員會開會，幾有一半的案件與產業的發還有關。但大部份均被駁回，駁回的原因極多，有因證件不足者，亦有因認定困難及認定差距被駁回者，如天津劉統立呈請發還坐落天津市舊日租界須磨街（現改名為陝西路）第六番地二號計一百一十三坪樓房一所為例，劉雖具登記書二分，證明產權存在並為賣與日人；另日本律師竹內信於二十六年十月一日致劉統立出售房地條件通知書，證明房地有權出售等文件。但經處理局向地政局調查並無此項產權，其通知書等資料則不足採信，因此予以駁回。另三義鐵工廠王吉泉呈請發還北京鑛鑼工廠產權案，該工廠於三十年二月在北京宣外鐵門胡同開設，三十二年十二月，有日人來廠訂製道釘，至次年一月發生訂貨成品不合，發生罰款糾紛，該日人強迫收購十萬元（當時該廠價值約七、八十萬），因此申請繳償發還，經查所附契約書及買賣憑證不足，予以駁回❹❻。但亦有審議通過發還者，計處理局發還者計一百三十一單位。

所謂標售，其中亦有一部份為洽售，如確定為敵偽的工礦企業，不宜交國營和地方經營的規模較小的工廠，即一律標售。處理局的評價委員會將擬標售的工廠企業全部資產清點造冊評定價格，經處理局審議委員會核定，分批登報公告，定期公開標售。凡願投標承購者，可向評價委員會領取標購單，於規定期限內參加標購。處理局將欲標售之廠礦，按月分批處理，由處理局先造具欲標售工廠之資產明細表，由處理局組評價委員會，評定底標後，公開招標。低於底標則流標，如松本化學製藥廠，底標為四千三百三十四萬七千元，中興西藥行得

標為五千一百二十五萬五千元，如流標則擇期再標售，原本再標售時以原底標七折為標底，經七十五次審議會議議決，不得再以七折為標底，但由於有些廠礦並不完整，加以底價又高，因此出現多次流標的現象，為早日處理，仍決定：流標二次者以七折為底標，如第一窯業廠、向陽牧場、同和化學工廠、杉山工業工廠等均在此情況下才完成標售。處理局負責標售，經濟部冀熱察綏區特派員辦公處協助處理，以辦公處所接收的敵偽工廠言，自三十五年六月十五日開始標售，至十一月十五日，歷八次標售，第一批八單位，第二批十二單位，第三批九單位，第四批十二單位，第五批十五單位，第六批十一單位，第七批二單位，第八批八單位，總計售出工廠七十七單位❹。處理局自行處理標售者，至三十六年一月止前後在平津標售十四次，批售工廠一百三十四單位，約價值七十億元。另有洽售者，至三十五年底計洽售二十三單位，價值約三十三億餘元❹。除上述發還或標售者外，已經處理者尚有下列二項，一是敵偽產業有應收歸中央政府所有，或交地方政府接辦者，經核准後即行轉交，此類事業計二七八單位。二是殘缺不堪使用或無繼續經營價值者，則將之解體，分別作為房地產及物資處理，此類計一千五百一十九單位，統計至三十六年一月止，已經處理之事業單位計二千七百三十八單位。至三十六年三月，有七十三單位因產權待查，一三五單位正在清理，各機關已接收但手續未完成者五四一單位，計七四九單位尚未處理完竣。另德僑五十單位，韓僑三十五單位，漢奸七十九單位產業亦由處理局暫時保管，未作處理。處理後的復工問題亦為處理局所重視，為使接收後的復員工作能順利進行，特別成立河北平津區工礦事業復工督導委員會，設主任委員一人，由處理局長兼任，設委員三十至五十人，由處理局及接收河北平津區之工礦人員中聘任❹。

2.物資倉庫

處理局規定所有的接收敵偽物資均交由海關（天津海關及北平分關）保管，由敵偽產業處理局第二組主管，各接收敵偽物資的機關，均須將物資名稱、數量、存放地點等報告海關登記，同時將接收清冊報處理局處理。津海關及平分關清點敵偽倉庫數量，自三十五年二月至三十五年底止，北平區共查封四百所倉庫，其中三百九十六所清點完竣，僅四所尚未清點；天津區共查封九百一十九所倉庫，全部清點完竣[50]。

至於物資的處理，依物資種類及性質，在各委員會尚未成立前，由處理局第二組處理，由於許多物資不能長久儲存，因此大部份以標售方式處理。至三十五年底經第二組處理之所得共計六百四十五億餘元[51]。其後相繼成立日用品、工業器材、醫藥器材及零星物資等處理委員會，由委員會處理各自管轄的物資。以日用品處理委員會言，三十五年二月成立，三月即開始出售敵偽日用品，其處理方法大致分為平售、批售、標售、洽售、託售及拍賣等數種方式。至三十五年底所有敵偽日用品大致處理完竣，包括棉、紡、毛織、食品、煤燃料、石料泥土、化學產品染料、木材等製品總計售款六百五十八億四千零九十五萬六千六百九十四元。其中以棉及其製品所得價款最高（三百一十二億六千八百六十七萬八千一百二十七元），其因是自一八六〇年天津開埠以後，為華北地區的貿易中心，亦為棉紗批發的集散地[52]。但許多糧食及日用品，在接收後，由於保管不當、無人過問，致發生霉爛腐蝕的浪費，以清查團所查，天津社會局接收的糧食倉庫中，一次就霉爛糧食二千餘包[53]。其他各委員會，如工業器材處理委員會，售出鋼鐵、化工器材、工具、油料、電機及零件等，共計九十五億六百三十七萬二千八百七十二元[54]。藥品器材清理委員會，處理之藥品

得款三億五千八百九十一萬四千二百零五元,器材得款二千七百零四萬元,合計售款總計三億八千五百九十五萬四千二百零五元。天津、北平零星物資處理事務所自三十五年八月成立以後,出清倉庫七百餘所,售款一百一十六億餘元❸。由於處理局積極處理敵偽財產,被杜建時認為是「一切為了錢」❺。

3.房地產及家具

河北平津區處理局所轄地區內的敵偽所有的房地產及家具甚多,除一部份係屬戰前敵人所有或經合法購置者外,大部份係在淪陷期間內所強佔強租或強購徵用者,情形複雜,性質不一。勝利後敵偽產業房屋多為各機關所接收,處理局成立後即先行調查登記,除蒐集各機關接收清冊予以登記外,並根據下列各來源分別查對補充:⑴警察局查封敵產的登記底冊;⑵第十一戰區長官部日人房屋統一接收委員會所查封的房屋底冊;⑶處理局會同中央信託局及警憲所組織普查小組分區調查所得的敵偽產業資料;⑷根據人民密報經調查所得的敵產資料;⑸根據人民申請發還或租借而獲知的敵偽產業資料等。

經調查確定後,所有接收的房地產及家具一律交由中央信託局保管,並由處理局處理,其處理辦法依照河北平津區敵偽地產房屋及家具處理辦法綱要,將房地產及家具之處理分為搜集清冊、移轉接收、分配運用、處理發還、發歸公有、標價出售等方式處理,其中規定所有房地產及家具之處理由處理局委託中央信託局接收保管運用,嚴格審查發還之房地產,凡經審核應發還之房地產事件一律於北平及天津主要日報公告三天,以示公信;對標售或洽售之房地產及家具,一律由中央信託局計價❺。至三十六年一月,其處理情形如下頁表3-3。

表3-3：平津地區房地產及家具處理情形表

類別	處理情形	北平區	天津區	其他地區	合　計	百分比
強租案件	已准發還	1,648	633	13	2,294	80.2
	已予駁回	18	19	0	37	1.3
	正處理中	462	50	14	526	18.5
	小　計	2,128	702	27	2,857	100.0
強佔案件	已准發還	255	161	10	406	40.5
	已予駁回	25	31	0	56	5.6
	正處理中	302	172	66	540	53.9
	小　計	562	364	76	1,002	100.0
強購案件	已准發還	234	59	24	317	28.9
	已予駁回	91	144	6	241	21.9
	正處理中	230	252	58	540	49.2
	小　計	620	390	88	1,098	100.0
其他產權案件	已准發還	178	28	17	223	23.3
	已予駁回	11	21	0	32	3.3
	正處理中	432	212	58	702	73.4
	小　計	621	261	75	957	100.0
總計	已處理	2,605	1.031	70	3,706	62.7
	正處理	1,326	686	196	2,208	37.3
	合　計	3,931	1,717	266	5,914	100.0

資料來源：行政院河北平津區敵偽產業處理局工作簡況，南京第二歷史檔案館藏，
　　　　　檔號：五三六54。

戰後平津地區經處理局接收的房屋約一萬六千二百四十六所，地產一千二百一十六處，家具二十四萬餘件。依強租、強購、強佔及其他產權等不同的案例加以處理。以戰後申請的五千九百餘件案件為例，符合條件者約三千三百餘件。房屋部份，北平房屋四千六百一十二所，天津房屋二千五百六十六所，合計七千一百七十八所；地產部份，北平二百五十四處，天津三百六十二處，合計六百一十六處；其中強租案件，發還的比例極高。以強租案為例，共計二千八百五十七件，已准發還者二千二百九十四件，佔百分之八十·二；強佔案及強購案件，處理速度較慢，強佔案計一千零二件，已准發還者為四百零六件，佔百分之四十·五；至三十六年一月還在處理者為五百四十件，佔百分之五十三·九；強購案件計一千零九十八件，已准發還者三百一十七件，佔百分之二十八·九，正處理者計五百四十件，佔百分之四十九·二，已駁回者一百四十一件，佔百分之二十一·九❸；其中至三十六年一月止，正處理案件比率高達百分之三十七·三，從以上數據可知，強租案因有地契及租約等資料為憑，處理速度較快，亦較無爭議。強購及強佔案件，因認定困難，處理速度甚為緩慢。

第二節　交通方面的接收

一、日本侵佔時期的交通

　　日本發動七七事變後，積極展開對華的侵略活動，名為維持東亞的和平、救濟中國於帝國主義的欺壓，以圖中日之共榮❸；實際則是以武力為基礎，進行其經濟掠奪的目標。為便於運輸與統一管制，南滿鐵路在北平設立總機關，統一管理，並於北平、天津、張家口、濟

南等設置鐵路局，分區管轄各路。其後日本以局勢趨定，決議籌辦中日合營之公司以為管理，華北交通股份有限公司（以下簡稱為華交）遂於民國二十八年四月十七日正式成立。

華交資本額三億元，分六百萬股，每股定為五十元，由華北開發公司擔任一億五千萬元，南滿鐵路一億二千萬元，王克敏等之臨時政府三千萬元❻。中國方面，以華北各鐵路之財產抵充股本，日本方面，以北支開發株式會社，於事變後供給華北各路修理用之路軌、橋樑、建築物及行駛用的機車、車輛等及其設施，估計財產為三千萬元，移作股本，不足之數由中日雙方招股補充。三十一年，復增加二百萬股，股份收足後，先後設北平、天津、張家口、濟南等四鐵路局，其後又增設太原、開封、石門、徐州等路局。組織編制方面，由總裁、副總裁主管全公司事務，理事分掌各部門重要業務，監事負責督察責任；下設鍊成隊、弘報部、監察室、總醫監、總務局、經理局、第一運輸局、第二運輸局、施設局、警務局、愛路局等單位，其附屬機關有鄭州事務局、中央鐵路學院、鐵道技術研究所、保建科學研究所、東京事務局、港灣總局等❻。三十一年五月十二日，華北政務委員會頒布改訂之公司條例，賦予華交經營鐵路事業、汽車公路運輸事業、水路航運事業之權，如認有必要，得有利用國產及保安警察之權，形成華交的特殊地位，為統制平津地區鐵公路等交通的主要機構❻。

日本侵佔平津期間交通方面的統制，採取分工管理方式，由華交負責鐵公路運輸，汽車修配則由華北自動車株式會社負責，公路行政及工程則設工務總署處理。民國二十六年七月，由日本豐田汽車製造廠在北平設豐田製造廠，二十八年，擴充為「北支自動車工業株式會社」，與豐田分離而獨立。三十年，開始在天津製造汽車配件，三十三年，再擴充改組為「華北自動車工業株式會社」，資金日幣三千萬

元，總社設於北平，製造部及輸配部設於天津，主要業務為修配汽車、製造汽車配件等，先後於北平、天津、保定等地設自動車營業所，並配合華交運輸之需要推廣其業務。公路行政及工程方面，日本設工務總署負責，民國二十六年十二月，日軍扶植王克敏、湯爾和、王揖唐等為首的中華民國臨時政府❸，二十七年四月，臨時政府為管理並執行華北公路、水利、都市三部門土木建設事業，成立建設總署，署內設公路、水利、都市、總務四局，署外在天津、北平、濟南、太原等處設工務局。二十九年春，為辦理擴築及改善北平及天津市都市工程，分別於北平、天津設建設工程局，至三十年裁撤，業務歸工程局掌管。二十九年十月，華北政務委員會成立，建設總署改隸於華北政務委員會，署長改為督辦，副署長改為署長。三十二年十一月華北政委會改組，建設總署改稱工務總署，職稱與組織不變，惟都市局改稱都市計畫局，為接管華交水運事業，增設河運局籌備處，並將華北政務委員會內交通局及教育總署之華北觀象臺，改隸偽工務總署❹。

除鐵公路交通外，日本為管理對華北通信事業，於民國二十七年在北平設華北電信總局，八月一日，依照偽臨時政府公佈之華北電信電話股份有限公司條例，創立公司，為中日合辦性質，致力於華北電氣通信事業之綜合營運，及通信設施之改善擴充。該公司設總裁，由日人井上乙彥擔任，副總裁由華人劉玉書擔任，理事六人，董事二人。理事日人四、華人二，為渡邊音二郎、淺見親、和田芳男、村上元紀、夏肅初、陸家蕭；董事二人皆華人，為范漢生、周大文❺。所謂中日合資，只是一個幌子，事實上經營權和利潤全為日本人所控制❻。

郵政方面自七七事變以後，華北各地，先後失陷，郵政雖處於極端惡劣環境中，然以敵偽一時無力顧及，不暇設置統轄郵政之機構，因是未遭直接干涉，且仍能與後方聯繫，直至二十七年八月王克敏的

臨時政府始設置郵政總局統轄華北各省之北平、河北、山東、山西、河南等五郵區,郵政局於民國二十七年八月十五日成立,首任偽局長為潘傳顯,副局長由日人擔任;二十九年六月潘傳顯去職,由金章繼任;三十一年七月,將偽郵政總局改為華北郵政總局;三十二年三月由吳甌接任局長 **⑥**。同時並設置偽華北郵政資金局,統轄及監察一般郵政、郵政儲匯、郵政人壽保險等會計,並管理應用及經理郵政資金事宜。偽郵政總局所轄的北平、河北、山東、山西、河南等郵區,均係原機構,經敵偽強迫屬於該偽總局之下者。北平郵區改為北京郵區,業務不變,其他各區名稱依舊,但各區之疆界劃分略有變更。北平郵區原來管轄之平綏線各局所,被劃歸為蒙疆郵政機構內。偽郵政總局下設四科一室,計總務科、業務科、儲匯科、計核科及視察室。各區之郵政管理局置局長及副局長各一人,局長由中國人擔任,副局長一職,則由日本軍務省選派,其權力在各股股長之上,雖名為襄助局長辦理一切局務,實則所有一切電文收發應由副局長查閱,並有指揮及監督各單位之權,此外又兼華北郵政資金局局長,目的無非攘奪實權。至於業務方面並無太大變更,只是加了一些業務(如委託代辦事業)而已 **⑥**。戰後平津區的交通接收遂以華交總部、北平路局、天津路局、華北自動車株式會社、華北電信總局、華北郵政總局、工務總署等單位為對象。

二、交通方面的接收

國民政府戰後交通接收方面,就敵偽原有組織,分京滬、武漢、平津、廣東、東北、臺灣等六區分別接收。每區設特派員辦公處,派石志仁為平津區交通特派員,負責辦理接收華北的公路、鐵路、電信、運輸、郵政、航運各種交通事業及機構事宜,並任命陳舜耕、謝宗周、

吳士恩、林風岐、楊毅、聶傳儒、陳鎏、李質君、王良駿、梅貽璠、陳林、呂蓮渠、俞國成、李景樅、周肇西、宋希尚等十六人為平津區交通電信接收委員，並指令特派員石志仁接收北平、天津，楊毅接收石家莊等區鐵路事業及機構；聶傳儒接收北平、熱河、察哈爾及張家口，陳鎏接收天津等區電信事業及機構；李質君接收北平，王良駿接收河北省等的郵務事業及機構❻。

　　民國三十四年九月十三日，石志仁率員由南京飛抵北平，在還未舉行受降儀式前，擬定五項辦法：(1)與第十一戰區北平前進指揮所，每日取得聯繫。(2)暗中指示督促交通從業員工，儘量維持業務，及維護資材。(3)擇定辦公處地點，於九月十八日起正式開始辦公。(4)調查路、電、郵政各部門，敵偽之組織、人事及近況。(5)依據所得資料，斟酌當地情況，分別研究各項交通事業接收上技術問題，並確定其方法與步驟。九月十八日，交通部平津區特派員辦公處開始在北平辦公，石志仁率同接收委員分別與日方軍部代表田野中佐、偽華北交通公司總裁宇佐美寬爾、日軍部通信總隊隊長天山幸市、電信電話公司總裁井上乙彥、華北郵政總局局長吳甌、兼代副局長村井修一及日軍部通信事務官齋藤國光等人洽談鐵公路、電信、郵政等接收事宜❼。

　　十月一日，交通部公路總局在北平成立平津區辦事處，派羅英任處長，主持有關接收事務及公路行政工程，並於天津成立平津物資運輸處，派陳瑞齡為處長。十月十日，北平舉行軍事受降儀式，十一日，舉行交通電信方面的接收儀式。接收儀式極為簡單，先請特派員、接收員及移交員入席後，由總負責人報告移交人員職名及姓名，再由特派員介紹接收人員職名及姓名，之後，總負責人呈遞各項移交清冊，特派員作指示後，儀式即告結束。儀式結束後，正式開始接收偽華北交通公司，日偽由該公司總裁宇佐美寬爾代表將目錄及印章移交給石

志仁。石志仁將華北交通公司取消,由交通部平津區特派員辦事處繼續執行業務。並由電信郵政接收委員,分別接收華北電信電話公司,及偽華北郵政總局等事業及機構⓱。至三十五年五月三十一日,各區交通事業除張家口外,都已按照預定程序接收完畢,而且進入正常階段⓲。

(一)鐵公路之接收

鐵公路方面以華交為接收對象,交通部平津區特派員辦公處對華交的組織、人事、運作等方面詳加調查,最後決定於特派員辦公處組設秘書、總務、人事、會計、路政、材料、警務、港務等組室,分本處、北平路局、天津路局三方面同時進行,接收單位及接收人員的派遣,按華交各部門性質區分。三十四年十月十一日由石志仁率同接收委員趙傳雲、王裕澤、王羽儀、楊格、周肇西、姜寰鑄、楊毅、吳承禧等人前往接收⓳。北平路局由石志仁率同謝莊敬、沈恩濤、郭長溪、王北強、王裕澤、葛炳林、薩本遠、姜寰鑄等人於三十四年十一月五日接收人事課、工務部等單位⓴。天津路局方面,十一月五日由天津接收委員徐亞韓率郭光齋、劉友芹、劉金泉、王裕澤、顧毅成、平兆麟、李鈺銘等前往接收㉑。

接收項目,因偽華北交通公司,數年經營,規模龐大,設備相當齊全,辦公處接收之後,由各單位分別查點各項物品,除填造資產接收簡報表,呈報中國陸軍總司令部、全國事業接收委員會及北平黨政接收委員會外,並編具清冊備查,分路線、車輛等方面進行接收。

(1)路線方面:華交所轄鐵路各路局路線,計天津鐵路局北寧幹線、津浦幹線、石德幹線、西沽幹線、天津南站支線等;北平鐵路局北寧幹線、平漢幹線、平古幹線、平門支線、通縣支線、周口店支線、西郊支線、南苑支線、環城支線、西廣通路線、豐長通路線等;另有張

家口鐵路局、濟南鐵路局、太原鐵路局、開封鐵路局、石家莊鐵路局、徐州鐵路局等所轄之路線，總計五百六十五萬六千六百三十九公里，由交通部平津區特派員辦公處分別接收。公路方面，華交所轄各路局公路線，計天津公路局三千二百八十二公里、北平公路局二千一百六十九公里，濟南、太原、開封、石家莊、徐州、鄭州等路局，合計一萬八千九百零九公里，分別由平津區特派員辦公處派員接收。

⑵車輛方面：華交計有鐵路標準軌機車一千一百八十一輛；窄軌機車一千三百三十一輛；標準軌客車，天津區二百五十一輛、北平區三百四十一輛及張家口、徐州等區合計一千二百七十二輛；窄軌客車八十六輛；標準軌貨車，天津區三千二百二十七輛、北平區一千八百七十輛及張家口、徐州等區合計一萬四千九百一十二輛；窄軌貨車一千一百一十七輛。公路車輛，北平地區接收第一營業所、第一營業所車庫、北溝沿工廠、鴻濱工廠、第二營業所、丸榮工廠、鐵路學院等機關車輛，計三百一十九輛。其他車輛，有卡車、汽車、三輪車、自行車、人力車等共計一千一百四十一輛❼。

⑶機械方面：華交所屬各鐵路工廠有唐山、太原、張家口、天津、長辛店、石家莊、濟南、南口、徐州等之機械共三千一百八十臺。機務段包括天津八十三具、北平五十六具及其他路段合計一千一百四十六具。天津、北平等各路局給水機械八百八十四具，軌道動車六百三十七具。華交內部及所屬機構有北平印刷所、北平工事事務所、北平營繕事務所、天津製油工廠、天津篦麻子製油試驗工廠、電氣修理廠、豐臺洋灰製品廠、青島製材廠、汽車營業所等各種機械分別予以接收。

⑷人員方面：接收時員工計七萬九百六十二人（日籍一萬二千五百二十二人），為節省開支，接收後除遣返日籍員工外，不必要的員額亦一併遣散。至三十五年一月止，現有的員工計六萬二千二百七十

五人，顯然減少，如下表：

表3-4：平津地區鐵公路接收前後員工人數比較表

員工數 區別	本 國 員 工		日 籍 員 工		職　　　工		合　　　計	
	接收時	現 有	接收時	現 有	接收時	現 有	接收時	現 有
本處	2,428	2,111	4,518	802	2,916	3,062	9,862	5,975
北平	8,548	4,531	3,246	1,483	11,017	18,031	22,801	24,045
天津	12,640	5,982	4,758	1,598	20,865	24,685	38,263	32,255
小計	23,616	12,654	12,522	3,883	34,798	45,778	70,926	62,275

資料來源：交通部平津區特派員辦公處平津區交通事業接收總報告，頁65，見南京第二歷史檔案館藏，檔號：一二七696。

⑸款項部份：特辦處接收款項計偽幣及銀行存款八千三百二十五萬四千三百一十九元，合國幣一億六千八百七十五萬三千二百六十三元。接收天津路局部份，會計處接收該經理部現存國幣五千三百九十五萬九千八百七十二元，各銀行凍結存款四千九百八十八萬五千七百四十五元，秘書室接收國幣十三萬四千六百七十二元，工務處接收十八萬三千零三十四元，運輸處接收四十九萬八千一百四十五元，機務處接收一千四百零八萬九百九十六元，共計國幣一億二千三百一十八萬二千四百六十六元。北平路局方面，計偽幣及銀行存款八百八十二萬九千九百零六元，折合國幣一千七百六十五萬九千九百八十一元。接收產業有偽局所置房屋，北平市內十九處，其它地區四十一處。汽

車十八輛，五金、木材等材料合計約國幣二億七千九百三十二萬三千元。接收土地價值約二千一百零七萬八千九百一十四元❼。

⑹其他資產，計接收華交辦公處房屋九十二間，地約二萬五千七百八十七畝。天津分區部份，接收房屋四百五十九間，土地約一萬二千八百四十六畝。汽車三百八十九輛，倉庫三十所，學校十七處，工廠五處，醫院十處，家具四萬五千七百五十三件，文具一千三百三十九種等。北平分區部份，接收產業有偽局所置房屋，北平市內十九處，其它地區四十一處，五金、木材等材料合計約國幣二億七千九百三十二萬三千元，接收土地價值約二千一百零七萬八千九百一十四元，另有工廠、倉庫、醫院、學校、物品等。

華北自動車工業株式會社部份，由鄭炳於民國三十四年十月十六日率員先行接收總社❽，共計接收偽聯幣一千九百七十二萬六百九十五元，銀行存款一百一十五萬六千三百一十三元，合計偽聯幣二千零八十七萬七千零八元，全數解交中央銀行轉解國庫。接收天津地區土地房屋十六處，除原租用八處歸還原主外，其餘作為天津修理廠宿舍及服務站之用，接收北平十處，均為敵廠，轉作北平汽車修理廠用。接收各式車輛一百二十九輛，除報廢者二十輛外，餘交平津區汽車修配總廠接管。接收後即設立平津區汽車修配總廠，派鄭炳為代廠長。工務總署的接收於三十四年十月十六日，由軍事委員會戰時運輸管理局平津區辦事處奉第十一戰區長官司令部命，會同北平市政府、交通部、水利委員會、北平行營等機關，組織接收偽工務總署委員會，進行接收。平津區的對外航空方面的接收，交由航空委員會派何守榮、呂欽賢、容茹觀等前往接收。平津地區鐵公路方面的接收工作於三十五年五月底告一段落。

⑵郵政電信的接收

　　為因應郵政業務的接收，行政院制頒「收復淪陷區郵政緊急措施辦法」、「接收收復區及光復區郵政辦法」、「恢復收復區、光復區及後方郵運辦法」、「接收淪陷區郵政補充辦法」等辦法。根據「收復淪陷區郵政緊急措施辦法」之規定，由交通部派員前往接收北平、南京、東三省、臺灣等日偽郵政總局，並暫改為交通部郵政總局駐各該處辦事處。派李質君、王良駿、梅貽璠為北平地區郵政接收委員[79]。李質君等奉命後於三十四年九月中旬至北平，主持接收郵政事務，並作分工，由李質君負責接收偽華北郵政總局及偽華北資金局暨北平郵政管理局，王良駿負責接收天津河北郵政管理局，梅貽璠負責接收濟南山東郵政管理局。李質君抵平後，即在交通部平津區特派員辦公處郵電組籌畫一切接收事宜，由北平郵政管理局調用郵務員三人，辦理文電之收發及撰擬，並先就偽總局內部情形，嚴密調查後，於九月二十八日，由石志仁派員在第十一戰區司令長官部指揮所，與偽華北郵政總局吳甌及日人村井修一舉行會談，日方列席者包括軍部郵便局長齋藤國光及參謀田野，就郵政接收方面達成具體接收辦法之共識。十月一日，李質君復與偽蒙古自治邦政府交通部事務局馬場定等，在平津區特派員辦公處舉行郵政會談。

　　十月十一日開始接收偽華北郵政總局及偽資金局，自接收日起，即遵照郵政總局之規定，改組為郵政總局北平辦事處，所有偽總局暨資金局及其所屬各郵政管理局之日籍人員八十六人，截至三十五年二月，除北平方面尚有二人因經辦事務外，其餘人員已先後予以解雇。其未經正式考試之人員二十五人，亦已分別解雇。接收後擬具清冊報郵政總局備查[80]。三十四年十月二十二日接收北平郵政管理局，十月底其他支局相繼接收完竣。華北郵政方面計接收五處管理局，六處一等郵局，八十三處二等郵局，二百九十一處三等郵局，六十處郵政支

局，六十三處簡易郵局，二千四百一十六處代辦所。人員方面，郵政總局及資金局，中國籍職員一百八十九人，差工八十三人，員工二百七十二人，外籍職員四十三人。北平等五區郵政管理局職員，中國籍職員二千二百二十五人，差工四千零二十八人，日籍職員四十四人，共計六千六百九十七人。接收款項部份，華北郵政總局賬內現金及存款共計偽聯幣一千四百七十三萬四千二百三十九元，華北郵政資金局賬內存款偽聯幣券八千二百一十二萬九千元，合計偽聯幣九千六百八十六萬三千二百三十九元。郵局隨之成立，計成立一等郵局二處，二等郵局八處，三等郵局五十六處，郵政支局十八處，簡易局二十九處，代辦所五百三十處，合計六百四十四處❹。郵政接收至三十四年底即已全部完成。

電信接收方面，由接收委員聶傳儒負責，民國三十四年十月十一日，交通部平津區電信交通接收委員辦事處，在北平成立，接收偽華北電信電話股份有限公司，由聶傳儒指派該公司之日本總裁井上乙彥擔任主任聯絡員，副總裁華人劉玉書擔任副主任聯絡員，該公司之理事為聯絡員，並派沈文灝、莊敬龍為接收主任。十二日取消偽北京通信局及中央報話兩局，同日成立北平電信局，局長由聶傳儒暫代。擬定接收華北區電信交通機構措置綱要十一條❷進行接收。至三十五年五月底告一段落後，交通部即成立第七電信管理局，以推動電信業務。總計交通部河北平津區特派員辦公處自三十四年九月十八日在北平成立以來至三十五年五月結束，共計接收鐵路方面，計有八個鐵路局，車站六百零三所，路長五百六十五萬六千六百三十九公里，機車一百三十八輛，客車一千三百五十八輛，貨車一萬六千零二十九輛，起重車十輛，機廠屬於交通公司者九單位，屬於華北交通株式會社者三單位，機器六千八百六十五具，材料三千八百八十一萬七千一百三十公

噸，醫院四十五所，學校（鐵路學院、交通中學）三所，農場二十二單位，林場十單位，生計工廠四單位，電氣修理廠二單位，港務局二單位，用品倉庫七單位，工廠服務人員十八萬五千三百三十五人（日人三萬二千八百四十四人）。公路方面，接收公路路線一萬八千九百零九公里，車輛三百一十九輛。電信方面，線路計有線電報各式回線一百五十三，無線電報各式回線四十四，長途電話各式回線三百零二；機械，有線電報機二百九十一部，無線電報機七十一臺；電話，交換機四萬四千座，長途交換機一百一十座，一萬一千二百三十二人（日人三千三百八十六人）。郵政方面，計接收郵局二千九百二十四單位，郵路十萬四千四百三十一公里，六千六百一十二人（日人八十六人），成果可觀。

第三節　經濟與交通接收工作的檢討

一、經濟接收工作的檢討

接收之初，各單位各自為政，經濟方面又為各單位爭相接收的重點，情形更為複雜，王翼臣在報告接收時談到：「接收工作史無前例，勝利又復突然降臨，受命倉卒將事，雖有各項規定可資遵循，其內容自難符事實需要，步伐不免紊亂。」[83] 參與接收的邵毓麟提到：

而經濟事業機構的接收，更是弊端百出，黑漆一團。再加經濟事業機構為利之所在，重慶所派人員，在上者或係盲人瞎馬，莫名其妙，原在下者卻睜開眼睛，混水摸魚，而共匪與偽組織人員，又楔入政府與人民間，大肆渲染，挑撥離間，所以勝利

後的接收，別有用心的人，稱之為「劫收」。❽

又有以「五子登科」來形容戰後的接收❽。接收的複雜性由此可知，有關接收人員的貪污問題，將於第五章討論，在此先分析接收及處理過程中問題之癥結。在經濟事業接收時面臨的問題可分以下幾點：

(一)無法移交

由於特辦處成立時間較遲，統籌平津接收事宜者由北平市黨政接收委員會及天津市黨政接收委員會負責。以前者為例，組織規程的權限相當大❽，共分黨務、團務、金融財政、經濟、教育文化、文書、會計、庶務、糧食、司法、衛生醫藥、北平市政府及其所屬全部等接收小組，必要時還可擴大，其任務還包括統一發放接收證件及關於隸屬不明或接收機關有爭議的單位，由黨政接收委員會負責保管。從其權責而言，幾乎涵蓋所有的接收業務在內。市長為主任委員，三民主義青年團幹事長、市府各局局長、中央各部會接收特派員或指定之人員為委員，決定接收各項事宜，直接對中國陸軍司令部（部長為何應欽）負責。然根據華北黨政工作推行暫定辦法❽，北平行營為中央在華北的最高統率機關，所有中央各部會特派員歸行營主任指揮。又根據行政院收復區全國性事業臨時接收委員會及特派員辦公處組織章程之規定，凡屬各部會業務由特派員辦公處派赴各地之特派員負責統籌接收業務。如此一來，權責混淆不清，北平、天津市黨政接收委員會因成立在先，各重要廠礦幾全部為地方機關所接收，開發公司所屬的重要單位如：華北電業公司天津支店、開發生產組合天津分社等單位，由天津市政府公用局接收管理，十一月下旬，特辦處熊敏伯、楊錫祥等接收委員，只得前往市府商洽接管事宜❽。市府配合意願不高，屢次折衝移交，公文往返費時，成效不彰，直至十二月三日河北平津區

敵偽產業處理局成立，同月二十七日行政院院長宋子文蒞平，有鑑於接收系統紊亂，乃通令各接收機構檢送原冊，依事業性質重新分配，且宣佈凡一切工礦事業，統由經濟部接收，特辦處的接收工作遂得以順利展開。計接收敵偽工廠一百八十餘單位，礦廠六單位，商社事務所倉庫二百八十餘單位，總計六百七十八單位，其中直接接自日人移交者，如開發公司所屬之華北電氣公司、北支製鐵會社、永利化學公司、華北洋灰公司、華北輕金屬公司等共一百三十一單位，自黨政接收委員會移轉接收者二百五十七個單位，自北平市公用局、天津市政府及其他軍政單位移轉接收者有二百九十個單位。其次，被佔用的情形亦甚嚴重，佔用單位以軍事單位居多，由於各項接收中軍事接收優先處理，因此許多單位為軍事機關所佔據，如天津之大食食品工業所、東亞毛毯工廠、天津鐵工廠、株式會社三和洋行等，分別為第十一戰區司令部、聯勤第五兵站、美軍海軍部所佔，無法如期順利接收。

　(二)各單位重複接收

　　由於特辦處的接收工作與軍事單位及黨政接收委員會及其他部會間的權責規劃不一，加以有些廠礦的性質，本為綜合性業務，如昌和鐵工廠、興亞鐵工廠等生產軍械，軍政部要求派員接收，而又其性質屬於廠礦，經濟部特辦處亦要接收。認定上有爭議時便發生一廠數接的現象。張鵬談到接收天津經濟事業的問題時指出：

　　　　一九四五年八月日本投降以後，國民黨政府在天津臨時拼湊了
　　　　幾套接收班子，即天津市黨部接收委員會、河北平津區敵偽產
　　　　業處理局、天津漢奸財產調查委員會和資源委員會駐津特派員
　　　　辦公室等，均企圖搶先接收，大發橫財。一時之間封條滿天飛，
　　　　甚至一個工廠大門上竟同時貼上幾個封條。[89]

經濟部接收委員王守太於三十五年一月報告宣外鐵門北京鑌鏍工廠貼有市黨部封條，去函要求停止接收以劃分權限，不但未獲回應，且於二月間更加派人手看管，經再去函交涉始獲結果❾⓿。又中興鐵工廠接收委員郭學謙，三十五年一月接收時發現有第十一戰區司令部派員調查並貼有封條，向辦公處報告難往接收❾❶。特辦處接收平津德商德孚洋行委員周乃賡三十四年十二月五日報告曾提到：原接收單位（天津黨政接收委員會）拒不轉交的情形❾❷。邵毓麟為經濟接收問題呈蔣委員長電文，指出中央原規定陸軍總部統一指揮行政經濟接收工作，其後又下令新設中央及地方黨政接收委員會，與陸軍總部原定辦法先後不同，職權亦有變更，總部既不願負責，其後行政院迄未派定中央接收委員名單，負責之人延遲未進行❾❸。這種重複接收的現象使特辦處的工作受阻。

㈢接收人員缺乏

由於國民政府未預先培植接收的專業人才，而戰後各項接收又迫在眉睫，無法拖延，只得由後方調派一批接收人員及技術人員，另就平津區中選派相關人員協助，接收專業人員甚感不足，影響接收工作的進行，特辦處特派員王翼臣在接收報告書中指出：

> 人員不敷分配，工作過於繁複，百端叢生，難期盡善。因限於組織規程，工作人員均有定額，難臨時派用若干接收人員，而接收時數百單位同時交接，事務過雜，致產生接收步驟不一、接收報告之造送遲緩等情事發生。❾❹

由於接收工作過於廣泛，督察難於週密，常有下列之疏失：⑴物品名稱前後不同、所用單位不同，實際並無增減。⑵編造資產清冊時營業

尚在進行，原料成品有所增減。⑶日人私有物品，事後始行交出，未及列入清冊。⑷破舊不能使用機械列入廢料。⑸被掩蓋遮蔽物品；當時並未發現致未列入清冊。⑹敵偽物質過於笨重或繁瑣者，接收時以計器不完備，日人又即將返國，時間迫切，致不得不權衡輕重，以粗估列冊接收，點交時發現不符情形。⑺由於接收人員對物品名稱鑑別差異，將日人原始清冊所列一項物品之名稱規格，以另一名稱或規格列入清冊內，經仔細核對後，發現不符❺。面對這些疏失，經查明無弊端，採漏列、呆帳或核銷方式處理，但亦因此引起物議，被認為接收人員營私舞弊。對接收工作進行自有其影響。

㈣文件不全及各單位間搶奪事件頻繁

接收人員接收的主要根據是被接收單位呈送的資料，然有些單位負責之日人將重要文件消燬，無法查考，有些日人則因被遣送回國，原始清冊之準確性為何，無法一一查對，如丸辰鐵工廠、東神洋行等均無原始清冊。加以戰後地方治安不良，地痞流氓橫行，搶奪盜竊不斷發生，致生損失，如江商洋行、福原商店、泰信株式會社、丸榮洋行等均曾發生被竊事件❻。勝利後，國人有一錯誤心理，以為日人所經營的事業，均係直接間接向國人榨取者，勝利後應可佔有，因此恃勢強佔房屋者有之，聚眾強取財物者亦有之，致損失慘重，增加接收的困難。

接收後復員工作面臨若干問題：

㈠戰時工業不易立即轉為和平工業

敵偽在華北建設的主要目標，在所謂「自戰自活」，為戰爭而建設。太平洋戰爭開始後，日本國內物資，愈見缺乏，船隻銳減，為避免運輸的危險及從速得到軍需物資，於是加緊華北的投資，但許多的投資以軍需目標為主。當戰爭停止時，即失去龐大的需求，不能繼續存在。

加以將戰時工業轉於和平工業耗資費力，添購所需機械及配件，不敷成本，致許多工廠停頓不能有效應用。

　　㈡戰時成本不宜適用於和平成本

　　敵偽經營華北工廠期間，以推進戰爭為最大目的，只求其生產量，且欲迅速，以致無暇顧及成本高低，根本不符合工業發展理論；許多民間投資因有原料供給上的幫助，又有日政府一成利益之保障，因此成本雖高，尚可維持；此種工業於戰後，在取消原料供給上的幫助、補償利益辦法下，任其自由競爭，符合成本者在少數，戰後自不能充份利用❾。

　　㈢經費不足，接收工廠復工困難

　　各廠礦在接收前除少數外，均已停工，設備原料亦多有損失，恢復舊觀本已不易，加以各項事業為數甚多，復工前之創業經費，及復工後的流動資金，所需數目龐大，全仗少數銀行貸款，週轉調度頗費周章。又物價上漲，原料工資，隨之增加，致生產成本增加，而廉價外貨充斥市場，競爭激烈，銷路日減，多數工廠均難維持。由於復工廠礦變動極大，員工心存五日京兆，計劃遂無法有效執行❾。

　　㈣接收後忽略技術轉移、管理不善

　　接收敵偽工廠之初，注重物資，技術方面因受種種限制，未能充份留用，即留用後亦未能充份發揮其能力，加以後方技術人才本就不敷應用，而且受交通阻礙等關係，未能及時趕來，以致多數接收工廠停頓。再度開工之工、礦廠，亦因技術不能提昇，經營難以維持，因而被迫再度停工。國民政府接收工廠後，原工廠較高層級的管理員，完全撤換，廠內人心不安，新就任之管理人員，對該工廠瞭解生疏，管理工作效率減低，後方接收及技術人員與原有人員間，時有爭執，敵偽工廠設備本不完善，管理者又不在現有的設備下提出改進，工廠

營運遂一蹶不振❾❾。

(五)產權糾紛、標售遲緩

敵偽產業有因強佔或其他關係,使產權異常複雜,敵偽於抗日期間所增加之資本與原有工廠資本如何劃定,時有糾紛。如開灤煤礦、永利化學公司均發生過糾紛。自三十五年六月始雖經八次標售,但僅售出七十七單位,尚餘二百餘單位未處理完竣。推其因與工廠成本過高,又經營不易獲利、戰後國內局勢不穩及投機風行有關❿。勝利之初,各接收機關各自為政,沒有一個機關可統籌管理,接收後工廠缺乏聯繫,公營與民營間,更因彼此爭利相互牽制,增加復員的困難。

二、經濟接收復員的成效

雖然平津區經濟的接收復員面臨若干問題,但亦有若干的成效:

(一)大部份工商業單位順利完成接收工作

根據調查平津區日偽或日資的工礦商業約有一千單位,至三十五年九月特辦處結束止,完成六百七十八單位,其中有歸其他單位所接收,僅有約五十個單位應由特辦處接收而尚未完成接收者,有爭議的單位交由處理局處理,因此就接收的層面而言,平津地區的接收工作已算達成任務。

(二)社會游資步入正當途徑

平津地區在淪陷時期,生產事業幾全為日本及敵偽所壟斷,社會上游資無利可圖。勝利後,敵偽產業全部接收,分別以標售方式移轉民營,雖不盡理想,但亦使部份社會游資步入正途,接收初期平津區的物價不漲反跌的原因,除人民對國民政府接收預期心理的影響外,部份的游資轉移於企業經營,亦是原因之一。

(三)資源逐漸開發

　　煤鐵為工業建設之基礎，戰前未積極開發，淪陷後，為日人獨佔，自接收以後不論是發還原主經營或國營，生產量大增，開灤煤礦由接收時日生產五千噸，增至日產一萬三千噸，由資委會經營之井陘煤礦公司，由接收時日產一千噸增至日產二千一百噸。其他重要工礦的生產，奠定工業化的基礎。

　　㈣戰後初期物資供應獲得若干平衡

　　所接收之生產原料或民生物資，經依法處理後，分別流入市場，有調節物價及平衡物品之作用，雖物價不斷上漲，但市場物資供應尚稱穩定。

　　㈤國家財政獲得相當收益

　　平津區接收的敵偽資產總值，按時價計，約在國幣一萬億元以上，對國家財政收入獲益非淺●，其中尤以第五項有顯著的影響。根據三十四年十一月二十三日公佈的「敵偽產業處理辦法」之規定，錢幣、金銀、證券、珍寶、飾物等由處理局接收後交中央銀行保管●，並列冊報行政院。但行政院並未將接收的金額作一完整的統計，因此戰後平津區到底接收多少現金，未有正確的資料可考，在此僅以特辦處及處理局呈院的資料作為說明的依據。就特辦處而言接收的現金部份為●：法幣：二十七萬一千八百六十三元，偽聯幣：二十三億二千五百二十二萬四百二十六元，偽蒙幣：八百五十七萬八千七百三十九元，偽中幣：十萬二千五百元，美金：一千七百二十五元，日幣：二萬四千三百零五元（固定資產方面以接收的五五六單位計算），　以二十六年的物價指數作估算●，約為一億九千六百九十九萬一千二百四十七元。處理局部份，所得的資金分為二大部份，一為委託特辦處接收物資處理部份，一是自行接收與處理者。由處理局委託特辦處處理者，處理局負責標售，特辦處協助處理，辦公處接收的敵偽工廠，自三十

五年六月十五日開始，至十一月十五日止，共經過八次標售，第一批八單位，第二批十二單位，第三批九單位，第四批十二單位，第五批十五單位，第六批十一單位，第七批二單位，第八批八單位，總計售出工廠七十七單位。處理局自行處理標售者，至三十六年一月止，處理局前後在平津標售十四次，批售工廠一百三十四單位，約價值七十億元。另有洽售者，至三十五年底為止，計洽售二十三單位，價值約三十三億餘元❶。另由處理局接收處理所得的價款亦甚為可觀，在日用品處理委員會、工業器材處理委員會、零星物資處理委員會尚未成立之前，各該物資的處理，由處理局第二組逕行處理，或委託其他部會處理，截至三十五年底，經處理所得的價款共計六百四十五億餘元❶。各委員會成立後，則由委員會負責處理，以日用品處理委員會言，三十五年二月成立至三十五年底，所有敵偽日用品大致處理完竣，包括棉、紡、毛織、食品、煤燃料、石料泥土、化學產品染料、木材等製品總計售款六百五十八億四千零九十五萬六千六百九十四元。其中以棉及其製品所得價款最高，計三百一十二億六千八百六十七萬八千一百二十七元❶。以工業器材處理委員會而言，自三十五年九月成立至三十六年一月結束，售出鋼鐵、化工器材、工具、油料、零件等，共計九十五億六百三十七萬二千八百七十二元。其中鋼鐵最多，計二十五億一千三百六十五萬九千三百八十九元。此與自清末天津機器局煉鋼廠成立以來，天津為華北鋼鐵重鎮有關❶。以藥品器材清理委員會而言，自三十五年五月成立至十二月結束，處理藥品部份得款三億五千八百九十一萬四千二百零五元，器材得款二千七百零四萬元，合計售款總計三億八千五百九十五萬四千二百零五元。天津、北平零星物資處理事務所自三十五年八月成立以後，所出清之倉庫七百餘所售款一百一十六億餘元❶。處理局自三十四年十二月三日成立以迄三十

五年十二月底，所有處理敵產收入總額包括現金、變賣物資、標售工廠及房地產暨租借收入等項，總計二千五百二十五億四千四百零三萬三千三百七十元。其中現款收入經繳存中央銀行專戶解繳國庫者計一千零八十六億四千五百四十七萬四千三百三十元，經財政部扣除各使用機關預算者計一千三百一十八億八千一百九十五萬五千零八十四元❶逕呈行政院，准予轉賬者二十五億八千四百四十二萬二千六百一十元。另有應收以標售工廠及房地產價款而尚未收取者計五十一億三千二百一十八萬一千三百四十五元❶。這些龐大的資金收入，雖不足以彌補八年抗戰的損失，但對戰後中國在財政不足的情況下是一筆可觀的收益。

　　日本侵佔平津時期，積極發展經濟以遂其戰略侵華的目標，許多廠礦，在日本的鼓勵之下，紛紛設立，戰後平津區的經濟接收遂為國民政府所重視。國民政府除由經濟部在北平成立特辦處，負責廠礦商業的接收外，為統籌敵偽產業的處理，亦在北平成立處理局，不論是接收或處理，均有一定的程序，但接收復員的過程中依然有許多問題產生，就接收人員而言，接收人員的貪污、接收廠礦時認識不清的爭執、接收人員不足等，以致草率行事。就接收機關言，接收統籌機關不能統籌、接收機關權責混淆不清、接收機關缺乏協調等均為人所詬病。致使有人質疑國民政府收復平津的意義，嚴仁穎甚至認為「慘勝」不如「慘敗」❶。但日本選擇性的經營策略及因戰時而發展的經濟事業，並非經濟發展的常態，國民政府完成平津區的接收，使戰時經濟體系回復到平時的經濟體系。

三、交通接收工作的檢討

　　平津地區交通方面的接收較經濟方面單純，與其他方面的糾紛亦

較少，因此接收工作較為順利。平津地區鐵公路交通，至三十五年五月底，大抵接收完竣，進入正常階段，六月一日，交通部平津特派員辦公處結束。鐵路方面將戰後接收分區劃歸正式機構管理，徐州分區改隸津浦、隴海兩路，濟南分區改隸津浦路，開封分區改隸平漢、隴海兩路，石家莊分區改隸平漢、晉冀兩路，太原分區改隸晉冀區局，北平分區北段改隸平漢路，天津分區之津浦北路改隸津浦路，並成立平津區鐵路局統籌平津區鐵路事宜。公路方面概歸交通部第八工程管理局。雖完成接收工作，但復員則不盡理想，石志仁指出：

> 抗戰以來，交通事業，始終與軍事共進退，為最後之堅守者，八年貢獻，所關至為重要，今者禹甸重光，神州再造，方將積極從事復興工作，實施建國大計，仰蒙主席昭示，交通更居第一，惟收復區域交通事業，被敵佔據之後，隨在繼以摧殘，加以種種複雜情形，接收既甚困難，整理尤為不易。⑩

平津地區交通接收與復員工作不盡理想，與下列因素有關：

㈠中共的刻意破壞

　　平津地區的交通復員，採接收即復員的政策⑭，鐵公路的復員，主要以修復及對內整頓為主，經歷八年的戰爭，許多路段被破壞嚴重，戰後中共為阻擾國軍受降與接收，於各地展開破壞交通的行動⑮。三十五年二月，關於恢復鐵路交通方面，政府代表與中共代表協定，由交通部在北平成立一代表機關，於執行部監督下，負責修復鐵道，並管理行車事宜。但共軍不遵守協定，拒絕交通部修路，主張其佔領的鐵道，由其自行修復，以期獲得鐵道控制權，致交通部準備的員工、材料均在各地等候，延遲修路時間。共軍並於平漢、平綏、津浦等各

要線擅設鐵路管理局，委派局長，於平漢線設石安管理局，局長為陶希晉；於張家口設平綏鐵路運輸處，處長為白鐵泰；於連鎮設津浦鐵路管理局，局長為王煥章；於泰安設濟南鐵路管理委員會，主任委員為曹星布；於東光設護路警備司令部，司令為賈瑞現。這些佈署使國軍的交通復員計劃受阻❶。中共不惜動員黨員，強迫民眾參與破壞行動。周恩來且於重慶會談時大談其破壞鐵道的次數與里數，以顯耀其鬥爭的成果。當時國人稱中共的八路軍為「扒路軍」❶。而破壞的名目特別多，有所謂的「鐵路破壞隊」、「鐵路工作隊」、「交通控制隊」、「交通工作隊」，這些單位組織嚴密。以交通工作隊言，最高指揮機關為區團司令部，下設「參謀部」、「行動部」，由五個連組成一個區團，以連為活動單位，除少數由共黨部隊中挑選外，大部份均係強拉所得之壯丁，各級負責幹部，則由共產黨員選派，並區劃華北各省鐵路、公路及公路幹線，由八路共產軍「交通控制隊」負責破壞。其破壞的口號是「三平兩空」，即鐵路填平、電桿剷平、車站毀平，交通電話器材運空與毀空❶。

中共破壞交通的行動是全國性的，以華北最為嚴重，三十四年八月至三十五年十二月止，華北幹線膠濟、津浦、平漢、正太、平綏、平吉、北寧、隴海、同浦等九線共計破壞軌道二千五百六十一公里，約佔我國國內完整時期鐵路總里數四分之一。橋樑一千九百七十四座，車站二百零八所❶。北平對外公路，北平至保定及北平至承德間各被中共破壞達五次之多。國民政府積極修復，中共則不斷的破壞，使原本即因技術人員及經費之缺乏不盡理想之交通復員工作更顯其困境。交通破壞影響的層面甚廣，工商業的發展即大受影響，余新民指出：「勝利之後，天津工商業有過短時期的興盛，竟如曇花一現，隨即煙消雲散。鐵路破壞，農村隔絕，工商界人事即開始了對原料的掙

扎。」[120]交通阻滯，天津的棉紡織業、麵粉業、捲菸業、火柴業均受影響，如火柴的材料主要為日本，關外受中共的阻隔，材料無法輸入，只得就地蒐購，但品質不佳，湖北省產棉甚豐，大半提供天津棉紡織業之用，三十六年初產區為中共所佔據，交通不暢，天津紡織業因此受波及。

(二)接收單位隸屬及分工不易

　　平津地區的交通接收工作由交通部平津區特派員辦公處統籌，採機構分層的接收方式。但在日本佔領期間，先後成立「華北交通股份有限公司」、「華北電信電話股份有限公司」、「華北郵政總局」、「工務總署」、「華北自動車工業株式會社」等機構，如以機構為接收對象，則業務必有重疊，如以業務性質分別接收，則一機關必有不同的單位前往接收，最後雖以單位接收為主，但由於有些單位許多業務非交通部所轄，必須會同相關單位接收，如「工務總署」的接收係由許多單位組織「接收偽工務總署委員會」進行接收。

(三)平津區的交通復員並無新築鐵公路的計劃

　　由於華北的交通較諸其他地區交通便利，國民政府戰後復員主要以修復鐵公路交通為主，並無新築鐵公路的計畫，因此戰後華北的交通發展有限，對內交通的改進較具成果。但對外交通方面，由於國民政府在華北僅接收平津及河北部份地區而已，大部份地區為中共佔據，無法接收，如工務總署太原工成局、華北自動車工業株式會社包頭、宣化、鄭州營業所等未能順利完成接收工作，對平津區的糧食供應及經濟發展造成不利的影響。

註　釋

❶ 關於各機關編擬復員計劃應行注意事項，南京第二歷史檔案館藏，檔號：
二(1)6721。

❷ 李洛之、聶湯谷，《天津的經濟地位》(經濟部冀察熱綏區特派員辦公處
結束辦事處駐津辦事分處，民國三十七年三月)，頁232、頁294～295。

❸ 陸仰淵，《民國社會經濟史》(北京，中國經濟出版社，1991年11月)，頁
681～682。

❹ 興亞院成立於民國二十七年十二月，是日本近衛內閣為加強對中國占領
區的統治，直轄於日本內閣的殖民侵略機關，由日本首相兼總裁，由日
本陸相、藏相、海相、外相兼任副總裁。在北平、上海、青島、漢口、
廣州等地設立分支機構。下分設二部，第二部為管轄經濟，在華北成立
「北支開發會社」，地點設於北平，華中成立「中之振興會社」，地點設
於上海，其下尚有許多大小生產會社，遍布淪陷區內，在興亞院聯絡部
指導下，負責公商和金融統制以及經濟開發。華中振興會社成立於二十
七年十一月，由兒玉謙任總裁，資金一億日元，主要從事華中各省的礦
山、煤碳、製鐵、發電、交通運輸、鹽業、紡織及麵粉等生產部門，華
北開發公司則是經營華北重要工礦的機構。見李洛之、聶湯谷，《天津
的經濟地位》(經濟部冀察熱綏區特派員辦公處結束辦事處駐津辦事分
處，民國三十七年三月)，頁228～229。

❺ 本處（特辦處）工作報告書，南京第二歷史檔案館藏，檔號：五三六 773。

❻ 李洛之、聶湯谷，《天津的經濟地位》(經濟部冀察熱綏區特派員辦公處
結束辦事處駐津辦事分處，民國三十七年三月)，頁233～251。

❼ 本處接收工作統計報告一覽表及概況，南京第二歷史檔案館藏，檔號：
五三六 801。

❽ 本處（特辦處）工作報告書，南京第二歷史檔案館藏，檔號：五三六 773。

❾ 特辦處結束工作按經濟部結束辦公處辦法處理：(1)辦理善後機構應在本處原名下綴「結束辦事處」五字；(2)辦理善後期間以一至三個月為限；(3)留辦善後員額，以十至二十人為限，如必須酌增，應申名候核；(4)辦理善後經費，應就本年度辦公處經費結餘項下，撙節動支；(5)已接收而未處理的各項事業，及派員復工之工廠，除由經濟部明令保留者外，一律移交敵偽產業處理局接管；(6)未了案件，應由結束辦事處在辦理善後期間內，盡速趕辦完竣；(7)墊付接收保管等費用，分別向接管機關、原業主及得標人取償。冀熱察綏區特派員辦公處奉命後，即成立結束委員會。隨即組織結束委員會，統籌各項有關結束事宜，其組織以該處秘書主任及天津分處主任為正副主任，各組室主管為當然委員，每星期舉行會議一次，一切結束事宜，皆由該委員會商討決定，報請特派員核准施行。並將結束後尚未處理的事務，交由河北平津區敵偽產業處理局接管。至十一月三十日正式結束。

❿ 對人員的安排方面，在辦理結束前，該處處內職員計一百七十二人，天津分處二百零二人，共三百七十四人，派駐工廠職員，北平一百八十八人，天津四百零二人，共五百九十人，礦廠職員，門頭溝煤礦一百六十五人，長城煤礦四十七人，井陘煤礦公司六百四十五人，共八百五十七人，三項總計一千八百二十一人。在辦理結束時，除工廠礦廠職員，決定照常工作外，對職員之安置分為：(1)遣散：職員經手業務結束，無另行調派工作者，即由主管人員開單呈請遣散。服務滿一年以上者，發給三個月薪津，一年以內者，發給二個月的薪津，六個月以內者，發給一個月的薪津。此項給資遣散人員，至三十五年十一月底計遣散二百二十七人。(2)回任：凡該處向其他機關借調之人員，結束時，原服務機關仍保留職務者，即請回任，但不發給遣散費，僅酌發回任旅費，截至十一月止，計六人回任。(3)調用：該處職員，接收期間為工廠所調用，如天

津機器局調用十六人為接收專員、技術員。

⓫ 處理局分四區，第一區為設於上海的蘇浙皖區敵偽產業處理局；第二區為設於北平的河北平津區敵偽產業處理局；第三區為設於青島的魯豫敵偽產業處理局；第四區為設於廣州的兩廣敵偽區產業處理局。

⓬ 孫越崎，字毓麒，浙江紹興人，清光緒十九年（1893年）生，民國五年入天津北洋大學採礦科，後轉北大採礦系，後赴美留學，二十九年任經濟部資源委員會甘肅油礦局總經理，日本投降後，被任為經濟部東北區特派員，因當時蘇聯延宕在東北地區的撤兵活動使東北區的接收無法如期進行，孫遂率領大部份接收人員在北平待命，因此宋子文臨時派孫越崎兼任河北平津區處理局局長，其所率之接收人員亦安插於處理局內。

⓭ 河北平津區敵偽產業處理局組織規程，辦公處及有關單位組織章程，南京第二歷史檔案館藏，檔號：五三六 755。

⓮ 李紹泌，〈國民政府劫收平津產業概況〉，《天津文史資料選輯》，第五輯（1979年10月），頁88。

⓯ 同上，頁90～92。

⓰ 吳學藺，江蘇常州人，清宣統元年（1909年）生，畢業於上海大同大學物理系，民國二十一年任北平研究院物理研究所助理研究員，後赴美留學，回國後任教於西南聯大，三十三年任職於國民政府資源委員會，處理局成立後任工礦商業組組長。

⓱ 谷鍾秀，字九峰，河北定縣人，清同治十三年（1874年）生，清京師大學畢業，曾任直隸省諮議局議員，民國二年眾議院議員，二十四年任河北省政府委員，二十七年任河北省民政廳廳長，抗戰勝利後任北平市參議會議長。

⓲ 凌勉之，河南固始人，清光緒二十三年（1897年）生，民國三年入南開中學，畢業於南開大學，二十四年任冀察政務委員會參議，二十五年任天津教育局局長，三十四年九月任北平公用局局長。

⑲ 馬師亮，陝西米脂人，清光緒三十年（1904年）生，上海交通大學電機系畢業，美國康乃爾大學碩士，密西根大學博士，民國三十二年任職國民政府資源委員會。

⑳ 處理局各委員會於任務結束後即撤銷，如日用品處理委員會、藥品器材處理委員會，於三十五年底結束，工業器材處理委員會於三十六年一月結束。

㉑ 行政院河北平津區敵偽產業處理局工作簡況，南京第二歷史檔案館藏，檔號：五三六 54。

㉒ 民國三十六年二月張子奇繼任局長，將處理局遷至天津海拉爾道，部份人員遷居至長春，原日商三菱公司舊址辦公，天津辦公處撤消併入處理局，北平改為辦公處，由徐楷任處長。人事亦作調整，民國三十六年十一月由張楚任局長，其他各組組長亦經更換。局本部遷至天津馬家口日商三井公司大樓內辦公，張楚為黃膺白舊屬，民國二十七年辭平漢鐵路局科長職，至重慶，日本投降後任天津市政參事兼總務處長，又兼天津漢奸財產調查委員會調查組組長。三十六年十月，張群保薦為處理局局長。其就任後各組組長亦經更換，第一組由馬師亮接替，第二組由趙彥卿接任，第三組由王維鈞接任，第四組由張廉卿接任；秘書處主任由齊崧接替。李紹泌，〈國民政府劫收平津產業概況〉，《天津文史資料選輯》，第五輯（1979年10月），頁88～89。

㉓ 本處（特辦處）工作報告書，南京第二歷史檔案館藏，檔號：五三六773。

㉔ 中國國民黨中央委員會黨史委員會，《中華民國重要史料初編——對日抗戰時期》，第七編，《戰後中國㈣》（臺北，民國七十年九月），頁45～46。

㉕ 行政院河北平津區敵偽產業處理局工作簡況，南京第二歷史檔案館藏，檔號：五三六 54。

㉖ 辦公處（特辦處）黨政軍團緊急會議記錄，南京第二歷史檔案館藏，檔

號：五三六 765。

❷ 接收委員：王德滋、王守泰、朱洪祖、姚嘉椿、楊錫祥、周乃賡、袁鴻慈、胡希廉、朱玉崙、馮繼皐、王若愚、熊敏伯、周維垚、周鳴珂、廖文溶、王履中、秦青、孟泰莊、常策歐、張展如、王敬禹、張永惠、李郁芬、王宗素、楊樹堂、張守訓、楊正清、郭承業、張錫周、趙念慈、張殿矩、黎書常、蔣宗福、趙元良、鄭伯彬、李福景、王啟光、陳樹屏、趙壽彝、莫潤田、袁紹周等四十一人。南京第二歷史檔案館藏，檔號：五三六 756。

❷ 同上。

❷ 本處（特辦處）工作報告書，南京第二歷史檔案館藏，檔號：五三六 773。

❸ 經濟部冀熱察綏區特派員辦公處接收天津地區日偽各工廠分類一覽表，南京第二歷史檔案館藏，檔號：五三六 83。

❸ 本處（特辦處）接收工作統計報告一覽表及概況，南京第二歷史檔案館藏，檔號：五三六 801。

❸ 經濟部特派員辦公處接收平津區各單位時間表：

時　間	三十四年		三　十　五　年						
	十一月	十二月	一月	二月	三月	四月	五月	六月	不詳
接收單位	42	102	181	61	68	37	60	43	83

資料來源：綜合本處（特辦處）工作報告書，南京第二歷史檔案館藏，檔號：五三六773。經濟部冀熱察綏區特派員辦公處接收北平地區日偽各工廠一覽表，南京第二歷史檔案館藏，檔號：五三六 83。辦公處工電組接收天津地區生產事業工廠分類一覽表，南京第二歷史檔案館藏，檔號：五三六 346。

❸❸　天津《大公報》，民國三十四年十二月九日。

❸❹　特辦處接收商業及工礦事業分區統計表：

類別 地區	工　廠	礦　廠	商社事務所及倉庫	合　計
北平	78	1	87	166
天津	295	0	184	479
河北	13	5	15	33
總計	386	6	286	678

資料來源：經濟部冀熱察綏區特派員辦公處接收北平地區日偽各工廠分
類一覽表，南京第二歷史檔案館藏，檔號：五三六83。

❸❺　同上。

❸❻　陸仰淵、方慶秋主編，《民國社會經濟史》(北京，中國經濟出版社，1991
　　年11月)，頁682。

❸❼　本處（特辦處）工作報告書，南京第二歷史檔案館藏，檔號：五三六773。

❸❽　資源委員會在華北成立的八大公司，分別為：冀北電力公司、井陘煤礦
　　公司、華北鋼鐵公司、冀北水泥公司、天津紙漿造紙公司、中央機器公
　　司的天津機器廠、中央電工器材工司等。全國政協文史資料研究委員會
　　工商經濟組編，《回憶國民政府資員委員會》(北京，中國文史出版社，
　　1988年2月)，頁116。

❸❾　本處（特辦處）接收工作統計報告一覽表及概況，南京第二歷史檔案館
　　藏，檔號：五三六801。

❹⓿　天津《大公報》，民國三十五年三月二十三日、四月十一日，第三版。

❹❶　張鵬，〈天津冶金工業史略〉，《天津文史資料選輯》，第五十一輯 (1990
　　年7月)，頁66～68。

㊷　本處（特辦處）工作報告書，南京第二歷史檔案館藏，檔號：五三六 773。

㊸　中國國民黨中央委員會黨史委員會，《中華民國重要史料初編──對日抗戰時期》，第七編，《戰後中國㈣》（臺北，民國七十年九月），頁45～46。

㊹　本處（特辦處）接收工作統計報告一覽表及概況，南京第二歷史檔案館藏，檔號：五三六 801。

㊺　處理敵偽產業辦法為：⑴產業原屬本國或友邦人民，經查明確實證據係由日方接收者，應發還原主，但原主應備殷實保證始得領回。⑵產業原屬華人與日偽合辦者其主權均歸中央政府，前項產業如由處理局查明確實證據，並經審議委員會通過認為與日偽合辦係屬強迫性質者，得呈請行政院核辦。⑶產業原由日僑所有，或已歸日偽出資收購者，其產權均收歸中央政府，所有分別性質照下列辦法辦理：甲、與資源委員會所辦國營事業性質相關者，交該會接辦。乙、紡廠及其必需之附屬工廠交紡織業管理委員會接辦。丙、麵粉廠交糧食部接辦。丁、規模較小或不在甲、乙、丙三項範圍之內者，以公平價格標售。⑷敵偽產業之負債應就各該資產總值範圍以內分別清償，其欠日偽之負債應償還中央政府，並督促已接收之各工廠早日復工。河北平津區敵偽產業處理局及經濟部冀熱察綏區特派員辦公處制訂接收日偽產業有關法令及規定事項，南京第二歷史檔案館藏，檔號：五三六 202。又見北平市黨政接收委員會第三至第十次會議紀錄，南京第二歷史檔案館藏，檔號：五三七 96。

㊻　行政院河北平津區敵偽產業處理局審議委員會會議報告，南京第二歷史檔案館藏，檔號：五三六 17。

㊼　本處（特辦處）工作報告書，南京第二歷史檔案館藏，檔號：五三六 773。

㊽　李紹泌，〈國民政府劫收平津產業概況〉，《天津文史資料選輯》，第五輯（1979年10月），頁97～99。

㊾　河北平津區工礦事業復工督導委員會委員名單為：孫越崎、王翼臣、石

志仁、李捷、凌勉之、李金洲、郝中和、蔣士亦、顧毓琭、馮家錚、王
守泰、朱洪祖、秦子青、朱介圭、王仲宜、張永惠、王恆源、范濟川、
高韶亭、李錫武、王竹銘、曾昭掄、蘇履安、何連璧、周肇西、聶傳儒、
羅瑛、楊亦周、王崇植、趙處杰、張重一、侯德榜、李爾康、杜春宴、
奴南笙、蕭魯樞、陳全㴱、李公達、聶湯谷等三十九人。見河北平津區
敵偽產業處理局各項業務會議記錄，南京第二歷史檔案館藏，檔號：五
三六 763。

❺⓪　行政院河北平津區敵偽產業處理局工作簡況，南京第二歷史檔案館藏，
檔號：五三六 54。

❺❶　三十五年底為止，經處理局第二組處理所得款項如下：

單位：元

物 資 類 別	價　　　　值
日 用 品	7,351,233,000
工 業 器 材	5,677,045,962
藥 品 器 材	25,090,625
棉 紗 布 匹	23,754,778,048
糧食及資材	23,268,364,035
運 輸 器 材	2,520,914,403
雜 項 物 資	9,479,319,101
總　　　計	72,076,745,172

資料來源：行政院河北平津區敵偽產業處理局工作簡況，南京第二歷史檔
案館藏，檔號：五三六 54。

❺❷　高孝伯，〈天津紡織批發業的興衰〉，《天津文史資料選輯》，第四十九輯
（1990年1月），頁53。

❺❸　陸仰淵、方慶秋主編，《民國社會經濟史》（北京，中國經濟出版社，1991

年11月)，頁745。

(54) 張鵬，〈天津冶金工業史略〉，《天津文史資料選輯》，第五十一輯（1990年)，頁55。

(55) 行政院河北平津區敵偽產業處理局工作簡況，南京第二歷史檔案館藏，檔號：五三六 54。

(56) 杜建時，〈從接收天津到垮臺〉，《天津文史資料選輯》，第五輯（1979年10月)，頁47。

(57) 平津區敵偽產業處理局及經濟部冀熱察綏區特派員辦公處制訂接收日　偽產業有關法令及規定事項，南京第二歷史檔案館藏，檔號：五三六 202。

(58) 行政院河北平津區敵偽產業處理局工作簡況，南京第二歷史檔案館藏，檔號：五三六 54。

(59) 日本駐天津軍司令官多田駿於二十四年九月二十四日發表的〈日本對華基礎觀念〉，中國國民黨中央委員會黨史委員會，《中華民國重要史料初編——對日抗戰時期》，第六編，《傀儡政權㈡》，(臺北，民國七十年九月)，頁15～17。

(60) 戰後有鐵路十年計畫，華北方面並無新線經北平者，張公權，《抗戰前後中國鐵路建設的奮鬥》(傳記文學出版社，民國六十三年)，頁217。

(61) 交通部平津區特派員辦公處平津區交通事業接收總報告，頁1～3，南京第二歷史檔案館藏，檔號：一二七②696。

(62) 重慶《大公報》，民國三十五年六月十六日。

(63) 陸仰淵、方慶秋主編，《民國經濟史》(北京，中國經濟出版社，1991年11月)，頁681。

(64) 交通部，《交通部公路總局平津區接收工作總報告書》(交通部，民國三十六年)，頁1。

(65) 交通部平津區特派員辦公處平津區交通事業接收總報告，頁 146 ～ 147，南京第二歷史檔案館藏，檔號：一二七②696。

⑥ 陸仰淵、方慶秋,《民國社會經濟史》(北京,中國經濟出版社,1991年11月),頁682。

⑥ 交通部,《交通部公路總局平津區接收總報告書》(交通部,民國三十六年),頁2。

⑥ 仇潤喜主編,《天津郵政史料》,第四輯(北京,北京航空航天大學出版社,1992年1月),頁65。

⑥ 中國國民黨中央委員會黨史委員會,《中華民國重要史料初編──對日抗戰時期》,第七編,《戰後中國㈣》(臺北,民國七十年九月),頁17。

⑦ 交通部平津區特派員辦公處平津區交通事業接收總報告,頁2～3,南京第二歷史檔案館藏,檔號:一二七②696。

⑦ 同上。

⑦ 重慶《大公報》,民國三十五年六月十六日。

⑦ 交通部平津區特派員辦公處平津區交通事業接收總報告,頁20～23,南京第二歷史檔案館藏,檔號:一二七②696。

⑦ 同上。

⑦ 同上。

⑦ 交通部平津區特派員辦公處平津區交通事業接收總報告,頁50～57,南京第二歷史檔案館藏,檔號:一二七②696。

⑦ 同上,頁74～92。

⑦ 王洸,《中國交通概論》(臺北,正中書局,民國四十二年四月),頁107,108,111。

⑦ 河北郵政管理局案,天津市檔案館藏,全宗號:第一八一〇卷。

⑧ 交通部平津區特派員辦公處平津區交通事業接收總報告,頁171～175,南京第二歷史檔案館藏,檔號:一二七②696。

⑧ 仇潤喜主編,《天津郵政史料》,第四輯(北京,北京航空航天大學出版社,1992年1月),頁102～103。

㉒ 交通部平津區特派員辦公處平津區交通事業接收總報告,頁 155～156,
南京第二歷史檔案館藏,檔號:一二七②696。

㉓ 本處(特辦處)結束後工作簡報,南京第二歷史檔案館藏,檔號:五三
六760。

㉔ 邵毓麟,《勝利前後》(臺北,傳記文學出版社,民國五十六年九月),頁
76。

㉕ 李紹泌,〈國民政府劫收平津產業概況〉,《天津文史資料選輯》,第五輯
(1979年10月),頁83。何漢文,〈大劫收見聞〉,《全國文史資料選輯》,
第五十五輯,頁9。

㉖ 行政院社會部等單位制定接收處理敵偽機構物資財務規章辦法,北京市
檔案館藏,檔號:15/79。

㉗ 同上。

㉘ 天津《大公報》,民國三十四年十二月三日,第三版。

㉙ 張鵬,〈天津冶金工業史略〉,《天津文史資料選輯》,第五十一輯(1990
年7月),頁66。

㉚ 經濟部冀察熱綏區特辦處接收保管北京地區鋼鐵工有關文件,南京第二
歷史檔案館藏,檔號:五三六431。

㉛ 同上。

㉜ 辦公處(特辦處)接收平津區德孚洋行情形,南京第二歷史檔案館藏,
檔號:五三六456。

㉝ 中國國民黨中央委員會黨史委員會,《中華民國重要史料初編——對日
抗戰時期》,第七編,《戰後中國㈣》(臺北,民國七十年九月),頁31。

㉞ 本處(特辦處)工作報告書,南京第二歷史檔案館藏,檔號:五三六773。

㉟ 同上。

㊱ 同上。

㊲ 李洛之、聶湯谷,《天津的經濟地位》(經濟部冀察熱綏區特派員辦公處

結束辦事處駐津辦事分處，民國三十七年三月），頁360～361。

❾❽ 本處（特辦處）工作報告書，南京第二歷史檔案館藏，檔號：五三六 773。

❾❾ 李洛之、聶湯谷，《天津的經濟地位》（經濟部冀察熱綏區特派員辦公處
結束辦事處駐津辦事分處，民國三十七年三月），頁360～361。

⓿ 本處（特辦處）工作報告書，南京第二歷史檔案館藏，檔號：五三六 773。

⓿❶ 由敵偽接收的工礦業，其全部產值據鄭友揆估計，約為二十億美金。
Cheng Yu-Kwei, *Foreign Trade & Industrial Development* (Washington
D. C, The Univ, Press of Washington, 1956), p.163。

⓿❷ 中國國民黨中央委員會黨史委員會，《中華民國重要史料初編——對日
抗戰時期》，第七編，《戰後中國㈣》（臺北，民國七十年九月），頁46。

⓿❸ 本處（經濟部冀熱察綏區特派員辦公處）工作報告書，南京第二歷史檔
案館藏，檔號：五三六 773。

⓿❹ 六百七十八單位中，因：⑴原是國人產業，接收後即發還，無估計必要
（如久大、永利、啟新等）。⑵雖經接收，未及清點，即被其他機關接
管，無法估計（如第五補給區司令部接管之福壽藥廠、戰運局接管之大
同機器廠北平事務所等）。⑶僅接收賬冊文卷，別無任何資產（如隆成
公司礦業研究所、大青山炭礦株式會社北平事務所等）。⑷一部德產，
未及清點，且按規定應另案辦理（魯麟洋行、美記洋行等）。⑸由美軍
駐守，未能實際接收（如天津鐵工所等）等，僅估計五百五十六單位。
本處工作報告書，南京第二歷史檔案館藏，檔號：五三六 773。

⓿❺ 李紹泌，〈國民政府劫收平津產業概況〉，《天津文史資料選輯》，第五輯
（1979年10月），頁97～99。

⓿❻ 行政院河北平津區敵偽產業處理局工作簡況，南京第二歷史檔案館藏，
檔號：五三六 54。

⓿❼ 高孝伯，〈天津紡織批發業的興衰〉，《天津文史資料選輯》，第四十九輯
（1990年1月），頁53。

⑩ 張鵬，〈天津冶金工業史略〉，《天津文史資料選輯》，第五十一輯（1990年7月），頁55。

⑩ 行政院河北平津區敵偽產業處理局工作簡況，南京第二歷史檔案館藏，檔號：五三六54。

⑩ 孫越崎，〈我與資源委員會〉（上），《傳記文學》，第六十三卷，第五期（民國八十二年十一月），頁49。

⑪ 行政院河北平津區敵偽產業處理局工作簡況，南京第二歷史檔案館藏，檔號：五三六54。

⑫ 嚴仁穎，〈「七二八」十周年〉，天津《大公報》，民國三十六年七月二十八日，第三版。

⑬ 交通部平津區特派員辦公處平津區交通事業接收總報告，頁1，南京第二歷史檔案館藏，檔號：一二七②696。

⑭ 石志仁指出：「交通事業，不能一日間斷，本處自接收開始之日起，即一面接收，一面繼續維持業務，以是交通事業，未曾有片刻之停頓。在接收期間，凡不需要之機構，及不需用的日籍員工，均經陸續裁撤，日偽管理下之積弊，並經嚴予查禁，原有章制，其不合於國情者，亦經同時改訂，務希交通事業之接收與革新，同時並進。」天津《大公報》，三十五年六月一日，第二版。

⑮ 何應欽，《受降經過》，民國三十五年南京出版，錄自《日本在中國》（中華民國歷史文化出版社，民國六十二年七月七日），頁445。

⑯ 重慶《中央日報》，民國三十五年三月十六日。

⑰ 王健民，《中國共產黨史》，第三編（臺北，文化大學，民國七十年十二月），頁534。

⑱ 聞谷音，《中共之反受降行動之批判》（大公出版社，民國三十五年三月），頁39。

⑲ 三十六年華北地區鐵路之破壞與修復情形，如下頁表：

類別 路別	破壞軌道		破壞橋梁		破壞車站		修復軌道	修復橋樑	修復車站
	次數	公里	次數	座數	次數	所數	公里	座數	所數
膠濟	275	390	224	215	42	42	23	33	2
津浦	165	155	33	100	16	24	228	74	31
平漢	577	715	182	268	47	61	128	64	8
正太	24	9	4	10	29	29	9	10	
同蒲	36	75	5	4	22	16			
隴海	125	521	90	411	33	48	221	265	11
北寧	424	123	21	31	10	10	107	30	6
平綏	39	8	24	25	3	3	8	25	
平古	97	61	25	25	2	3	61	25	2
共計	1,763	2,057	608	1,089	204	236	930	630	60

資料來源：張奇英，〈三十六年中國經濟概況〉，《東方雜誌》，第四十四卷，第七
　　號（民國三十七年七月），頁2。許朗軒，〈三人會議商談經過概要〉，
　　《中國現代史專題研究報告》，第四輯，頁254～259。

⑳　余新民，〈天津工業之危機〉，天津《大公報》，民國三十七年八月四日，
　　第四版。

第四章　平津地區教育的接收

第一節　接收與復員工作的進行

一、高等教育的接收復員

㈠日本佔領期間的教育概況

　　抗戰前平津地區的教育甚為發達,日本佔領期間則有顯著的變化,許多大專院校遷往後方,日本將未隨政府遷往後方的學生合併,私立大專院校令其繼續上課;中小學部份採大區域歸併的原則,學校校數及學生數減少❶。以戰前及日本佔領期間平津地區各級學校數的比較,列表如下:

表4-1:　平津地區各級學校校數比較表

時期 \ 校別 地區	北 平			天 津		
	小　學	中　學	大　專	小　學	中　學	大　專
戰　前	290所	73所	15所	421所	54所	7所
日本佔領期間	212所	45所	7所	315所	37所	4所

備註:戰前資料為民國二十五年,日本佔領期間資料為民國三十一年。

　　教育政策與內容亦有所不同，許多人用「奴化教育」來形容日本統治時期的教育政策。日本在統治平津期間，採多種方式來消弭反日情緒，一是在學校教育方面，學校課程中均加了日語教學，且強迫學生學習，不斷的灌輸東亞共榮的觀念，將中小學學生都編入青少年團，灌輸打倒美英帝國主義、澈底剿滅共黨勢力、發揚東方文化及建立中日共榮體的觀念。學校中凡是反日的活動一律禁止，凡是反日的刊物亦一律禁絕，甚至圖書館中有關孫中山思想之類的書一律沒收。二是在華北方面軍特務機關長喜多誠一的指導下成立「新民會」（二十六年十二月二十四日），由王克敏❷擔任第一任會長，張燕卿❸為副會長。以發揚新民精神、團結東亞民族、建設世界新秩序等為標的。藉《新民報》、《新民周刊》等宣傳其理念，藉由各種活動達到壓抑反日情緒的目的❹。此與九一八事變後成立的「宣撫班」❺雖不同，但目的則一。三是在北京實施五次強化治安，藉此打擊反日份子的活動。

　　國民政府方面，為加強淪陷區學生的輔導，行政院於二十八年通過「淪陷區教育設施方案」，將全國淪陷區分為平、津、滬、漢等五十個教育指導區，設專員負責，以教育研究會、文化協會、青年服務社之名以為掩護，吸收未退出戰區的教職員。學生方面則成立讀書會，吸收大、中學肄業學生，並設立補習學校，收容失學青年。戰區指導會於二十八年五月成立，派專員徐治至天津組設天津戰區教育指導專員辦事處，計劃推動戰教工作，所有華北各戰教人員的交通、電訊、經費等均由該處轉遞。二十九年在平津地區成立許多教育會，三十一年五月徐治回部，由路蔭檉繼任為專員，改天津戰區教育指導專員辦事處為平津冀察戰區教育督導專員辦事處，三十二年增派張維民為天津主任督導員，耿樹瀛為北平主任督導員，另派郝任夫等為督導員協助推行戰教工作❻，使平津地區教育不致因淪陷而中斷，但因受到日

本刻意壓制反日運動的影響，成效不彰。

㈡教育復員的準備與實施

　　教育為百年大計，國民政府極重視戰後教育的復員工作，戰後教育接收與復員工作雖較其他部門單純，但亦是千頭萬緒，北大教授陳友松謂：

> 目前中國教育至少倒退了二十年，師荒在質量上均仍感覺嚴重，設備與內容既貧乏，又苦窳。精神與物質的糧食同樣在饑餓線上，士心惶惑，學潮澎湃，學生程度江河日下，學術空氣逐漸稀疏，國民道德崩潰，一切建設無從著手。❼

雖然戰後的高等教育並不如其所述者如此嚴重，政府亦有決心做好教育復員工作，但因歷經八年的戰亂，教育的問題的確相當複雜，如後方學校教職員生返校、收復區教育的接收與整理、抗戰期間失學失業青年的處理等問題，從事復員工作者的確有不知從何著手的感覺❽。但國民政府主席蔣介石則極重視戰後的復員工作，於民國三十四年九月二十日，在召宴出席全國教育善後復員會議人員時提到：

> 說到復員問題，差不多人人都想回老家，此亦人情。但各種復員在未有具體規畫以前，不應該隨意遷回。我個人意見，各校現有學生最好畢業後再回去，至少須有一年計畫，不可三心兩意，匆忙搬移。準備愈週愈好，政府不亟亟於還都，學校也不應亟亟於回去，亟亟必壞事，亟亟回去，破壞的還沒有恢復，反不如從前。……我要告訴諸位：今後國家建設西北和西南極為重要。在這廣大地區教育文化，必須發展提高，至少須有三、

四個極待充實的大學，且必須儘先充實。除確有歷史關係應遷回者外，我們必須注意西都的文化建設。戰時已建設之文化基礎，不能因戰勝復員一概帶走，而使此重要地區復歸於荒涼寂寞。❾

教育部長朱家驊亦認為：「教育上的復員不是就是復原，站在國家民族教育文化均衡發展的立場，我們對所有學校及文化機關應注意到地域上相當合理的平均分佈，以改變過去畸形狀態。」❿戰後的教育復員包括下列諸問題的考慮與解決：

1.高等教育學校設置地點的調整

民國以來我國的高等教育學府集中於南京、上海、北平、天津，如何趁各級學校復員的時機在地域上作一合理的分佈，使全國教育得到平衡的發展。

2.思想教育的加強

由於抗戰期間，中國大部份地區受日本的統治，對大專學生的影響隨統治時間的長短而有程度上的差別，但日本控制地區大學教育的重點與戰前國民政府的政策不同，國民政府自有必要加強思想教育。

3.遷校復校事宜

抗日戰爭發生後，大專院校或遷移至後方，或停辦，戰後高等教育復員的最終目的即是學生復校上課，除將遷移至後方的學校遷回原校上課，原在日本控制區被迫停辦及日偽所成立的學校，亦應一併導入正軌。

4.學校設備的修整與補充

抗戰期間許多學校被破壞嚴重，圖書儀器亦喪失殆盡，如何整修與補充俾使教學正常進行，為復員不可忽視的工作。

5.教職員生的安排

由於戰後大專院校學校數增加，如何聘請合格教師，並敦聘海外師資回國講學，以提高教育素質甚為重要。另外對於流亡學生及收復區教職員生資格的審訂，以使學生安心就學，亦為戰後復員工作的重點。

為達到接收與復員的目的，教育部的準備工作分三方進行，一是計畫的擬訂，二是接收機構的成立，三是接收人員及教育主管人員的任命。

首先就教育的復員計劃而言，戰後教育接收復員計畫，分為二個階段，一為三十四年六月所擬定的戰後教育復員計畫，二為三十四年九月二十日在南京舉行為期一週的戰後教育復員會議的決議。三十四年六月，教育部根據中央設計局初審意見，制定教育復員計畫，其中工作計畫共十八項，事別計畫十二項，對於戰後專科以上學校之設置及淪陷區學校遷回、戰後專科以上學校之接收及恢復、後方學校遷移辦法及經費之擬定、收復區敵偽教職員生之處理等均擬訂計畫⓫。但這項計劃以國立大學的遷移為主，如遷移經費的預算，北平方面以北大、清華二大學及北平師範學院、北平體育專科學校為主，天津方面以國立北洋大學為估計標準⓬。雖亦針對全國大專院校的分佈及改進提出全盤的檢討，然由於一方面缺乏實施細節，再方面計劃呈中央設計局不久戰爭即告結束。教育部長朱家驊於日本投降之次日（八月十五日），向收復區及光復區教育界廣播，告以暫維現狀，聽候接收⓭。八月十七日，頒佈「戰區各省市教育復員緊急辦理事項」十四條，請各省市政府轉飭教育廳局遵照辦理，其中較為重要者有：(1)各省市教育廳局即日辦理教育復員工作，並限期恢復各縣市教育局科。(2)應即派員接收敵偽各級教育文化機構，並調查公私古物文獻損失情形。(3)

應迅速清理各項教育款產，並籌措復員所需經費。⑷應令各級公私立學校及社教機關一律暫維現狀，不得停頓。⑸在收復區內辦理復員工作時，應洽商當地招訓及戰教人員協助進行❶。並於八月十九日再度呼籲收復區學校應照常上課等待復員❶。但接收與復員工作如何推展，教育復員計劃顯有所不足，而各方意見紛歧，教育部有見於此，為統籌收復區與光復區教育處理、後方區學校遷移等問題，乃有全國善後復員會議的召開。

　　三十四年八月二十七日，教育部教育計畫委員會召開會議，決定九月二十日舉行全國教育善後復員會議，並推黃炎培、傅斯年、羅家倫、王雲五、段錫朋、蔣復璁、瞿菊農、程天放、張道藩、楊芳齡、周均時、邱昌渭、任鴻雋、吳有訓、吳保豐、梅貽琦、章益、胡庶華、陳禮江、劉季洪、田培林與教育部部次長及各司司長等為籌備委員，黃如今司長為秘書。九月一日、十一日、十七日召開三次籌備會議，商討大會組織規程、審查規則、議事規則，及大會籌備委員會章程，秘書處組織規則，並將教育部交議草案慎重研究。大會秘書處於九月六日成立，由教育部長指定黃如今為秘書長，並指定隋星源、許育驊、黃德祿、薛天漢、丁顯曾、沈其達為秘書，積極籌備會議事宜❶。九月二十日，「全國教育善後復員會議」在重慶揭幕，由教育部各有關部門、各專科以上學校、各國立中等學校、各省市教育廳局、各教育學術機關推派代表，及由教育部聘專家四十人，共計參加者有一百九十一人❶，討論全國教育復員問題，會議為期一週。九月二十一日、二十二日進行分組審查，第一組關於內遷教育機關之復員問題，由陳立夫、梅貽琦、傅斯年、吳有訓、周鯁生為召集人，第二、三、四組合併審查收復區教育之復員與整理、臺灣區教育之整理、華僑教育之復員等問題，由黃炎培、陶玄、臧啟芳、張道藩等人任召集人，第五

組關於其他教育之復員問題，由黃季陸、莊澤宜、劉衡靜、王雲五、陳雪屏為召集人；九月二十四日舉行大會，九月二十六日下午舉行閉幕。此次會議共討論一百二十六個提案，與會人員均殫精竭慮熱烈發言，全國善後教育的各項問題均於會中提出討論，會議中雖有若干的爭議，會議的結果尚稱圓滿，得到若干的決議，其中較為重要者，如專科以上學校作合理之遷移與分佈；國立中等學校，分別交省辦理；籍隸收復區之教員繼續在後方七省學校服務，應設法予以鼓勵；戰時服務後方籍隸戰區之教育人員無力還鄉者，政府應設法予以資助；收復區各級學校之教員應予甄審，中等以上學校戰時服役學生應予以復學與轉學之便利，失學青年繼續予以救濟等⓲。上述決議與六月所擬的復員計劃內容相差無幾。

　　其次就接收復員機構的成立言，中央派赴平津地區接收的主要機構為教育部平津區特派員辦公處，復員安排機構則有「青年復學就業輔導委員會」及臨時大學補習班等；地方教育的接收與復員則委由北平市、天津市政府教育局處理。教育部平津區特派員辦公處於三十四年九月二十八日在北平成立，由沈兼士為特派員⓳，派英千里、張懷、黃洗凡、王任遠、鄧以蟄、徐侍峰、郝任夫、鄭天挺等為委員⓴。

　　第三為接收人員及平津地區教育主管的安排方面，教育部除任沈兼士為平津區教育特派員外，並派任英千里為北平市教育局長，黃鈺生為天津市教育局長，各校校長人選亦相繼任命。見下頁表4-2。

表4-2：戰後平津地區高等院校校長一覽表

學校及單位名	地點	校長	籍貫	學歷	重要經歷	任職時間
國立北京大學	北平	傅斯年 胡　適	山東聊城 安徽績溪	留英、德 留美	十八年任教北大 六年任教北大	三十四年九月暫代 三十五年九月回國就任
國立清華大學	北平	梅貽琦	天津	留　德	十一年任教清大	二十年任校長，三五年五月再任
私立燕京大學	北平	孔祥熙 陸志韋	山西太谷 浙江吳興	留　美 留　美	燕大董事 十六年任教燕大	三十一年至三十五年 二十三年任校長，三十六年再任
私立輔仁大學	北平	陳　垣	廣東新會	醫學院	任教北大、燕大	三十七年任校長
私立中法大學	北平	李麟玉	天　津	留　法	十八年任教中法大學	
北平師範學院	北平	黎錦熙 袁敦禮	湖南湘潭 河北徐水	秀　才 留　美	曾任教北京高等師範 十六年任教務長	三十四年八月任院長 三十五年三月任院長，八月就任
鐵道管理學院	北平	徐佩琨	江蘇蘇州	留　美	任教交大管理學院	三十五年春復校，任為院長
私立朝陽學院	北平	居正	湖北廣濟	留　日	首任校長	三十五年一月復員
華北文法學院	北平	王捷三	陝西韓城	留英、美	任陝西省教育廳長	
協和醫學院	北平	李宗恩	江西武進	留　英	十五年任教協和	三十一年停辦，三十六年秋復員
私立中國大學	北平	王正廷	浙江奉化	留　美	創辦人	三十四年九月復員
北平市立體專	北平	張神泉		軍　校	參與復員規畫	三十四年十一月復員
北平藝術專校	北平	徐悲鴻	江蘇宜興	留日、德	八年任北平藝專院長	三十五年八月復員，任為校長
國立南開大學	天津	張伯苓	天　津	留　美	八年創南開大學	三十五年改為國立，任校長
私立北洋大學	天津	金問洙 張含英	浙江平湖 山東菏澤	留　美	曾任教育部專門委員 北洋大學轉北大就讀	三十五年至三十六年任校長 三十六年任校長
國立國術體育師範學院	天津	張之江	河北鹽山	軍　校	創校校長	三十五年復員任校長
河北省工學院	天津	路蔭稘			二十五年任主任秘書	
河北省立女子師範學院	天津	齊國樑		留　美	十九年為該校院長	三十五年六月回津任職
河北省立水產專科學校	天津	張元第			淪陷前任該校校長	三十五年七月任職
私立天津達仁工學院	天津	沈　克		留　美	該校董事	三十五年十月就職
私立天津工商學院	天津	劉迺仁	河北深縣	神學院	二十二年至該校服務 三十一年任商學院長	

資料來源：綜合教育部教育年鑑編寫組編，《第二次中國教育年鑑》，第二冊（商務印書館，民國三十七年二月），頁212～213；徐友春主編，《民國人物大辭典》（河北人民出版社，1991年5月）。

校長為學校的領導人物，具有穩定人事的作用，從平津地區二十一所大專院校二十五位校長的學經歷而言，籍貫為平津地區者七位，佔百分之二十八，其他省籍者十四位，佔百分之五十六，不詳者四位，佔百分之十六；與平津地區各校有淵源者二十一位，佔百分之八十四，無淵源者四位，僅佔百分之十六。有些為戰前之校長，如河北省立水產專科學校校長張元第、國立南開大學校長張伯苓、河北省立女子學校校長齊國樑、國立國術體育專校校長張之江等。有些曾任教於該校，如北大胡適、清大梅貽琦、輔大陳垣、中法大學李麟玉、私立天津工商學院院長劉迺仁等。從而得知，雖然教育部不以籍貫為任命校長時的標準，但戰後為穩定各校的發展，校長人選與該校是否有淵源為重要的考量因素。因此戰後學校復員期間並未出現學生對於校長人選的反彈聲浪。

(三)平津區教職員生的安排

校長及教育局長人選確定後，對原在平津地區的教職員生亦作安排，對敵偽教職員生之處理，依據教育部所頒「收復區專科以上學校教職員處理法」及「收復區中等以上學校學生甄審辦法」辦理，收復區敵偽專科以上學校，及私立專科以上學校教職員，由教育部先作詳盡之調查，並加以審核，凡附逆有據的教職員均不予續任。對於任職日偽學校教職員的處理，曾引起若干爭議，三十五年春，北平文教界知名人士，曾上書國民政府為所謂「文化漢奸」周作人等緩頰，其所持的理由是，周任北大文學院長時，替圖書館存進不少善本珍籍。前來接收的人員中遂有主張其所為乃迫於戰爭中不得已之作為，可以原諒；但有人主張教授應有起碼的民族氣節，而周曾擔任過日偽教育總署督辦，不能原諒❹。北大代理校長傅斯年強烈主張不能原諒，甚至連低階教職員也不行，他給夫人俞大綵的信中說：

而北平方面又弄得很糟，大批偽教職員進來，這是暑假後北大恢復的大障礙，我決心掃蕩之，決不為北大留此劣跡。實在說這樣局面下，胡先生辦遠不如我，我在這幾個月給他打平天下，他好辦下去。㉒

三十五年七月十七日他寫信給謝冠生抗議偽北大校長鮑鑑清獲判無罪，並主張「文化漢奸錢逆稻蓀應調重審訊」㉓。國民參政員呂雲章亦反對「漢奸任職教育界」，他在三十六年第四屆第三次大會時提出：「在敵偽工作的大漢奸固然逮捕了些，但一般小漢奸仍逍遙法外，在機關內工作，就很不應該，而仍有些充當中小學校長。」㉔雖有人反對「偽校」教職員留在原校任職，教育部最後規定敵偽教育行政人員由教育部訂定甄審辦法，經甄審合格後方准繼續服務。

對敵偽專科以上畢業及肄業學生之資格則分南京、上海、武漢、廣州、杭州、平津等六區舉行甄審。教育部部長朱家驊亦深知淪陷區偽學校教職員生資格問題不易處理㉕，為實施甄審事宜，由教育部設置收復區專科以上學校學生資格甄審委員會，聘派大學校長、教授、其他專家及教育部人員若干人為委員，籌劃並主持收復區敵偽專科以上學校學生資格甄審事宜。對學生之甄審，分為畢業及肄業生兩部份辦理，畢業生甄審合格者，由教育部集中三至六個月訓練後始發給證明，並規定收復區敵偽專科以上學校學生資格之甄審應於抗戰後一年內舉行㉖。此外，於北平、上海、南京、武漢、廣州、青島、瀋陽等七處，先後設立七個臨時大學補習班，收容敵偽專科以上學校肄業學生，予以補充訓練，並藉以進行甄審㉗。九月底派陳雪屏為北平臨時補習班主任㉘，其任務是將敵偽時代各院校的肄業學生予以收容訓練，並加甄審。陳雪屏主持下的大學預備班，由其擔任總主任，鄭毅生為

總務長，張富歲為教導長，下設八分班：⑴北大二院，陳雪屏為主任；⑵北大一院，鄭毅生為班主任，聘俞平伯、鄭因百、容庚白、孫楷第、徐祖正、李九達、紀鶴軒、吳葉筠、劉盼遂、許士瑛等為教授；⑶北大三院，張佛泉任主任；⑷朝大、前農學院，張富歲兼班主任；⑸端王府、平大工院，張富歲兼；⑹西什庫、平大醫院、協和，由馬文昭任主任；⑺廠甸師大，湯茂如任主任，梁啟雄任國文系主任❷；第八分班不詳。

　　對於收復區青年輔導方面，行政院於民國三十四年十一月十九日核准青年復學就業輔導委員會工作實施辦法，十二月三日核准青年復學就業輔導委員會組織規程，並於三十五年一月將「戰地失學失業青年招致訓練委員會」和「戰區教育指導委員會」合併改組為「青年復學就業輔導委員會」，主持全國流亡失學失業青年之救濟及輔導復學就業工作。該會組織除主任委員一人，由教育部朱部長兼任外，副主任委員二人，由主任委員就委員中聘國民參政員甘家馨及三民主義青年團中央團部組織處處長倪文亞擔任，其餘委員十八位，大部份由有關機關如中央組織部、三民主義青年團、中央團部、中央訓練委員會、軍政部、軍訓部、政治部、經濟部、交通部、農林部、社會部、僑務委員會、善後救濟總署等單位指派擔任。為準備將此項工作逐漸移交地方教育機關辦理起見，於各省市設立青年復學就業輔導處分擔任務，協助地方教育之復員。北平辦事處於民國三十四年十一月成立，於三十五年五月改為北平輔導處，由曹敏擔任輔導處的負責人；天津輔導處於民國三十五年元月成立，王任遠為處長。並於各重要地點籌設中學進修班、職業訓練班及師資訓練所，如天津中學進修班、北平中學進修班、天津職業訓練班、北平師資訓練所等❸。其處理原則首為輔導就學，戰時服役學生，凡專科以上學生依從軍辦法或征調充任譯員

辦法，參與戰事者，戰後應准予復學，如有特殊原因擬轉他校者，應優先收錄。北平、天津輔導處輔導轉學、復學、就業亦頗有成果。

　　㈣各校接收復員情形

　　由於在日本佔領期間，大部份的大專院校均遷往後方區，加以文教機構資材不若經濟或交通等部門之資材可變賣圖利，因此接收過程雖亦有若干問題，如少數學校被軍政單位佔用、資產發生移轉糾紛等，但接收人員貪污事件甚少❸，接收過程尚稱順遂。平津區特派員辦公處成立後依據教育部教育復員輔導委員會暫行辦法組織接收委員會，凡屬於敵偽中央之各校及文化機關，均由教育部平津區特派員辦公處接收，其屬省或縣市之學校及文化機關均劃歸省市政府接收。然在教育部派員前往平津區接收的同時，後方各校亦派人前往各校接收。三十四年十月南開大學呈教育部擬派該校教授張彭春前往接收校產。十月十七日，北大教務長鄭天挺奉北大之命赴北平接收北大校舍並籌備復員事宜。十月三十一日，西南聯大經濟系兼商學系主任陳聰被委派接收清華大學。如此一來教育部派的接收人員與各校派的接收人員職責衝突。以北大言，北大委派鄭天挺負責，教育部派陳雪屏至北大接收，造成一校兩接的情形，復員亦復如此。鄭天挺談到此，頗感無奈：

　　　　學校派我北上籌備復員，教育部也組織了一個平津區教育復員輔導委員會，由沈兼士領導，約我也參加。原來這個委員會都是各部門的代表，每校一人，後來又加入一些我不認識的人，教育部只是要我們到重慶見一下面，並不管如何到北方展開工作，那時交通工具異常緊張，幾番候機，到處託人，三十四年十一月才抵北平。北平性質與我們在昆明想像不同，這時北平各大學正在上課，不能接收。教育部接收政策一變，把這些繼

續上課的大學當作補習班，派陳雪屏為北平臨時補習班主任，舊北大先由補習班接管，原校人員亦大都未動。㉜

雖如此，但教育部平津區特派員辦公處乃為大專院校的接收統籌單位，在其統籌下，自三十四年十月五日開始接收，至三十五年二月十日止，共接收八十五單位，房屋六千七百間，又接收北京大學校長辦公室、北京大學各學院、國立藝術專科學校、國立華北法政學院等全部校舍，及西城第二日本國民學校洋樓七座，城北日本國民學院洋樓七座；又接收各級學校及文化機關家具十萬二千三百八十三件，圖書三萬八千七百餘冊，儀器五萬七千四百餘件㉝，已達預定接收機關百分之九十。

　　至於教育的復員約分成兩部份：一是將淪陷區遷出的學校搬回家，二是廣大淪陷區各級教育的恢復、整頓與淨化㉞。關於教育復員應從何時開始，當時亦頗費斟酌，教育部朱部長深感復員工作繁重，曾擬以各校在收復區的校舍整理情形為標準，分期遷移，以免課業損失及人力、物力上的浪費。但一般人在敵人投降之初，均希望儘早復員，無心於原校上課，雖然教育部令遷移各校於三十五年五月結束上學期課程，三十五年九月復員完竣。但各校自三十四年八月後即以準備遷移為要務，以北大、南開、清大合組的西南聯大為例，於三十四年八月二十三日決議設立聯合遷移委員會，委員有鄭天挺、黃鈺生、查良釗、陳總、施嘉煬等，後又加聘李繼侗等人為委員，決定遷移事宜㉟。三十五年五月後各校紛紛進行復員工作。結束後方的課程及教職員生返回平津區交通的安排為復員的首要任務，其次為各校公物的運送問題。清大、北大、南開等校合組的西南聯合大學為此由總務處成立小組負責處理，三十五年六月十九日，由梅貽琦會同三校代表，與承運商裕和企業公司簽訂合同，限三個半月內運抵平津，這一批圖書儀器

物品在八月底順利運到平津。但當時待運公物仍多，經費已經透支，後來教育部又於三十五年七月二十五日增撥復員旅費四億元，困境稍解。直至三十五年十月，約有三分之一公物運回平津，三十六年七月最後一批公物抵達平津後，三校的北遷任務才告完成❸。

　　自七七事變後，全國大專院校產生若干的變遷，平津地區二十一所大專院校變遷如下二表：

表4-3：北平地區專科以上學校變遷一覽表

學校名稱 ＼ 變遷概況	創校沿革及戰前發展	遷移後方情形	日本佔據平津情形	勝利後復員情形
國立北京大學	清光緒三十年成立京師大學堂成立，民國元年命改京師大學堂為北京大學，十七年改京師大學校為國立中華大學，再改為國立北京大學，十八年二月稱北京大學院，八月又恢復國立北京大學原名。抗戰前校長為蔣夢麟，學生約三千人。	平津淪陷後遷長沙，再遷昆明，與清華大學、南開大學合併為西南聯大。	日本在原地設北京大學，校長鮑鑑清，共有教職員一二一二人，肄業學生二三四○人，歷屆畢業生三二二一四人。	勝利後以胡適任校長，三十四年五月西南聯大舉行結業，三十五年八月正式遷回北平。教職員一三四○人，三十六年第一學期學生為三四七八人。
國立清華大學	原為一留美預備學校，民國十七年八月改為大學，以羅家倫為首任校長，二十年校長為梅貽琦。戰前在學學生約二千名。	平津淪陷後遷長沙，再遷昆明，與清華大學、南開大學合組西南聯合大學。	日本佔領期間校舍遭軍隊佔據，設備被掠取一空。	三十四年十一月接收，三十五年七月，開始興修，三十六年學生約三千餘人，校長由梅貽琦擔任。
國立北平藝術專科學校	民國七年四月在北平成立美術專科學校，十四年八月改為藝術專科學校，十七年改為藝術學院隸屬北京大學，十九年春教育部令改為藝術專科學校。	七七事變後遷至沅陵，二十七年春與杭州藝專合併為國立藝術專科學校，二十八年遷至昆明，三十二年遷至重慶。	淪陷後的偽教育總署將該校改為國立北京藝術專科學校。任王頡士為校長，共有教職員二七一人，肄業二○七人。	勝利初教育部派陳雪屏接收，三十五年八月一日正式復員，派徐悲鴻為校長，學校教職員約一五○人。
國立北平鐵道管理學院	宣統元年七月創辦鐵道管理傳習所於北京，民國五年十二月改組為鐵道管理學校，十年七月與郵電管理學校合併為交通大學北京分校，十八年七月改為交通大學北平鐵道管理學院。以徐承燠為院長。	二十七年，奉命遷至湘潭，暫與交通大學及唐山學院合併上課。三十一年與唐山工學院合稱國立交通大學貴州分校，三十三年遷至四川。	日本佔據後停辦。	三十五年春，奉令復校，改稱為北平鐵道管理學院。院長為徐珮琨，教職員數一二三人，學生人數三十六年第一學期大學生約三百人。

表4-3： 北平地區專科以上學校變遷一覽表 （續）

國立師範學院	清光緒三十年成立京師大學堂優級師範科，後改為學堂，民國元年改為北京高等師範學校，十二月七日成立國立北京師範大學，十七年十一月，國立北平大學成立，改稱該校為第一師範大學，十八年改為國立北平師範大學，校長李蒸。	抗戰後遷移後方，與國立北平大學、國立北洋大學工學院，及河北省立女子師範學院之一部，在西安合組為國立西安臨時大學，後遷漢中，改稱國立西北聯合大學。	敵偽繼續辦理校務，校長為張爾康，共有教職員五三七人，肄業學生一二七一人，歷屆畢業生一二六三人。	勝利後要求改為師大不成，三十五年三月，教育部令於北平成立北平師範學院，八月正式招生。院長為袁敦禮，教職員三八〇人，學生數為一六一二人。
私立朝陽學院	民國四年五月成立於北平。	七七事變後遷沙市，再遷成都，三遷重慶。	停辦。	三十五年二月復員回平繼續開學。
私立華北文法學院	民國十一年六月成立於北平，創辦人為蔡元培。	七七事變後，遷湖廣會館繼續上課。	日兵強佔該校，設備摧毀無遺。	三十四年秋，校舍全部發還，李宗仁為董事長，王捷三為院長。
私立北平協和醫學院	民國四年定名為協和醫科大學，八年改為協和醫學院。	未遷移至後方，三十一年停辦。		三十六年秋復校。
私立中國大學	初名國民大學，民國元年由孫中山先生倡辦，二年四月宋教仁為校長，六年稱中國大學。	未遷移至後方，繼續招生，但不受敵偽資助。	平津淪陷後該校繼續招生。	勝利後復員，校長為王正廷，學生數三一四一人，教職員為一九二人。
私立燕京大學	由協和大學及匯文大學合組，於民國八年成立於北京，十五年遷至北平西郊新校舍，直至十六春始獲得教育部認可，經費由基督教會各團體籌募，三十年日軍逮捕辦人司徒雷登。	抗戰後，因該校為教會學校未被破壞，三十年太平洋戰事發生後學生陸續遷移至成都。北平燕京大學被迫停辦。	初未停辦，三十年後始停辦。	三十四年十月十日，該校創辦人司徒雷登委員進行復校，三十五年自成都遷平，三十六年教職員生約一千餘人。
私立輔仁大學	民國十年羅馬教士來華成立公教大學，後更名在北平成立輔仁社，後更名為輔仁大學。十六年成立，二十六年三月擴建。抗戰前學生約一千五百人。	未遷移。	抗戰後因為教會學校未被破壞。	抗戰後有教職員二五九人，三十六年學生二三八五人，校長為陳垣。
私立中法大學	民國九年成立於北平，為法文預備學校改組而成，十三年成立孔德學院，十五年經教部核准立案，歷任校長蔡元培、李書華、李玉麟。	二十八年後陸續遷至昆明。	其校舍被迫作為北京大學法學院。	三十四年八月收回校產，三十五年夏，由昆明遷回北平。校長為李玉麟，三十六年學生數為四九五人。
北平市立體育專科學校	民國二十三年九月創立於北平。歷任校長為許禹生、李洲、張神泉。	未遷移。	敵偽接辦，後因學生參加抗戰工作，被迫改為日本國民學校。	三十四年十一月，接收體專校舍，十二月復學，學生一百人。

表4-4：天津地區專科以上學校變遷一覽表

學校名稱 ＼ 變遷概況	創校沿革及戰前發展	遷移後方情形	日本佔據平津情形	勝利後復員情形
國立南開大學	民國七年由張伯苓、嚴範蓀發起創辦南開大學，十四年教部核准立案，二十六年七七事變發生，木齋圖書館與思源堂及校舍被敵機炸燬，損失慘重。	事變後，奉令遷往長沙，改名長沙臨時大學，二十七年遷昆明與清大、北大聯合，改稱西南聯合大學。	停辦。	勝利後派伉乃如赴津成立復校籌備處，三十五年一月收回八里臺校舍，五月改為國立，張伯苓仍任校長。
國立北洋大學	該校原為清之北洋大學堂，光緒二十一年設立，經費由津海關解部庫款遷行撥交，延聘美籍名教育家丁嘉立博士為總教習。初名天津大學堂，義和團事變發生學校校舍被破壞。光緒二十八年，清政府將天津西沽武庫全址及所有房屋，撥作大學堂校舍，至是正名為北洋大學堂，丁嘉立利用庚子賠款擴建。辛亥革命後，改名為北洋大學，民國十七年改稱為北洋工學院，茅以昇為院長。二十一年任王書田為院長。	二十六年秋，抗戰軍興，天津淪陷，奉令遷陝與北平師範大學合組國立西安臨時大學。三十四年春，教部准北洋大學於西安籌創分校。		三十四年八月日本投降後，教育部核准復校，三十五年春教育部聘王寵惠、王正廷、陳立夫、李石曾、凌鴻勳、茅以昇為籌備委員，並於五月任茅以昇為校長，先由教務長金問洙暫代，十一月六日正式上課。三十六年第一學期學生數為一一九二人。教職員為二五人。
國立國術體育師範專科學校	民國二十二年春，由張之江呈請國民政府核准成立，定名為中央國術體育傳習所，旋改為中央國術體育專科學校。抗戰前學生人數約二百人。	抗戰軍興，隨政府西遷抵長沙，改為國立國術體育專科學校，二十九年冬奉命再遷四川，三十一年改為國立國術體育專校。		三十四年十月奉准在天津復校，三十五年復員完竣。三十六年第一學期學生為二四六人。
河北省立工學院	原為清之北洋工藝學堂，光緒三十年改為直隸高等工業學堂，三十四年遷入現址，奠定基礎，民國元年稱為直隸公立工業專門學校，十七年改為河北省立工業專門學校，十八年升格為學院。魏元光為院長，二十五年，魏兼南京中央工職專校校長，院務由路蔭程代。	未遷移。	七七事變後該校被炸，設備蕩然，後該院又被敵寇佔作陸軍病院分院，改為華北野戰兵器廠天津分廠修理所，家具圖書儀器劫掠一空。	抗戰勝利後該校奉令復員，首將分院接收，恢復電機機械工廠及理化試驗室圖書館等，又修築教室、宿舍，三十六年十月正式開學。教職員九十名，三十六年度學生共二三一人。

表4-4：天津地區專科以上學校變遷一覽表（續）

河北省立女子師範學院	最早的名稱是北洋女子師範學堂，於光緒三十二年由總理天津女學事務傅增湘創辦成立；民國元年改稱北洋女子師範學校，八月委任李家桐為校長，二年五月改為省立，名為直隸女子師範學校，十七年改稱河北省立第一	二十六年八月，天津淪陷，該校被炸，院長齊國樑率員生遷移後方，與西安臨時學合辦，旋遷城固改為西北聯合大學。後又分為西北大學及西北工、醫、農師範等。		三十四年八月抗戰勝利後河北省政府復員回省，教育廳於十一月間派該院前庶務主任李蔭珂為接收員，接收該校產，三十五年九月正式復員。教職員六十名。
河北省立水產專科學校	該校創於清宣統二年，民國元年建築校舍於天津種植園，民國三年定名為省立甲種水產專科學校。至十八年正式成立為河北省立水產專科學校，十八年至二十六年畢業學生約四百人。抗戰前學生一二五人。抗戰前校長張元第。	未遷移。	停辦，設備被破壞殆盡。	勝利後為改進漁業，令派前校長張元第於三十五年一月籌備復校，因校舍被憲甲兵教練總所保養廠佔用，未能接收，暫借河北省立師範學校一部份校舍權作校址。三十六年學生一四二人。
私立天津達仁商學院	該院為淪陷期間為掩護地下工作與執行反奴化教育而設，民國二十八年夏，由南開大學經濟研究所留津人員袁賢能等及教育部派駐天津代表徐治共同創校，三十一年二次被封。	日本佔領期間始開辦未遷移。	二次被查封，教務長袁賢能三次被捕。	三十五年十月間，該院校董事會改組，董事長沈克，院務由袁賢能主持，三十六年招生，教職員三十人，學生一九九名。
私立天津工商學院	民國十二年成立預科，二十二年正式立案為天津工商學院，三十二年設文學院。	未遷移。	繼續招生。	三十四年增家政與史地系，三十五年教職員生約一千餘人。

　　由上二表得知，由於各校發展迥異，戰後復員進度亦不一[37]。抗戰期間約可分為三類，一是遷移後方，而平津地區仍繼續招生上課者，如北京大學、國立北平藝術專科學校、國立師範學院等。此類學校的接收工作由特派員沈兼士，會同各校之校長辦理，教職員大部份予以遣散，學生則依甄審制度辦理，後方學校停課後，教職員生紛紛返回平津區，北大、師範學院於三十五年八月復員，北大於三十四年十月十日正式在北平開學，學生約三千多人，其中原西南聯大七百零九人，北平臨時大學學生一千五百六十二人，其他為復員分發入學者，原北大僅有文、理、法三學院，復員後增設醫、工、農三學院，共計六學

院。藝術專科學校由陳雪屏接收，三十五年八月開學。二是遷移後方，原校停辦者，如清大、國立北平鐵道學院、私立朝陽學院、私立華文法學院、私立中法大學、國立南開大學、國立北洋大學、國立國術體育師範專科學校、河北省立女子師範學院等。此類學校由於設備被破壞嚴重，加以後方交通難以配合，復員速度緩慢，大部份於三十五年秋天始相繼開學，但因設備破壞嚴重，許多尚未修復完竣，校舍及教室又普遍不足，只得因陋就簡。三是未遷移仍繼續在平津地區上課者，如私立北平協和醫學院、私立中國學院、私立燕京大學、私立輔仁大學、北平市市立體育專科學校、河北省立工學院、私立天津達仁學院、河北省立水產科學校、私立天津工商學院等，此類學校中如北平協和醫學院、燕京大學等於抗戰結束前即被迫停辦。未被停辦者如輔仁大學，未遭嚴重破壞，復員較順利❸。教育部戰後復員的目標，本擬對全國學校全盤調整，然因平津地區專科以上學校，比其他地區為多，因此戰後並未增加。北平地區言，三十六年止，專科以上學校有十三所，天津有八所，均為戰前所設置，或遷回或復校，並無新增的大學。抗戰前平津地區在學的大專院校學生約一萬三千人，抗戰後以三十六年度計算學生人數約一萬五千人。抗戰前後平津地區之大專院校不論是校數與學生人數變動不大，雖然北大復員後增添許多學院，但整體言，戰後平津地區高等教育的復員實際上僅可說是「復原」而已。

二、中小學的接收

㈠平津地區中小學的接收與復員

　　二十六年七月平津地區為日本所佔據，教育部為保存國家元氣，鼓勵中學員生內遷，但因地方經費有限，中學內遷有事實上的困難，遷移的員生有限，大部份中學的教職員生仍留在平津地區。然仍有部

份員生隨軍隊內遷。教育部為安置內遷之員生，於重慶設立約五十所的國立中等學校，最先在安置時，盡量以籍貫區分，其中第一中學以平津地區及河北省之員生為主，但其後保持區域性實亦有窒礙難行之處，至三十四年止，國立第一中學學生為河北及平津地區者僅約三分之一而已，勝利後自不能如大專院校一樣由後方遷回北平或天津，因此教育部乃將中學的接收與復員工作責由省市政府辦理❸。大致而言，戰後平津地區的中學復員工作與大專院校的復員並無太大的區別，約分為幾個重要步驟，首先進行調查工作，並令原校負責人整理造冊；其次由北平市及天津市政府教育局長指定接收人員（大部份為新任校長）前往接收；最後為各校復員工作的進行。

　　平津地區中小學的接收工作自三十四年十月九日後相繼展開，北平市方面，由教育局長英千里接收北京特別市教育局，派劉永長接收北平市立師範學校，佟紹宗、丁德勛、關正禮、孫芳苓、李晙蔚、邢翰臣、邵曉琴等接收北平市市立第一至第七中學，德玉珍、盛代儒、夏聯芳等接收北平市市立第一至第三女子中學，李慶深、蕭述宗、趙文聚等接收北平市市立工商學校，其他中小學由新任的校長前往接收。天津市方面，由教育局長黃鈺生接收天津市教育局，黃德仁等接收天津市立各中學。接收過程雖遇若干問題，如辦公處不敷應用，又被租用，市立中學有十三處，其中六處租用民房，市立小學一百二十四處，租用民房者計六十七處，民眾學校三十四處，租用民房十九處❹。又有許多學校為軍警單位所佔用，如北京日本中學被空軍北平修械廠等部隊佔據、日本西城第一國民學校、日本第二高等女學校為中央警官學校特種警察北平訓練班佔據、日本航空青年學校被當作飛機場、北京幼稚園為國民新報社佔用、日本東城第一、第二國民學校為第九十二軍砲兵營佔用、日本商業學校及日本城南國民學校分別為第九十二

軍二十一師、一四二師等佔用❹。但大部份於三十四年底均已接收完
竣，少數學校亦於三十五年一月完成接收程序。計接收中學部份，包
括高級暨初級中學、職業學校及師範學校，北平區四十五所，天津區
三十九所，共八十四所；小學部份，北平市接收吉祥小學七十五所，
簡易小學、民眾小學及幼稚園七十一所，共一百四十六所。

　　平津地區中小學的復員方面，從學校及學生的數據而言，中學學
校數目，戰前北平市之中等學校，包括高級及初級中學共有五十八所，
職業學校十四所，師範學校一所；戰時中學方面，續辦者二十九所，
新辦者五所，計三十四所，並作調整，將私立華北、鏡湖、育英、匯
文、崇實等五校改為市立男中，私立幼稚師範及貝滿、慕貞、崇慈等
校改為市立女中，河北省立高中劃歸市立；職業學校續辦者四所，新
辦者七所，計十一所，並將河北省立女職改歸市立。戰後學校校數則
逐漸增加，如下表❷：

表4-5：北平、天津市抗戰前後中等學校校數統計表

學校類別 ＼ 時期市別	戰　前		抗戰期間		戰　後	
	北平市	天津市	北平市	天津市	北平市	天津市
高級暨初級中學	48	41	34	31	54	4
師　範　學　校	1	2		1	1	3
職　業　學　校	14	11	11	5	7	1
總　　　　計	63	54	45	37	62	8

戰後不但學校校數增加，學生數目亦增加，據三十五年六月統計，北平市高中生九千三百九十四人，初中生一萬九千四百零三人，職業學校學生約一千五百人，合計約三萬人。天津市高中生六千九百九十一人，初中生一萬五千一百九十三人，職業學校學生一千五百七十六人，合計二萬二千六百六十人，均較戰前增加。

　　小學方面，戰前北平市市立小學九十五所，學生人數約四萬餘人，私立及簡易小學約九十所，學生約二萬餘人。日本侵佔平津區後，首將地安、門內等四所簡易小學升等為完全小學，嗣於三十一年接收美國教會學校十六所改為市立，三十四年八月初，改全市簡易小學為普通小學，然失學兒童則增多。戰後為解決失學兒童的問題，增加許多學校，續辦之市立各級小學俟三十五年完成保甲編制後即依部訂辦法改為中心國民學校或國民學校，另增設中心學校及幼稚園五十六所；至三十五年六月止，計有市立小學一百二十五所，學生四萬五千一百二十八人；私立小學八十六所，學生人數二萬八千零九十一人；簡易小學五十八所，六千五百六十六人，計二百六十九所，學生人數為七萬九千七百八十五人❸。戰後中小學復員工作於三十五年底大致完竣，被軍政單位借用之學校，如北平日本城南國民學校、日本第二高等女子學校、日本東城第一國民學校等相繼向國軍第九十二軍一四二師等索回❹。各級學校師資的培訓，按原定指標進行❺。在經費困難下，三十五年北平市編列八千萬元作為添購圖書、儀器及整修之用。但師資的嚴重不足則為中小學復員的一大隱憂。吳自強在三十七年發表一篇〈今日中學教育的危機〉中談到：

　　　　今日一個中學教師，其每月收入，比不上銀行或其他國營事業機關一個工友，因此社會上充滿了「萬般皆上品唯有讀書低」

的空氣，一部份好教員都逼走了，改行了，在嚴重「師荒」之下，辦教育的人，當然只有降格以求，而不能依著部令從嚴選擇教師。❹

此外加強社會教育亦是復員工作的重點❹，北平市市長熊斌雖積極籌辦社會教育工作，計恢復公共設施、市立第一民眾教育館及市立體育場，增設圖書館分館五所、公共體育館及游泳池各一、閱報處二十四所、電化教育服務處四所、兒童影劇院一處、科學館一所等公共設施。擴大市立圖書館及市立民眾教育館的人員編制，增加預算、添增設備，使社會教育更加完善。天津市戰前民眾教育館二所，圖書館二處，閱報處十三所，抗戰期間圖書設備被竊，圖書館僅存一處，戰後除恢復圖書館兩處外，於三十五年設立科學館，三十六年更推廣電化教育，並設立民眾劇院，修整社教機關❹，但成效仍然有限。

第二節　教育復員工作的檢討

教育的接收較為單純，未發生大的問題，但復員過程由於牽涉後方學校遷移，及日本佔領期間平津地區各校教職員生的安排及破壞後學校設備的復員等問題，使教育的復員工作，反較其他部門的復員工作緩慢。其中有許多是客觀因素所致，僅就遷校交通安排不易、學校設備嚴重缺乏、學潮的頻繁、師資、經費的嚴重不足等問題加以檢討。

一、遷校交通安排不易

中國在抗戰前全國專科以上學校共一〇八所，計大學四十二、獨立學院三十四、專科學校三十二。自「七七事變」後，戰事逐漸擴大，

北平、上海首當其衝，由於該兩城市為大專院校的集中地，戰事發生後，除少數教會學校及私立學校留在日本佔領區外，大部份學校進行遷移，其遷移方式為：遷入上海租界或香港、原省區遷移、遷至大後方等。在遷徙中有些學校合併，如西南聯合大學及西北聯合大學，有些學校為因應戰事的發展一遷再遷，有遷移七、八次之多者。以浙江大學為例，民國二十六年十一月先從杭州遷往浙東建德，再遷江西吉安，再遷廣西，二十八年十一月，浙大所在地遭日本投擲一百多枚炸彈，損失慘重，遷至貴州遵義，後又遷到湄潭❹。三十年十二月太平洋戰爭爆發後，許多在上海租界及香港的學校又相繼遷往後方❺。原在貴州的浙江大學、大夏大學、交通大學、廣西大學、湘雅醫學院等亦在民國三十三年冬天之後又被迫遷至重慶❺，中國的大後方遂變成大專院校的薈萃之地。

　　根據民國三十三年七月三十一日復員計畫綱要，有關教育文化的工作重點，第一項即規定對於內遷之公私立學校、社會教育機關及為收容戰區學生而設立的各級學校，斟酌各校的歷史及其性質，依實際需要分別予以調整、改組、遷移或恢復❺。又三十四年九月二十日至二十六日，教育部於南京召開的全國教育善後會議中再度的強調：「為謀全國教育文化相當平衡發展起見，現有全國專科以上學校及研究機關之恢復遷移，似有重行調整之必要」❺。為遷校事宜，三十五年二月教育部召開高等教育遷校會議，對於重慶附近各校遷移次序、員生數額、交通工具之分配進行規劃，當時遷移於大後方準備復員的六十所大專院校，員生約六萬餘人，連同眷屬總共約十萬人，行李、圖書、儀器及其他設備，總計約一千零二十餘萬公斤，遷回地點近者數百里，遠者數千里❺，遷移的交通問題成為戰後國民政府的一大負擔。

　　交通首先面對的即是旅、運費的籌措及交通工具的安排。就旅運

費而言，教育部於三十五年度曾編列龐大的旅運費預算。旅運費的編列係基於教職員生人數的多寡、旅途的長短、學校的性質等因素而定，如西南聯合大學為平津地區北大、清大、南開等三校所組成，學生人數居各校之冠，亟需搬運的儀器設備亦多，旅運費的編列自較其他學校為高。西北聯合大學雖為北平大學、北平師範大學、北洋工學院及河北省立女子師範學院等合併，但因教職員生人數及器材遠不如西南聯大，因此旅運費編列較少。從表面言，旅運費的預算雖甚可觀，然由於物價於三十五年及三十六年間受通貨膨脹的影響而直線上揚，所編列的旅運費趕不上通貨膨脹的速度。以三十五年八月空運票價為例，原重慶至北平十一萬元，漲為二十八萬餘元，比原價多出一倍半❺。汽車、火車、輪船票價亦不斷調漲，且在一票難求下，黃牛票為一般票價的幾十倍。除教職員生的交通安排之外，後方學校的圖書、儀器，及其他設備的運輸亦頗費周章，由於各校情形不一，因此教育部令各校自行處理。以西南聯大為例，三校曾於三十四年八月二十三日決議設立聯合遷移委員會❻，三十五年六月十九日，由梅貽琦會同三校代表，與承運商裕和企業公司簽訂合同，限三個半月內運抵平津，這一批圖書儀器物品在八月底順利運到平津。但有些儀器因無法安排交通或運輸費用太貴，將之置於後方。

　　就交通工具的安排方面而言，教育部為使戰後教育復員工作順利進行，按各校的交通狀況，規畫不同的交通工具及路線，當時重慶的對外交通線不外空、水、陸三項，由於航空事業不發達，高等教育的復員仍以火車、汽車、輪船為主。戰後中央主管復員交通者，空運方面，原由行政院核配，八月間移交中央、中國兩航空公司辦理；旋又改為行政院復員運輸委員會第一組負責。中國航空公司有三架飛機，其中三分之一作為軍事復員之用，黨政機關三分之二，中央航空公司

有二架飛機，二分之一作為軍事機關的復員，二分之一為黨政機關，因此黨政機關每天可用之飛機三架，以每架飛機乘客二十五人計算，每天運送約七十五人。而且專科以上人員，最初僅限於各校少數籌備人員，後開放各校重要教職員申請，當時核准乘坐飛機者三千多人。實際上，自三十五年五月至八月，專科以上學校機關僅配得機位五百零五人，對高等教育復員工作的推行幫助相當有限。

水運方面，初由船舶調配委員會配運，七月起改為渝宜輪運聯合辦事處接辦。當時約有十六條船，每月可往返渝宜線三次，可運出人員約九千多人，而亟待復員者包括黨政機關、軍事機關、學校機關等，每個機關待運的人員各約數萬人❺，學校教職員生並未特別禮遇，往往需靠關係進行打點，才可順利成行。經教育部大力爭取，交通當局許以糧船上艙酌配舖位。教育部又在渝宜漢線上置聯絡站，安頓員生住宿及轉程，自三十五年五月至十月，共配得艙位，計專科以上學校機關一萬零四百二十四人，但因船員罷工，水運曾停止配運四十五日，影響到復員工作的進行。

陸運方面，則由公路總局調配，初均由中央黨政軍機關留渝聯合辦事處綜合處置，三十五年八月間「中聯處」撤銷，未竟事宜概交重慶行轅之復員運輸委員會接管，教育部指派負責人留渝，積極協助各校機關籌畫交通。川陝公路自五月起增加一百輛運輸車輛，鐵路方面雖遭嚴重破壞，但國民政府盡力搶修，以疏解復員的人潮。然因交通工具有限，在軍事優先情況下，調度困難在所難免，加以各方紛紛要求教育部協助，而教育部能運用的經費、人力又相當有限，各單位狀況百出，有許多非教育部所能控制，因此事先計劃幾無用武之地❺，只好鼓勵各校自行設法，准學生隨家屬遷移，或儘量循西北、西南公路東歸。以北洋大學為例，教育部准許北洋大學復校後，三十五年在

英士大學就讀的泰順北洋工學院師生二百餘名，自溫州齊集上海，除少數乘客輪北上外，由泰順北洋工學院院長陳藎民率領乘空放北上的運煤貨輪經秦皇島和塘沽分抵天津。其他學校學生在各自返校時，由於路途遙遠，交通不便，常因川資不足，告貸求乞，甚有拍賣什物者，其艱辛自不待言。同濟大學花了一年多的時間才由昆明回到上海上課，南開大學的儀器至三十六年底始完全運抵天津❺。朱家驊在南京對教育復員問題作檢討時談到：「教育復員工作目前雖已大體告成，然因時局之不安，致運輸迄未暢通，使復員之時間，稍有延長。」❻

遷校時由於經費有限，加上交通運輸困難，對高等教育復員工作的影響有三：

⑴復員工作無法按教育部所定的目標於三十五年九月完成，許多學校開學後，教職員生才陸續抵達。

⑵許多儀器設備不能與學校同時復員，收復區學校設備又無法即時補充，教學研究大受影響。

⑶由於復員速度過於緩慢，學生無心於後方區上課，又不能即時到收復區上課，影響課業甚鉅。復員學生因旅途勞累，導致心理上的急躁與不滿，容易被蠱惑，此亦是戰後學運頻繁之因。

二、學校設備嚴重缺乏

學校設備包括教室、校舍、圖書、儀器等，戰後高等教育設備明顯不足，其主因有二：一是抗戰期間遭破壞，二是戰後學校及學生數的增加。就前者而言，抗戰期間的大專院校，約可分為四類，一是遷移後方，而原地仍繼續招生上課者，如北平北京大學、國立北平藝術專科學校、南京中央大學、上海南洋大學等。二是遷移後方，該校在日本佔領區停辦者，如平津地區的國立北洋大學、河北省立女子師範

學院，上海地區之復旦、同濟、省立江蘇學院、江蘇省立蠶絲專科學校、山東齊魯大學、湖南湘雅醫學院等。三是未遷移仍繼續在原地區上課者，如私立燕京大學、私立輔仁大學、私立天津達仁學院、上海醫學院、雷士德工學院、上海音樂學院、德國醫學院、上海商學院等[61]。第四類為停辦，如山東大學、山東省立鄉村建設專科學校等校。當時所有大專院校除教會學校外，幾乎均受到日本侵華戰事的波及。第一類學校因事出倉促，許多圖書儀器未及遷移，毀於日軍的轟炸，倖存者又因日本佔領後的刻意掠奪，使原有的圖書儀器損失殆盡，北京大學即為其例。第二類學校圖書設備損失更為嚴重，以天津北洋大學為例，七七事變天津淪陷後，北洋校園變成為日軍坦克兵營，破壞極為慘重，門窗地板被燒燬，未移走的圖書儀器全部失散[62]。另以天津的南開大學為例，七七事變發生，校舍被敵機轟炸，大部份遭破壞，民國三十五年五月，逐漸修復科學館、女生宿舍、實習工廠及教職員宿舍等三十餘所，但不能修復者亦不少，如秀明堂、木齋圖書館及男生宿舍等[63]。又如河北省立工學院，七七事變後該校被炸，設備蕩然，後該院又被日本作為陸軍醫院分院，改為華北野戰兵器廠天津分廠修理所，家具、圖書、儀器劫掠一空[64]。此外如國立清華大學、北洋大學，校舍為日人所竊據，內部設備被掠取一空，建設亦遭破壞[65]。上海復旦大學，原學生第一、二宿舍、女生宿舍、體育館及校外宿舍等建築物已完全被破壞[66]。交通大學校長李熙謀致教育部朱部長時亦提到：「鑒及京滬杭教育機關被日寇蹂躪，損失甚重，即以交大而論，除校舍內部的損壞外，校具如課桌椅等及大件機器被洗劫一空。」[67]第三類學校如天津達仁學院及上海音樂學院、上海醫學院後又被迫遷至後方，學校為日軍所佔用。第四類學校有些被日本轟炸不堪使用[68]，有些為日本軍隊所佔用。對此破壞，教育部長朱家驊亦深感無奈的說：

「戰爭爆發以來，敵蹄所至，廬舍為墟；而尤以對學校之破壞為最烈，敵軍未至，即先之以轟炸；敵軍既至，對學校圖書儀器即加以破壞掠奪，殘破校舍又佔作軍用。以此，學校建築設備之損失，遂不可數計。」⑥⑨

就戰後學校及學生的增加而言，抗戰前後的大學數及學生如下表：

表4-6：抗戰前後大學及學生數統計表

時間	類別	大學學校數	學生數
戰前	21,9	103	
	23,9	110	
	25,9	108	41,922
抗戰	27,9	81	31,000
	32,9	133	65,000
戰後	34,9	141	83,000
	35,9	186	128,000
	36,5	193	155,000

資料來源：杜佐周，〈戰後中國的大學教育〉，《教育雜誌》，第三十二卷，第一號（民國三十六年七月一日），頁31～32。

戰後大專院校增加迅速之因素，除因戰事停招而復校者外，有：⑴抗戰期間，為因應學生的遷移於後方設立者，如貴州大學；⑵戰時合併，戰後獨立者，如西南聯大戰後恢復為清大、北大、南開；⑶戰前原為一校，戰後分立辦理，如交通大學，分為交大、唐山工學院及北平鐵

道管理學院；(4)戰時附於他校，戰後恢復，如安徽大學，附於武漢大學；(5)遷移後方學校復員後，在後方的學校另設新校，如光華大學復員後於成都另辦成華大學，西南聯大之師範學院，獨立為國立昆明師範學院；(6)有原屬於敵偽所設，戰後改為公立學校，如臺灣大學；(7)戰後新辦的學校有國立長春大學、國立蘭州大學、私立東北中正大學、國立長白師範學院、國立獸醫學院等。學校數及學生人數的驟增，雖為復員工作的成就，但亦增加復員工作的困難。

設備不足為高等教育復員亟需解決的問題，教育部自抗戰以來相繼托美國圖書社、英國文化委員會代覓購圖書，戰後更商請聯合國善後救濟總署同意撥美金四百萬元，補助專科以上學校添購設備，並將建訓費所餘二十餘萬美金分配給留置後方及國立師範學院，以充實設備之用。各校校長亦到英美等地募集書籍及儀器，北大方面在胡適努力下陸續購置及募集一些圖書運至中國，廣州大學在創辦人陳炳權的奔走下，得到美國波士頓、紐約、羅斯福等三十餘所大學應允給廣州大學免費入學之名額，並捐贈圖書八萬多冊，儀器一大批，又向美洲華僑募得十二萬餘美金作為建舍之用❼，但此募集的書籍、儀器對各校而言，實如杯水車薪。

三、學潮的頻繁

戰後頻繁的學潮❶亦成為教育復員的一大困擾，學潮的成因相當複雜，研究戰後學潮者多半將之歸於中共的煽動與推動❷，蔣介石在談到戰後問題時，尤指責學生為中共所利用❸，蔣經國談大陸淪陷原因認為係青年學生受中共蠱惑的影響❹。然根據司徒雷登(Leighton Stuart)的調查，戰後大部份學生均贊成和平，反對分裂，且到了三十六年初有百分之九十至九十五的學生是反對中共的，但隨著局勢的發

展，卻有百分之五十的學生同情中共。因此中共的煽動固為要因，但戰後復員的若干措施如遷校、甄審制度等問題未能妥善因應，加以戰後經濟問題未能有效解決，造成通貨膨脹，國共爭鬥不斷，使青年學生對社會、政治、經濟等產生不滿均為學生抗爭及學潮的誘因。正如陳之藩致胡適函中提到：「這次的學潮鬧起來，一半由教授幫閒，一半是由學生的操縱，一半是由當局的胡來。」❼❺張其昀亦認為：「學潮不能視為孤立的事件，學潮是一種病象，其病源在於當前中國的政治。」❼❻程其保在〈建國時期教育第一〉之文中亦談到：「大學及中學風潮迭起甚至小學亦間有不安定之事實發生，察其原因不外：⑴人謀不臧；⑵經費配發不合理；⑶政治經濟以及社會勢力之所衝動。」❼❼有關戰後的學潮，牽涉甚廣，本書僅就因復員遷校及甄審制度所產生的學潮加以介紹。

㈠復校問題

戰後教育復員的首要問題是，抗戰期間淪陷區學校遷至後方，抗戰結束後後方學校爭相遷回平、津、京、滬等區，遷校過程發生若干問題，成為學潮的導火線。首先是教育部欲藉戰後的時機，對於全國大專院校作合理的分配，戰前國聯教育考察團，對於我國高等教育的批評之一，即認為大學的地理分配，偏重少數省市，教育部本擬考慮調整，因戰事發生，未能實施❼❽。戰後善後教育會議決議的兩大原則，一方面注意全國教育文化重心的建立，一方面顧及地域上的均衡發展，教育部趁復員的機會擬將全國各大專院校的分佈作一個合理的調整。三十四年十一月底擬將重慶的工業專科學校，江津的女子師範學校，漢中的西北工學院，西安的北洋大學，蘭州的西北師範學院等均留在當地，但各校都要遷至北平、天津、南京、上海一帶，因此出現：「要復員的學校斤斤於地點，應該留在原地的學校多不願意留。」❼❾由於教

育部無法滿足所有遷校者的要求，遂引發一連串的學潮。傅斯年於三
十四年十月十七日寫信給胡適時談到：

> 北大回平後，大家也要復原，北平師範大學，騮先允其重設北
> 平師範學院，他們還爭「大學」，這我看實無關係。而北平大
> 學也鬧復原，簡直是與我們搗亂，騮先決不放鬆，介公也不要
> 他回復，但是還未了。⑩

三十五年五月十一日北平鐵道管理學院聲援反對教育部將上海交通大
學改交通學院，全體決議罷課。國立商船學校在抗戰期間併入交通大
學為商船科，復員後，商船學校恢復，但交通大學仍要維持商船科，
還要在工學院內辦輪機科，與商船學校的航海、輪機兩科重複，教育
部都沒答應，三十六年五月交大發生的學潮與此有關。對此胡先驌在
〈如何挽救當前之高等教育危機〉一文中談到：

> 學潮之發生多起於各校個別問題，如遷校、改大、增加公費、
> 反對校長等，以此為誘因而逐漸綜合成政治性的大規模學生運
> 動，思想左傾的學生從中煽動固有助於風潮之擴大，然大體說
> 來，此次風潮仍不得不謂為出於自發。蓋青年人不滿於校內校
> 外之煩悶，積之已久，一遇誘因即爆發不能自己。⑪

㈡對於甄審辦法的反彈

戰後收復區大專院校肄業及畢業學生約十五萬人，其中畢業者約
九萬人，戰後為處理收復區及光復區學生的資格問題，教育部於三十
四年十月訂定「收復區中等以上學校學生甄審辦法」⑫，規定收復區

敵偽專科以上學校，及私立專科以上學校教職員，由教育部先作詳盡之調查，並加以審核，凡附逆有據的教職員均不予續任。對敵偽專科以上畢業及肄業學生之資格則分南京、上海、武漢、廣州、杭州、平津等六區舉行甄審。教育部朱部長於三十五年一月十六日致胡適書信中談到：「自戰事結束以來，國內教育復員工作甚為艱鉅，過去淪陷區內各偽立學校之處理員生資格，均大費周章，特頒布偽校教職員學生與畢業生之甄審等辦法，以便處理。」❸為實施甄審事宜，由教育部設置收復區專科以上學校學生資格甄審委員會，聘派大學校長、教授、其他專家及教育部人員若干人為委員，籌劃並主持收復區敵偽專科以上學校學生資格甄審事宜。對學生之甄審，分為畢業及肄業生兩部份辦理，畢業生甄審合格者，由教育部集中三至六個月訓練後始發給證明，並規定收復區敵偽專科以上學校學生資格之甄審應於抗戰後一年內舉行❹。此辦法要點經報紙公佈後，引起收復區各校青年學生及校友的諸多疑慮，南京、北平、上海等大學於十二月初，集結舉行反甄審遊行。三十五年三月，銓敘部公佈凡未經甄審的偽大學畢業生皆以雇員聘，引起許多學生及畢業校友的不滿，北大校友會發表一封反對甄審登記的公開信❺。北大教授容庚白寫信給傅斯年反對❻。北京大學全體學生，發表〈我們的呼聲〉以示抗議，文中談到：

> 關於甄審問題，政府的意思是將偽組織統治下的學校接收，使這些學生登記甄審，再加以補習，才給予轉學的機會。但不知這種甄審是為了正名，還是為了提高我們的程度？如果為了正名，我們是應該接受國家的法令，然而偽組織統治下的警官學校與軍官學校，不都是沒有經過甄審，只內部改組，然後改為中央警官學校第五分校及十一戰區幹訓團麼？……我們沒有

為虎作倀，我們並沒有作敵人的爪牙，倚敵人的勢力來殘害我們的同胞，壓榨我們的同胞，政府對我們為何不能給以同樣寬大的待遇？❸

北大、師大校友會於三十五年三月十二日、十六日，分別召開記者會，並向全國各界發出「反甄審登記公開信」，強力反對政府甄審制度的不合理。三月十二日，天津市學生聯合會成立，出版《天津學聯報》，主要任務為要求政府取消甄審制度❸。上海、南京、杭州等大學亦發起反甄審運動。

　　加以反饑餓、反內戰、反美等學潮，使學生無法安心上課，以三十六年言，一百九十三所大專院校，其中有八十二校發生學生風潮，計約一百五十次，影響所及，有一學期僅上課六週者❸。上課都成問題，復員的理想更勿庸論。因此不論學運的成因為何，連續不斷的學潮，使逐漸穩定的學生心情再度浮動不安，學術風氣的提升亦只是理想的標的而已，而學生與教授對政府的不滿，不願配合政府戰後教育復員的措施，對教育復員工作自是一大障礙。

四、師資的問題

　　日本侵華戰爭對中國高等教育的影響除設備嚴重遭破壞外，學術研究風氣亦受波及。自五四運動以來，各種思想、文化及社會問題的論戰不斷，帶動學術研究的風氣，抗戰前的地質調查、考古工作及科學研究亦頗有成果。經過戰亂後，由於學者顛沛流離，無法專心於學術的研究，淪陷區又受限於政治立場，難有開創性的見解。學生受戰爭的影響，無法專心學習，程度自大不如前。傅斯年談戰後北大現狀時特別指出：「本期北大各地所招學生，以上海區成績最佳，北平、

廣州最差，北平學生水準普遍降低，係因淪陷較久，且淪陷期間各學校管理欠善，學習風氣不若戰前，該地戰前學生程度為各地之冠，今已一落千丈，殊令人痛心。」❾參政員周謙沖於三十六年第四屆第三次大會中指出：「今天大學生程度比七七事變前，已普遍的低落，不惟英語不通，國語亦不通，畢業論文不僅教授要改內容，而且要改國文。」❾因此教育部除進行學校的接收與整頓外，創造研究環境，提昇學生素質成為戰後復員的重要工作，師資的提昇自為首要的工作。

戰後高等教育師資的二大困境，一為師資普遍不足，一為教師士氣待振，歸納其因在於：

其一，後方學校方面，有些教授死於流亡期間，淪陷區學校方面，未跟隨政府遷移者，有些被迫轉業，有些則因接收自日本改組而成，師資的聘請較為困難。以臺灣大學為例，臺大的前身為日本帝國大學，朱家驊在視察臺灣教育時指出：「臺灣大學理科設備為我們內地學院所不及，師資方面很缺乏，大學教授差不多是日本人，只有一位台灣學者任正教授。」❾

其二，戰後學校、學生數增加，原有合格的師資普遍不足，尤其邊區學校更為明顯。抗戰勝利後，留滯在山區的知識份子紛紛至大城市或急於攜妻子歸故鄉❾。由於缺乏合格的教師，因此留在學校的教師，一方面必須負責行政工作，一方面又必須兼許多課，有些教師不到校上課，又無法找到合適的代課者，引起學生的不滿❾。

其三，戰後教育經費不足，不能供應新聘教員回國旅費，無法吸收優秀學人返國服務，亦無法留住人才在學校裏，教育部深知大專院校教師不足，所以鼓勵學業完畢的留學生歸國，酌情救濟他們的生活，補助他們的旅費，希望留學生回來為國內的教育作貢獻，但在經費有限下，實難以吸引學者專家回國服務。教育部長朱家驊亦承認：「目

前教師待遇微薄，也是師資減少原因之一。」❾

其四，戰後普遍的功利心態，許多人才不願至學校服務。胡先驌在〈如何挽救當前之高等教育危機〉一文中談到：「今日之趨勢，習法政之人才，每每喜服官於中央機關，習經濟者則趨向銀行界，習工程者則入交通界與工廠，故法學院及工學院最難聘到教授。」❾周炳琳致胡適書信中談到北大時指出：「法律系教授太少，是本人所最焦慮之事。」❾

師資的問題，除嚴重的不足外，最重要者應為士氣的低落。教授的待遇，三十四及三十五年度，約五十萬到七十萬之間，可維持一家五口的生活，三十六年以後，因通貨膨脹日漸嚴重，教授薪水已難以維持家中生活的基本條件，南京、上海及平津區教授聯名要求改善待遇。三十六年初，平津地區大專院校校長座談會時，出席者有北平圖書館館長袁同禮、清華大學校長梅貽琦、北大秘書長鄭天挺、北洋大學代理校長金問洙、中法校長李麟玉等十餘人，通過議決：「物價飛漲，教育人員生活困難，應請教育部普遍提高教職員薪資及學校的經常開支費。」北大校長胡適於三十六年五月七日致函教育部，談到：「兩周以來北平物價暴漲兩倍以上，人心惶惶不可終日，此非一校一市之事，實關係著整個北方，敬請吳兄陳請政府早日宣佈公教人員待遇調整辦法，以安人心。」❾八日、九日又去函教育部請撥款救助教職員之生活，可知問題之急迫性。其他各校要求教育部補助經費以解決教職員困境的信函如雪片般的飛來，正如北大教授趙迺博、周作仁、陳友松等所言：「如此待遇絕不足維持目前生活。」❾北大教授汪振儒三十六年七月二十五日致胡適函中指出：

　　七月份的薪水，承校方的好意，在六月下旬已預支完了。但到

了本月中旬，雖是預支的，但也一樣地用完，無奈只得再向學校打主意，擬再預支八月份的薪水一百萬元，學校雖是經濟困難，但仍體貼同人的處境，鄭秘書長批准借四十萬元，心想總可挨到下月。不過事實是自批准到現在為止，已經近十天，款始終領不到，因為學校同私人一樣，也是窮到萬分，實在再也擠不出錢來了。……先生或者以為我的家庭負擔很重，所以出超很高，但個人的家庭，只有一妻二子，最近添加一位投靠的難民，以勞動服務換取每日的口糧，如此而已。個人無任何嗜好，不抽煙，不吃酒，不打牌，也不請客應酬，買書穿衣服更談不到，但是預支的薪水仍然維持不到月底。學校中同人，薪水比我少的很多，負擔比我重的很多，我尚如此，他們將如何度日。⑩

因此許多公立學校教師只得到處兼課，如廣東中山大學許多教授至私立法政專門學校兼課，有些甚至以典當度日⑩。由於教師待遇未改善，教師生活普遍窮困，有些學校且有拖延發放薪資之事，教師心灰意懶，無力進修，減低教學效能，有些教授，因生活窘困而自殺⑩。國民參政員王亞明質問教育部：「今天我們見到辦教育的人喫不飽，還談什麼教育？」⑩抗戰勝利後，大學程度無法提昇，理由孔多，而大學人才之缺乏與教授之不能安心教學，不失為重要原因⑩。

五、經費的嚴重不足

八年的對日戰爭，不僅使中國即將「起飛」的經建計畫中斷，對高等教育的破壞更為嚴重，學校設備幾無一倖免，因此教育復員工作需要極龐大的經費以為支應。無奈戰後的中國百廢待舉，雖然政府強

調「建國時期，教育第一」。 但在經費短絀下，教育復員的進度大受
影響。

教育經費的不足，長久以來一直是中國發展教育的一大問題，抗
戰前教育經費未能獨立，抗戰發生後，在軍事第一，國防優先的前提
下，不論是中央或省縣市，教育文化的預算均偏低。二十六年教育預
算編列二千五百萬元，佔中央總預算的百分之二‧一二❿，三十二年
教育文化經費不及百分之二，三十三年之情形亦不見改善，教育經費
僅佔中央總預算的百分之三‧一三。抗戰結束，教育文化的預算仍然
偏低，三十五年列三千零二十五億五百六十五萬三千六百四十七元，
佔中央總預算百分之五‧四，三十六年列一兆二千八百九十六億六千
九百零一萬八千三百九十一元，佔中央總預算百分之二‧九二，加上
其他部份不超過百分之四，教育文化經費預算既有限，分撥於復員經
費更是微不足道，無法維持正常性開支，各校只得要求追加預算，因
此出現一年追加多次經費的情形，以三十六年度為例❿，如下表：

表4-7：三十六年度各校追加預算概況表

名　　　　稱	原定經常費	第一次追加數	第二次追加數	第三次追加數
北京大學	376,000,000	987,000,000	438,660,000	－
北洋大學	172,000,000	453,600,000	216,000,000	－
北平師範學院	141,800,000	354,500,000	372,230,000	165,430,000

雖然不斷追加預算，經費仍感不足。以北洋大學為例，據初步統
計，戰時總損失約十六億元，教育部撥付復員和修建費二項僅七億六

千萬元❿，經費編列明顯不足。教育部長朱家驊亦不得不承認：

> 中央或地方所列的教育經費與實際需要相差甚遠，中央的教育
> 復員費列六百億，不能不算多，可是五百幾十個單位分配下來，
> 每個單位所得仍然不夠。如中央大學在戰前有學生一千二百
> 人，現有近五千人，校舍不敷甚鉅，原有校舍又破壞待修理，
> 學校設備須增加，這筆費用就著實可觀。浙江大學戰前學生不
> 到八百人現在二千餘人，而校舍非但不夠，並且毀了五分之三。
> 清華大學、南開大學房屋毀得很多；其他各校的情形，大致相
> 同，拿去年九月所定的復員經費，包括搬運、修建、川旅等費，
> 在現在物價漲了許多來用，更感不敷了。❽

於是造成學校向教育部要錢，教育部向行政院要經費的現象。北大自
復員以來學生及院系不斷增加，校舍不敷所需，胡適就任校長後即致
函張群，要求追加費用，以修建校舍，張群回函表示國家財政支絀，
不能追加預算❾。代理北大校長的傅斯年致胡適書信中提到北大經費
的情形時指出：「經費事，大是困難，這些年教部當局只管添新的，
舊的不增，結果，那個貴州大學的經費比武漢大學還多，所以一般皆
無辦法。北大之無辦法，也非特別。」❿北洋大學聯名要求教育部「全
國教育經費不得少於國家歲出總預算百分之十五」⓫。教育部也深知
各校的困境，一直向行政院爭取費用，三十四年十二月一日，要求行
政院迅發緊急支付命令以資應付。三十五年向行政院報告：「去年（三
十四年）分發了行政院所撥的緊急措施費十二億二千五百萬元，今年
核准在各省復員經費內撥六十六億元，作為教育復員之用，有的省份
得十一、二億元，有的三、四億元，以此經費來恢復敵人所摧毀的學

校機關，實在不夠。」⑩由於教育部在五月份呈請撥緊急措施經費共二千八百億元，七月間的院會僅通過九百五十億元，約當原請數的三分之一，因此九月十二日再致函宋子文院長，特別指出：「當時家驊即申明核定數目與事實需要相去甚遠，無法應付。」⑬

經費不足，有些學校只好像清大校長梅貽琦所說：「政府給我們多少錢，我們就做多少事。」⑭加上通貨膨脹的壓力，使高等教育的復員工作大受影響。國府對教育復員的態度亦有可議之處：

其一、教育部與各校間的歧見：抗戰勝利後，教育部希望各校不要急於復員，應由教育部統籌，然各校多不願受節制，因此各派人員前往接收，職權不清，亦造成不少的爭執。以北大為例，北大委派鄭天挺負責，教育部派陳雪屏（原亦為北大教授）至北大接收，造成一校兩接的情形，鄭天挺即指出：「學校派我北上籌備復員，教育部也組織了一個平津區教育復員輔導委員會，由沈兼士領導。」⑮中央與地方，教育部與各校間的矛盾，到處可見。

其二、各校各自為政的心態：戰後教育部雖有全盤的復員計劃，各校缺乏同舟共濟的情懷，各憑本事爭取復員，不如意者則出現若干抗爭行動，北平師範大學復員後縮編為師範學院，引起該校學生多次向教育部陳情請願，並發動罷課風潮，多位前北平師範大學畢業之參政員相繼向教育部提出詢問。北平大學原有農學院，復員時未予恢復，僅於北京大學設立農學院亦引起質疑⑯。交通大學因教育部停辦輪機、航海系，即發動罷課的護校風潮。此種各自為政的心態，使教育部甚至學者專家在提高等教育的改革方案時，面臨許多阻擾，胡適在〈爭取學術獨立的十年計畫〉一文中，建議教育部在第一個五年計畫中挑五個大學作為重點發展大學（即北京大學、清華大學、浙江大學、武漢大學、中央大學），全力培植成為學術中心；即遭到陳序經及李書

田等人的反對❶。陳、李認為戰後如發展重點大學，勢必造成教育資源的不平衡，影響到其他學校的發展，李氏甚且批評胡適的構想只是為北大作打算而已。教育部原希望趁復員之機，對全國大專院校作合理的調整，然因各校各自為政，在維護傳統的口號下，使教育復員僅止於復原而已。學校量雖增加，質則未見改善。

其三、戰後教育當局對於收復區與光復區教職員生的偏頗觀念：視收復區學生為偽學生，並以「消毒」的態度來處理，傅斯年認為「文化漢奸」周作人（曾任北大文學院院長）不能原諒❶。偽教職員不能留在學校服務❶。國民參政員呂雲章亦反對「漢奸任職教育界」。❶此種觀念，形成光復區與收復區的教職員生人人自危，不知是否被視為「漢奸」，浮動的人心，使中共有蠱惑之機。

戰後國民政府排除萬難，在斷垣殘壁中進行復員工作誠屬不易，復員亦有部份值得肯定者❶。但由於上述因素，致使全國大專院校無法按原計畫於三十五年九月完成復員，亦沒有達到教育文化平衡發展的理想，學術水準無法提昇，校園動盪不安，對戰後中國的政局帶來負面的影響。

註 釋

❶ 教育部教育年鑑編輯委員會，《第二次中國教育年鑑㈡》（商務印書館，民國三十七年）頁239～240、頁481～482。《第二次中國教育年鑑㈣》，頁1345。

❷ 王克敏，字叔魯，浙江杭縣人，清同治十二年（1872年）生，留日，民國六年任中國銀行總裁，十一月任北京政府財政部長，九年任天津保商銀行總理，十二年在任北京政府財政部長，二十二年任南京國民政府行政院駐平政務整理委員兼財務處主任，二十四年任天津特別市市長，二十六年抗戰發生與湯爾和在北平組織中華民國維新政府，擔任委員長，隨後又任新民會會長。

❸ 張燕卿，字耐甫，河北南皮人，清光緒二十四年（1898年）生，張之洞之子，赴日留學，民國十三年任奉天省復縣知事，十四年任天津縣知事，十五年任天津特別市管理局局長，二十一年任偽滿執政府內務官，二十三年任偽滿國務院外務大臣，二十六年抗戰發生後任新民會副會長。

❹ 北京市檔案館藏，《日偽北京新民會》（北京，光明日報社，1989年12月），頁1～11。

❺ 宣撫班係日本的隨軍組織，每佔領一處，即由宣撫班的成員，演說、唱歌以致散發傳單等，以消除中國人民的反日情緒。

❻ 教育部教育年鑑編輯委員會，《第二次中國教育年鑑㈣》（商務印書館，民國三十七年），頁1345。

❼ 陳友松，〈戰後中國教育經費問題〉，《教育雜誌》，第三十二卷，第四號，民國三十六年十月一日，頁34～35。

❽ 江澤涵於三十四年九月三日致胡適書信中談到：「今日是勝利日，北大的事真是千頭萬緒，不知從何說起」。中國社會科學院近代史研究所中

華民國研究室編,《胡適來往書信》,下冊,(香港,中華書局,1983年),頁31。

❾ 《全國教育善後會議及復員工作報告》, 中央研究院近代史研究所,朱家驊檔,檔號：106。

❿ 有關談到戰後的教育復員並非復原者甚多,除蔣主席及朱部長外,考試院戴院長認為：「目前我們所謂復員者,就是由戰時的狀況,變成平時的狀況,並不是說原來在什麼崗位的人,還要恢復到過去的崗位。一個十歲孩子,在戰爭初期還在小學讀書,而今已變成十八歲的青年,應該在大學肄業了,不能再將他們復原到小學裏去,復員不是復原,復原是根本做不到的。」,同上。

⓫ 教育部工作計畫共十八項：包括內遷各級教育文化機關之處理、邊疆學校及僑民學校地區分配之調整、收復區教育機關之接收及恢復、光復區教育機關之接收與改組、敵偽教育行政人員及教職人員之甄審、收復區各級學校學生資格之甄審、奴化教育及不正確思想之清除、戰區學生公費辦法之調整、教材教具之準備、光復區教職員及地方教育行政人員之儲備、收復區光復區文化事業及電化教育事業之接收恢復整理、國民體育之推進、辦理戰區教育臨時行政機構之結束、革命抗戰先烈及徵屬子女求學繼續優待辦法之調整、戰時服役學生之復學及轉學辦法、教育款產之清理、地方忠義事蹟等史實之徵集與表揚、敵偽掠奪公私文物及教育文化事業損失之調查等十八項。見教育部,《教育復員計畫工作計畫》(民國三十四年六月)。

⓬ 平津大專院校遷移經費預算表：

遷回地點	校數	人員數	物資（米）	交通工具	經　　費	備　　　　註
北　　平	4	8,672	982,200 公斤	汽車、輪船、火車	400,000 元	由昆明、江安分別遷平
天　　津	1	1,168	126,800 公斤	汽車、火車	100,000 元	由泰順、西安分別遷津

資料來源：教育部，《教育復員計畫事別計畫》（民國三十四年六月）。

⑬ 胡頌平，《朱家驊先生年譜》（臺北，傳記文學出版社，民國五十八年十月），頁59。

⑭ 教育部訂定戰區各省市教育復員辦法共十四項，《國民政府公報》，民國三十四年九月二十四日，渝字第八六四號，部會署令。

⑮ 重慶《中央日報》，民國三十四年八月二十日，第三版。

⑯ 《全國教育善後會議及復員工作報告》，頁1～2，中央研究院近代史研究所，朱家驊檔，檔號：106。

⑰ 重慶《大公報》，民國三十四年九月十一日、二十日。

⑱ 〈善後教育復員會議的重要結論〉，見《全國教育善後會議及復員工作報告》，頁44～69，中央研究院近代史研究所，朱家驊檔，檔號：106。

⑲ 沈兼士，浙江吳興人，1886年生，早年留學日本，加入同盟會，先後任教於北京大學、清華大學、中法大學和輔仁大學等校，並任北大文學院院長，故宮博物院文獻館館長，抗戰發生後，組織炎社，協助青年脫離淪陷區，抗戰勝利後任教育部平津區特派員。1947年8月2日去世。徐友春，《民國人物大辭典》（河北人民出版社，1991年5月），頁431。

⑳ 《教育公報》，第十七卷，第九期，三十六年九月，頁23。

㉑ 鄭天挺，〈自傳〉，《鄭天挺紀念論文集》（北京，中華書局，1990年3月），頁704。

㉒ 傅樂成,《傅斯年全集》(臺北,聯經出版事業公司,民國六十九年),頁144～145。

㉓ 同上。

㉔ 教育部編,《國民參政會第四屆第三次大會教育詢問案及答覆》(民國三十六年五月)。

㉕ 中國社會科學院近代史研究所中華民國研究室編,《胡適來往書信》,下冊(香港,中華書局,1983年),頁85。

㉖ 教育部,教育復員計畫工作計畫,敵偽教育行政人員及教職人員之甄審、收復區各級學校學生資格之甄審(民國三十四年六月)。

㉗ 朱家驊,〈教育復員工作檢討〉,《教育部公報》,第十九卷,第一期,三十六年一月,頁6。

㉘ 上海《中央日報》,三十四年十月十九日。

㉙ 羅常培三十五年五月四日致胡適函,中國社會科學院近代史研究所中華民國研究室編,《胡適來往書信選》,下冊(北京,中華書局,1980年8月),頁103～104。

㉚ 教育部教育年鑑編輯委員會,《第二次中國教育年鑑(四)》(商務印書館,民國三十七年二月),頁40～42。

㉛ 平津區文教接收方面傳貪污者有教育部平津區特派員辦公處特派員沈兼士,但經查證,並無貪污之實。《文匯報》,三十五年十月七日。

㉜ 鄭天挺,〈自傳〉,《鄭天挺紀念論文集》(北京,中華書局,1990年3月),頁704。

㉝ 關於北京天津教育復員的文件,南京第二歷史檔案館藏,檔號:五1614。

㉞ 〈教育「復員」不是學校「回家」〉,重慶《中央日報》,三十四年八月十三日,第五版。

㉟ 楊正凱,〈西南聯大的研究〉,國立政治大學歷史研究所碩士論文,民國八十二年六月,頁172。

㊱ 南開大學校史編寫組,《南開大學校史》(天津,南開大學,1989年10月),頁321。

㊲ 此二表係綜合整理而成,參考資料有:㈠關於北京天津教育復員的文件,南京第二歷史檔案館藏,檔號:五1614。㈡北京大學五十週年,《國立北京大學建校五十週年大事年表》,傳記文學出版社影印。㈢教育部教育年鑑編輯委員會,《第二次中國教育年鑑》,第二冊、第四冊(商務印書館,民國三十七年二月)。㈣北平市教育復員,南京第二歷史檔案館藏,檔號:二(1)50。㈤王文田,〈張伯苓先生與南開〉,《傳記文學》,第五期、第六期,民國五十八年五、六月。㈥李書田,〈北洋大學五十年之回顧與前瞻〉,《東方雜誌》,第四十一卷,第二十號,民國三十四年十月三十一日,頁50~56。

㊳ 平津各大學的變遷,係綜合楊家駱主編,《大陸淪陷前之中華民國》,第五冊(臺北,民國六十二年九月)。教育部教育年鑑編輯委員會,《第二次中國教育年鑑㈡》(商務印書館,民國三十七年二月)頁270~293。

㊴ 同上。

㊵ 教育部特派員辦事處、北平市黨政接收委員會接收日偽教育總署,華北觀象臺等一覽表,北京市檔案館藏,檔號:15-38。

㊶ 北平市教育局接收敵偽機構資產表,南京第二歷史檔案館藏,檔號:二(1)7937。

㊷ 北平市教育復員,南京第二歷史檔案館藏,檔號:二㈠50。天津市政府,《天津市政府統計》(天津市政府,民國三十六年十二月)。北平市政府,《北平市政統計》,國民教育類,南京第二歷史檔案館藏,檔號:六4152。

㊸ 同上。

㊹ 教育部北平辦事處報告,關於北京天津教育復員的文件,南京第二歷史檔案館藏,檔號:五1614。

❹ 教育部,《三十六年度各省市教育工作計劃彙刊》(南京,教育部,三十七年二月)。北平市政府暨教育局1946、1947年工作報告及部核意見,南京第二歷史檔案館藏,檔號:五738。

❻ 吳自強,〈今日中學教育的危機〉,《教育雜誌》,第三十三卷,第二號,民國三十七年二月一日,頁23。

❼ 教育部特派員辦事處、北平市黨政接收委員會接收日偽教育總署,華北觀象臺等一覽表,北京市檔案館藏,檔號:15–38。

❽ 教育部,《三十六年度各省市教育工作計劃彙刊》(教育部,民國三十七年二月)。

❾ 李華超、洪星,〈浙江大學在湄潭〉,《貴州文史資料選輯》,第二十六輯,1987年10月,頁44。

❺⓪ 吳俊升,〈戰時中國教育〉,見薛光前,《八年對日抗戰中之國民政府》(臺北,臺灣商務印書館,民國六十七年九月),頁113。

❺① 曾昭毅,〈國立貴州大學簡況〉,《貴州文史資料選輯》,第二十六輯,1987年10月,頁1。

❺② 中國國民黨中央黨史委員會,《中華民國重要史料初編——對日抗戰》,第七編,《戰後中國㈣》(臺北,民國七十年九月),頁365。

❺③ 朱家驊,《全國教育善後會議及復員工作報告》,中央研究院近代史研究所,朱家驊檔,檔號:106。

❺④ 教育部編,《教育部復員計畫事別計畫》(民國三十四年六月,單行本)。

❺⑤ 梁錫華選註,《胡適秘藏書信選》,下冊(臺北,風雲時代出版公司,民國七十九年十一月),頁494。

❺⑥ 楊正凱,〈西南聯大的研究〉,《國立政治大學歷史研究所碩士論文》,民國八十二年六月,頁172。

❺⑦ 重慶《中央日報》,三十五年五月二十八日。

❺⑧ 王鳳喈,〈戰後中國教育問題述要〉,《教育雜誌》,第三十二卷,第二號,

民國三十六年八月一日，頁6。

⑤⑨　南開大學校史編寫組，《南開大學校史》（天津，南開大學，1989年10月），頁321。

⑥⓪　朱家驊，〈教育復員工作檢討〉，《教育部公報》，第十九卷，第一期，民國三十六年一月，頁4。

⑥①　中共上海市委黨史資料徵集委員會，《解放戰爭時期上海學生運動史》（上海，上海翻譯出版公司，1991年6月），頁12。

⑥②　史紹熙編，《北洋大學——天津大學校史》（天津，天津出版社，1990年），頁332。

⑥③　教育部教育年鑑編輯委員會，《第二次中國教育年鑑㈡》（商務印書館，民國三十七年二月），頁136～137。

⑥④　同上，頁219～221。

⑥⑤　李書田，〈北洋大學五十年之回顧與前瞻〉，《東方雜誌》，第四十一卷，第二十號，頁56。

⑥⑥　趙少荃，〈復旦大學的創立和發展〉，《上海文史資料選輯》，第五十九輯，1988年7月，頁151。

⑥⑦　〈戰後之損失賠償與接收〉，中央研究院近代史研究所，朱家驊檔，檔號：127。

⑥⑧　吳俊升，〈戰時中國教育〉，見薛光前編，《八年對日抗戰中之國民政府》（臺北，臺灣商務印書館，民國六十七年），頁102～151。

⑥⑨　朱家驊，〈教育復員工作檢討〉，《教育部公報》，第十九卷，第一期，民國三十六年一月，頁7。

⑦⓪　張鳴皋，〈廣東大學與陳炳權〉，《廣州文史資料》，第十七輯，1979年12月，頁172。

⑦①　王淦，《青運工作概論》，頁88，引自汪學文，〈中共竊據大陸以前策動學潮始末〉，《中國近代現代史論集》，第二十七編（臺北，臺灣商務印

書館，民國七十五年八月），頁602～612。

⑫ 周謙添，〈抗戰勝利後的青年學生運動〉，政大東亞研究所碩士論文，民國六十八年六月，頁43～45。

⑬ 蔣中正，〈時代考驗青年，青年創造時代〉，《先總統蔣公全集》，第二冊（臺北，中國文化大學，民國七十三年四月），頁2159。

⑭ 李元平，《平凡平淡平實的蔣經國先生》（臺北，中國出版社，民國七十七年），頁188。

⑮ 中國社會科學院近代史研究所編，《胡適來往書信選》，下冊（北京，中華書局，1980年8月），頁389～390。

⑯ 張其昀，〈學潮與建國大針〉，上海《大公報》，民國三十六年六月六日。

⑰ 程其保，〈建國時期教育第一〉，《教育雜誌》，第三十二卷，第一號，民國三十六年七月一日，頁9。

⑱ 吳俊升，〈戰時中國教育〉，薛光前編，《八年對日抗戰中之國民政府》（臺北，臺灣商務印書館，民國六十七年九月），頁123。

⑲ 朱家驊，〈教育部三十六年度施政方針意見〉，朱家驊檔，檔號：124。

⑳ 天津《大公報》，民國三十五年七月二十七日，第三版。

㉑ 胡頌平，《朱家驊先生年譜》（臺北，傳記文學出版社，民國五十八年十月），頁62。

㉒ 《全國教育善後會議及復員工作報告》，中央研究院近代史研究所，頁66～69，朱家驊檔，檔號：106。

㉓ 中國社會科學院近代史研究所中華民國研究室編，《胡適來往書信選》，下冊（香港，中華書局，1983年），頁85。

㉔ 《教育復員計畫工作計畫》，教育部，民國三十四年六月。

㉕ 《晉察冀日報》，1946年3月26日。

㉖ 中國社會科學院近代史研究所中華民國研究室編，《胡適來往書信選》，下冊（北京，中華書局，1980年8月），頁82。

⑧⑦ 北京檔案館藏，《解放戰爭時期北平學生運動》(北京，光明日報社，1991年4月)，頁7。

⑧⑧ 左熒，〈收復區學生反甄審鬥爭〉，《解放日報》，1946年4月16日。

⑧⑨ 南京《大剛報》，民國三十七年二月二十四日，社評。

⑨⓪ 南京《中央日報》，民國三十五年九月三十日。

⑨① 《國民參政會第四屆第三次大會教育詢問案及答覆》，教育部，民國三十六年五月。

⑨② 〈視察臺灣教育觀感〉，中央研究院近代史研究所，朱家驊檔，檔號：170。

⑨③ 許紹桂，〈回憶我在國立貴州師範〉，《貴州文史資料選輯》，第二十二輯，1986年9月，頁161。

⑨④ 同上，頁164。

⑨⑤ 中央研究院近代史研究所，朱家驊檔，檔號：124。

⑨⑥ 《大公報》，民國三十六年七月二十七日，第三版。

⑨⑦ 梁錫華選註，《胡適秘藏書信選》，下冊(臺北，風雲時代出版公司，民國七十九年十一月)，頁497。

⑨⑧ 〈教職員生待遇〉，中央研究院近代史研究所，朱家驊檔，檔號：126。

⑨⑨ 同上。

⑩⓪ 梁錫華選註，《胡適秘藏書信選》，下冊(臺北，風雲時代出版公司，民國七十九年十一月)，頁501～502。

⑩① 莫擎天，〈廣州法政專門學校的建立及其變遷〉，《廣東文史資料》，第十三輯，頁54。

⑩② 北平華北學院教授寧協萬因生活困窘自殺。天津《大公報》，民國三十五年二月二十七日。

⑩③ 《國民參政會第四屆第三次大會教育詢問案及答覆》，教育部，民國三十六年五月。

⑩　林本，〈大學教育改革〉，《大公報》，民國三十五年十月六日，第二版。

⑩　教育部教育年鑑編輯委員會，《第二次中國教育年鑑㈡》（商務印書館，民國三十七年二月），頁23～24。

⑩　南京第二歷史檔案館藏，國民政府教育部檔案五②/392～393。

⑩　史紹熙編，《北洋大學——天津大學校史》（天津，天津出版社，1990年9月），頁332。

⑩　朱家驊，〈教育行政工作現狀〉，朱家驊檔，檔號：124。

⑩　胡適致張群函：「北京大學自復員後，校舍設備不敷用，本年學生院系增加，尤須急謀充實，三月間曾開具數字懇請教育部籌撥，但兩月以來物價高漲，且知庫帑支絀，經原定計劃項目切實縮減，計本年刻不容緩之修建費，須法幣一百五十六億，設備費三十六億，共一百九十二億。外匯美金十萬元，已專案懇部呈院請撥。務祈俯念此間情形，曲賜成全，准予一次撥付，俾能早見實施，一安眾望，不勝禱企。」中國社會科學院近代史研究所編，《胡適來往書信選》，下冊（北京，中華書局，1980年8月），頁220。

⑩　梁錫華選註，《胡適秘藏書信選》，下冊（臺北，風雲時代出版公司，民國七十九年十一月），頁482。

⑪　《大公報》，民國三十六年五月二十三日，第三版。

⑪　中央研究院近代史研究所，朱家驊檔，檔號：124。

⑪　同上，檔號：126。

⑪　南京《中央日報》，民國三十六年一月五日。

⑪　鄭天挺，〈自傳〉，《鄭天挺紀念論文集》（北京，中華書局，1990年3月），頁704。

⑪　參政員韓兆鶚、鄒樹文及王化民等的詢問，教育部編，《國民參政會第四屆第三次大會教育詢問案及答覆》（民國三十六年五月三十日出版）。

⑪　天津《大公報》，民國三十六年九月十一日、十五日、十六日、二十八

日。

⓲　鄭天挺，〈自傳〉，《鄭天挺紀念論文集》(北京，中華書局，1990年3月)，
頁704。

⓳　傅樂成，《傅斯年全集》(臺北，聯經出版事業公司，民國六十九年)，頁
144～145。

⓴　《國民參政會第四屆第三次大會教育詢問案及答覆》，教育部，民國三
十六年五月。

㉑　戰後高等教育復員的成就有：㈠戰前學校數為一百零八所，三十六年九
月增至一百九十二所；㈡戰前學生數為四萬餘人，三十六年九月為十一
萬餘人；㈢戰前學校分佈較集中，戰後稍有改善，江南區(上海、南京、
江蘇、浙江)五十六校，華中區(安徽、江西、湖南、湖北)二十六校，
華南區(廣東、香港)十二校，西南區(雲南、貴州、廣西)十一校，
臺閩區(臺灣、福建)十三校，華北區(河北、河南、山東、山西)三
十三校，西北區(新疆、甘肅、陝西)十二校，東北區(東北、熱河)
八校，川康區(四川、西康、重慶)二十一校。

第五章 接收的失敗與平津地區的淪陷

　　戰後國民政府平津地區的接收工作，至三十六年底告一段落，然隨著軍事局勢的發展，三十八年一月平津地區為中共所佔據，其他地區更岌岌可危。平津地區淪陷的原因錯綜複雜，與接收有關者如接收人員的貪污、通貨膨脹、中共刻意阻擾接收、政策的缺失、學潮的頻繁、接收單位的疊床架屋等均值得檢討。本章僅就接收人員的貪污、通貨膨脹、中共的因素等三方面加以討論。

第一節　接收人員的貪污

一、貪污的種類及其影響

　　戰後國民政府接收平津地區及其他地區，最為人所詬病者為接收人員的貪污問題，參與平津地區接收而滯留於大陸者，如天津市長杜建時、北平市長何思源、處理局接收委員李紹泌等均認為戰後國民政府的接收官員相當腐化❶，戰後天津、北平區的報紙更不時有貪污的新聞，冀察熱綏區清查團在清查後的建議報告中談到：

　　於是詬者謂「接收」為「劫收」，本團認為接收工作之貪污寡效，由於人事者半，由於政策者半。查敵人侵佔華北，原有整個計畫，推行此項計畫，有一統一機構。中央於接收之初，專

注重一時國庫收入，不顧及百年建設大計，既未先設整個統一
之機構，全盤接收，又未自定一整個接收計畫，既無負責統一
接收之機構，亦無統一指揮接收之大員。關係各部份之派員來
平，特派員頭銜者，不知若干名。接收機關不下數十處，各不
相謀，各自為政，明為接收，實為搶攘。敵偽一機構，我則數
機關爭接收之，故報章謂為「大卸八塊」，以致若干生產機構
及工廠停頓關閉，支離破碎。❷

貪污的種類更是五花八門。

(一)貪污的種類

「貪污」（或稱貪瀆）有不同的界定，包括：(1)要求賄賂。請求給
付賄賂或不正當利益。(2)期約賄賂。關於給付賄賂或不正當利益的意
思。(3)收受賄賂。他方交付賄賂，一方從而受領。(4)行求賄賂。提出
賄賂或不正當利益，以供給付。(5)盜賣。有意圖售賣而盜取之行為，
包括盜而不賣。(6)侵佔。持有人變更其原來持有，而為不法所有。(7)
竊取。將他人所有之財物，乘他人不知之際，擅自移轉於自己支配之
下。(8)藉勢及藉端。憑藉其本人或他人之勢力謀取利益。(9)強佔及強
募。用強暴手段，排除他人占有之原狀，而佔領其物，或強令他人應
募。(10)抑留。遲延不發。(11)剋扣。發放不足。(12)庇護。包庇保護或不
舉發犯罪行為等❸。貪污行為與政府權力的運用有不可分的關係，只
要有政府的地方，便有貪污的行為，只是程度上的差異而已。理論上
雖如此，但貪污行為仍被視為是造成政治腐敗與政權喪失的重要因素
之一❹。

日本投降後，政府為處理收復區與光復區的各項問題，視接收為
戰後的首要工作，中央方面將事業單位劃分為全國性及地區性，分別

性質派專人負責前往各地接收,然政府所派的接收人員素質良莠不齊,接收委員李紹泌以五子登科 (掠奪金子、車子、房子、票子、女子) 人物,來形容貪污的接收人員❺。北平行營主任李宗仁則有如下之描述:

> 當時在北平的所謂「接收」, 確如民間報紙所譏諷的,實在是「劫收」。 這批接收人員吃盡了抗戰八年之苦,一旦飛入紙醉金迷的平津地區,直如餓虎撲羊,貪贓枉法的程度簡直駭人聽聞,他們金錢到手便窮奢極欲,大肆揮霍,把一個民風原極淳樸的故都,旦夕之間便變成罪惡的淵藪。中央對於接收職權的劃分也無明確規定,各機關擇肥而噬。有時一個部門有幾個機關同時派員接收,以致分贓不均,大家拔刀相見,無法解決時,便來行營申訴,我身為最高長官的行營主任竟成了排難解紛的和事佬。最令當時平、津居民不能忍受的便是這批接收官員為便於敲詐人民,故意製造恐怖氣氛,隨意加入以漢奸罪名而加以逮捕。一時漢奸帽子亂飛,自小商人至大學教授隨時有被戴上漢奸帽子坐牢的可能。因而凡是抗戰期間沒有退入後方的人,都人人自危,於是頗有一些年高德劭的學者和居民來向我泣訴,希望能稍加制止。❻

戰後接收貪污各地皆有❼。參與接收的邵毓麟提到:「而經濟事業機構的接收,更是弊端百出,黑漆一團。再加經濟事業機構為利之所在,重慶所派人員,在上者或係盲人瞎馬,莫名其妙,原在下者卻睜開眼睛,混水摸魚,而共匪與偽組織人員,又楔入政府與人民間,大肆渲染,挑撥離間,所以勝利後的接收,別有用心的人,稱之為『劫

收』。」❽雖然上海經濟工礦特派員張茲闓曾為文駁此說法❾。但當時
北平接收員中張廉卿被依貪污罪辦、經濟接收特派員張果為被監院彈
劾，則是不爭的事實❿。對此，本文以檢舉案件及提起公訴的案件作
分析。當接收工作進行之後，有關貪污的檢舉案件極多，尤其清查團
至平津地區清查後案件更多，清查團留置平津地區五十日內接獲密告
的案件多達一千餘件，經清查後，大部份證據不足，經審查後送法院
者，初步估計僅計三十餘件，約五十人，如下頁表5-1。

分析當時檢舉貪污案件極多之因：其一，當接收工作展開後，接收官
員得罪一些既得利益者；其二，接收單位間爭執的糾紛，相互檢舉；
其三，對於日偽物資與私人物資認定的差距。然檢舉案件經調查後提
起公訴者比例甚少，除部份確實是當時抄寫清冊之誤外⓫，又與具體
證據難尋有關。尤其重要的接收人員，一方面部屬不敢舉發，另一方
面缺乏具體證據，因此雖有許多關於李宗仁⓬、王翼臣、孫越崎、石
志仁、熊斌、杜建時等的貪污傳聞，但均無具體證明。天津公用局長
王錫鈞、華北海軍專員辦事處主任劉乃沂、經濟部冀熱察綏區特派員
辦公處工電組組長范濟川等為涉案被提公訴中層級較高者。本章就當
時經提公訴的案件中歸納其貪污種類如下：

1.盜賣物資

接收弊端中盜賣及盜竊物資者極多，經濟部在天津接收的二十七
處較大的商店，有十四處被盜賣⓭，此種盜賣弊端又可分為三種，第
一種情形是接收人員利用接收之機將接收物資盜賣給廠商，獲取不當
的利益。以天津公用局的弊端為例，王錫鈞為戰後首任公用局局長兼
黨政接收委員會委員，負責接收敵偽天津運輸株式會社，任用同鄉(瀋
陽縣)羅承維，充用公用局主任秘書，委任劉錚達任第一科科長，姚
震鸝代理委員，接收天津運輸株式會社。姚染鴉片惡習，採用心腹張

表5-1：戰後檢舉貪污移送法院案件一覽表

姓　名	職　　　　稱	涉　案　情　形	結　果
王錫鈞	天津市公用局局長兼黨政接收委員會委員	盜賣接收物資	被提公訴
羅承維	天津市公用局主任秘書	盜賣接收物資	被提公訴
姚震籬	天津公用局代理委員	盜賣接收物資	被提公訴
張曉春	天津運輸株式會社接收科長	盜賣接收物資	被提公訴
朱樹安	天津運輸株式會社接收科長	盜賣接收物資	被提公訴
劉寶玉	天津接收郡茂洋行倉庫看守員	監守自盜	被提公訴
吳鷺生	天津接收東京麵粉工廠臨時雇員	私運物資盜賣	被提公訴
李筱峰	天津接收東京麵粉工廠臨時雇員	私運物資盜賣	被提公訴
張彭瑞	天津接收東京麵粉工廠臨時雇員	私運物資盜賣	被提公訴
康公烈	經濟部冀熱察綏區特派員辦公處接收北平大二洋行駐廠員	盜賣	被提公訴
崔世恩	接收後管理員	盜取	被提公訴
劉振東	接收人員	監守自盜	被提公訴
劉乃沂	華北海軍專員辦事處主任	盜竊接收物資	被判死刑
徐明道	交通部平津區接收委員	盜竊接收物資	被提公訴
趙伯敏	河北省第四倉庫主任	盜竊接收物資	被提公訴
吳　謙	北平查獲南郊分局局長	接受賄賂	移送法辦
賈成和	燕京造紙廠廠長	隱匿接收物資變賣為己有	移送法辦
范濟川	經濟部冀熱察綏區特派員辦公處工電組組長	隱匿接收物資涉及侵佔	移送法辦
李天開	燕京造紙廠副理	隱匿接收物資涉及侵佔	移送法辦
盧道清	燕京造紙廠庶務	隱匿物資據為己有	移送法辦

表5-1：戰後檢舉貪污移送法院案件一覽表（續）

簡召洪	日用品處理委員會職員	侵佔	被提公訴
郎啟洵	平津區敵偽產業處理局職員	侵佔	被提公訴
崔君陸	平津區敵偽產業處理局職員	侵佔	被提公訴
王鴻溥	平津區敵偽產業處理局職員	侵佔	被提公訴
葉篤傑	平津區敵偽產業處理局職員	侵佔	被提公訴
白文彬	天津海關職員	侵佔	被提公訴
陳家煒	天津海關職員	侵佔	被提公訴
文成章	天津海關職員	侵佔	被提公訴
薛慎微	教育部天津地區接收委員	侵佔	判　　罪
劉錚達	天津市公用局科員	共同侵占公款	被提公訴
趙英華	河北平津區敵偽產業處理局第三組組長	圖利他人	被提公訴
王維鈞	河北平津區敵偽產業處理局專門委員	圖利他人	被提公訴
劉彥儀	河北平津區敵偽產業處理局專員	圖利他人	被提公訴
張家傑	河北平津區敵偽產業處理局第三組副組長	圖利他人	被提公訴
王宗選	河北平津區敵偽產業處理局科	圖利他人	被提公訴
李金洲	天津市財政局長	貪污	未經查證
周鳴珂	經濟部接收委員	偷運公物貪污	不起訴
王光英	天津分處接收專員	侵占（清冊不實）	不起訴
武恩佑	天津分處接收專員	侵占（清冊不實）	不起訴
韓扶生	天津分處試用職員	岩淵工廠遺失物資案	不起訴

曉春、朱樹安分任接收科長，自民國三十四年十一月起，假籌經費為名，連續盜賣大量接收物資，藉復業為詞，共同侵佔公款如下：盜賣與李常天煤四十九噸、焦炭二十七噸，得法幣三百五十餘萬元，由王錫鈞、姚震離、張曉春共分。盜賣與馮蘊山、王振廷紙張三十六噸，得法幣九十餘萬元，姚震離、張曉春、羅承維、劉錚達共分，劉得二十萬元，羅得三十萬元。盜賣火柴九百箱，得法幣七百餘萬元，由王寶生、姚震離、張曉春、朱樹安、賈仲群共分。其他如盜賣麵粉一千餘袋、盜賣活騾三匹得款亦共分。又王錫鈞及姚震離等且侵佔麵粉及火柴等公物。由地檢處檢察官徐鴻章於三十五年九月十六日提起公訴❹。交通部平津區特派員辦公處接收偽華北交通公司公路科科長兼平津區運輸辦事處業務所主任徐明道，利用職務之便，盜賣汽車三部、汽油九大桶及其他物資，被密告於北平行營隱匿物資清查委員會，經傳訊後提起公訴❺。

第二種是接收後清點與管理期間監守自盜的情形。如天津接收郡茂洋行倉庫看守人劉寶玉於三十五年七月間監守自盜，私自偷賣倉庫內的物資。經濟部駐津辦事處接收東京麵包粉工廠內存物資，派臨時僱員吳鷺生、李筱峰、張彭瑞前往辦理清點標售，吳等私將黃豆十五袋未經報准運往他處。經濟部冀熱察綏區特派員辦公處接收北平大二洋行駐廠員康公烈，瀆職勾結軍人偷運公物，函請憲兵第十九團將其拘捕到案，被告盜賣公物證據確實，送地方法院查辦。外勤員崔世恩私取三井洋行倉庫砂糖屬實，移送法辦❻。北平啤酒廠於三十五年二月二十日開始由公用局接收，至二十六日接收完竣，日人中島指證，該廠有短缺物資的情形，經查證係接收人員劉振東於接管期間監守自盜❼。

第三種是接收人員盜竊接收物資據為己有。清查團查出華北海軍

專員辦事處主任海軍上校劉乃沂於民國三十五年八月二十七日，清查團會同軍憲警將之逮捕，於其寓所查獲珍珠五百餘顆，黃金十七錠，金鐲八對，皮衣五十餘件，另有保險箱數只 ❶。有許多珍貴物資是在接收過程中盜竊所得，後經判死刑確定，於三十六年一月十六日在北平執行。

2.接受賄賂

杜建時談到天津黨政接收委員會接收天津時指出：

> 接收方式分為兩種，一種是先將日本的企業、機關封門，要日本人交出清冊，聽候處理。另一種是對一般工廠、商店按日本人清冊接收後另派經理人員，繼續開工、開業。無論是那一種方式，日本人有些先送給接收人一筆價值頗大的賄賂，免受留難與挑剔，接收人自然笑納，馬虎了事，跟著自己大走後門，進行盜竊。❶

此外由於認定敵偽財產，雖有法令為標準，但事實上大權則操在接收人員的手中，因此許多漢奸及中日合營的公司或原本是日人的產業，為避免財產被充公，常透過關係賄賂接收人員。如北平查獲南郊分局局長吳謙，濫用職權，假借查封漢奸之名，私自接受金銀、玉器、古玩，連續詐欺貪污達一千四百餘萬元，將其移送地方法院辦理❷。

3.隱匿不報

雖然接收之前先由被接收單位提出清單，接收官員再按清單進行接收，然由於國民政府的接收係先由地方的黨政接收委員會或軍事單位先行接管，再轉移至中央派駐地方的接收委員接管，又分別其性質加以移交，財產經過多次轉交程序，在移交清冊及清點過程，多有隱

匿不報的情形，如：

⑴天津警備司令由國軍第九十四軍軍長牟廷芳兼任，該軍於三十四年
十一月中旬陸續至天津。天津警備司令部本無權接收敵偽產業，牟
廷芳派員密查敵偽隱匿不報的物資，計有：一百多條地毯，查封一
個儲存大量米麵雜糧的倉庫，還接收了機器設備，牟廷芳將之變賣
據為私有❹。

⑵燕京造紙廠汽車夫工友於三十五年六月控告該廠廠長賈成和，將廠
內皮沙發、地毯等運至家中，並有盜賣廢鐵情事，經調查屬實，移
送法辦。由經濟部冀熱察綏區特派員辦公處工電組組長范濟川兼代
廠長，九月，清查團據報調查發現有漏報汽車、載重汽車、電鑽、
打光機等事，認定范濟川廠長、副理李開天、庶務盧道清有意隱匿
物資據為已有，移送法辦。

4.侵佔

北平市及天津黨政接收委員會成立後，與其他單位時有爭相接收
的情形發生，有的單位已為該會接收貼上封條，但是不久又有其他單
位重貼封條，有的竟貼了幾個封條，也有的打開封條，予以占用，接
收委員會對此亦無法制止，只好聽任之。當時第十一戰區司令部查封
接收的銀行倉庫最多，儘管將接收清冊報送黨政接收委員會，但冊中
物資寥寥無幾，大部份已運出變賣❹。接收人員在接收物資時，常有
以多報少據為已的情事發生，並發現共同侵佔者。如簡召洪為日用
品處理委員會職員，朗啟洵、崔君陸、王鴻溥、葉篤傑等為平津區敵
偽產業處理局職員，白文彬、陳家煒、文成章等為津海關職員，於處
理日人所儲存油庫時發生集體侵佔。抗戰期間日人搜集華北各地油類，
儲存於天津市各油庫內，日本投降後，經海關負責保管，平津區敵偽
產業處理局處理，旋復成立日用品處理委員會共同協助處理，該批油

類於三十五年六、七月間由日用品處理委員會等批售給油業公會，簡召洪等派往監秤，在監秤時侵佔七百八十三‧五公斤，再賣予油業公會甯振麒等。另大陸油廠原存胡麻油淨重九萬八千六百六十公斤，於三十五年七月十三、十五兩日過秤放行時，僅秤九萬一千一百五十一公斤，侵佔二千六百六十五公斤。大陸油廠花生油部份侵佔三千二百七十公斤。植物性滑機油於八月十日放行時，以同樣手法侵佔三千一百一十三公斤，獲利約七億元，由市民密報清查團，交河北監察使，轉地方檢查院偵辦，被提公訴㉓。教育部平津區特派員辦公處接收日人小谷的古玩、字畫、文物時，有一部份遺失，傳聞為特派員沈兼士或天津辦事處主任王任遠所貪，後經清查團調查結果證實遺失古物及字畫為接收員薛慎微所侵佔，並從其住處搜出贓物四百餘件，約值數十億元，為沈兼士洗刷不白之冤㉔。另有強占房屋財產者，對日本和漢奸的房屋財產的強佔，先是假公家之名佔有，再設法佔為私有，另一方面則直接佔為己有，一些接收官員爭搶房產、汽車以為己有，北平市長熊斌看中北平西堂子胡同一號一所德人錫克房產，派警察前往看守，並貼上「熊市長寓」於門框，第十一戰區長官部參謀長亦看中此屋，又派軍人前往看守。清查團人員慨嘆：「北平互爭接收房屋之風之盛，實屬有玷官箴。」㉕

5.圖利他人

此種弊端大部份是利用職務上之便圖利廠商並趁機謀利，由趙英華、王維鈞、劉彥儀等舞弊案被地檢處起訴的案例即可知其一二。趙英華，係河北平津區敵偽產業處理局第三組組長，主管處理敵偽房地產事項。王維鈞、劉彥儀二被告分任專門委員及專員職務，經辦該組主管事項與該組副組長張家傑，科長王宗選，共同舞弊，於民國三十五年間至三十六年一月間，將北平市東堂子胡同二十四號、前外大街

一號及打磨廠二八六號三處敵產，由苑崇穀（趙英華之姻親）冒領，圖利苑氏，被移送偵查。由檢察官黃序仁將趙英華、王維鈞、劉彥儀等人提起公訴❷。

㈡貪污的影響

接收貪污的影響極難具體陳述，最直接而明顯的是財務的損失。戰後接收人員的貪污動因極為複雜，雖然費正清認為民國長期的混亂與國民政府統治者的不道德行為有關❷；美國學者易勞逸(Lloyd E. Eastman)在《毀滅的種子》書中談到：「到戰爭後期，特別進入一九四三年以後，稅制的敗壞、貪污、減產和通貨膨脹在鄉村都已非常明顯」❷，但大部份屬於個人的行為，其目的則為劫取利益，以當時幾件貪污案為例，⑴河北省第四倉庫主任趙伯敏，自三十四年十一月至三十五年三月間，盜賣糧食達五百萬噸之多，價值約二億元，趙並在北平購置房屋七十餘所，被捕送法院偵辦❷。⑵北平查獲南郊分局長吳謙，濫用職權，假借查封漢奸之名，私受金、銀、玉器、古玩，並連續詐欺貪污達一千四百餘萬元。將其移送地方法院辦理❸。⑶天津昌和製造所盜賣，此弊端係天津市民趙佐臣有見於昌和製造所盜賣情形極嚴重，於三十五年三月向河北平津區敵偽產業處理局舉發，趙佐臣於呈報時指出天津昌和行內存有敵產物資，被日人和華人秘密售與天津南馬路益隆車行及東興大街豐源車行。其後經濟部冀熱察綏區特派員辦公處接收昌和製作所接收員馬仕傑亦發現此弊端，並向特辦處提出昌和行物資被轉賣之報告，報告時指出：「昌和製作所日人社長小島和三郎報稱該所於接收期間因駐軍調動頻繁，環境情形複雜，以致連續發生盜竊情事，重要物品損失甚多」❸。可知貪污使原有物資嚴重損失。

其次為造成重複接收的糾紛，接收機關間相互爭執有利可圖的單

位，如開發公司所屬的重要單位華北電業公司天津支店、開發生產組合天津分社等單位，於勝利後由天津市政府公用局接收管理，十一月下旬，經濟部特派員辦公處熊敏伯、楊錫祥等接收委員，前往市政商洽接管事宜，市政府則不願配合❸。但一些單位因損壞嚴重、無利可圖，則無人問津，張鵬指出：

> 一九四五年八月日本投降以後，國民黨政府在天津臨時拼湊了幾套接收班子，即天津市黨部接收委員會、河北平津區敵偽產業處理局、天津漢奸財產調查委員會和資源委員會駐津特派員辦公室等，均企圖搶先接收，大發橫財。一時之間封條滿天飛，甚至一個工廠大門上竟同時貼上幾個封條。❸

經濟部接收委員王守太於三十五年一月報告宣外鐵門北京鑌鏢工廠貼有市黨部封條，去函要求停止接收以劃分權限，不但未獲回應，且於二月間更加派人手看管，經再去函交涉始獲結果。又中興鐵工廠接收委員郭學謙，三十五年一月接收時發現有第十一戰區司令部派員調查並貼有封條，向辦公處報告難往接收❸，重複接收造成各單位間的爭執不斷❸。

其三造成人民對政府的不信任危機，其影響較難以具體數據解釋，但三十五年以後頻繁的學潮，物價的飛漲，與人民信心危機有關。此外，在戰後國共對峙初期，平津地區的人民普遍對共產黨並無好感，至三十七年後，許多人反而支持共產黨，平津戰役雖說是軍事的失利，但人心對政府的不信任亦為原因之一。

二、接收清查團的成立

　　蔣介石亦深知戰後接收人員的紀律與接收機關聯繫的重要，於三十四年九月二十五日分別責成何應欽將軍及北平行營參謀長王鴻韶，要求何將軍「嚴加督飭，務須恪守紀律，以維令譽」；並告誡王鴻韶：「中央機關派赴北平人員較多，其與舊有機構，難免不有交涉事項發生，應由參謀長轉知該員等，嗣後應經由該參謀長統籌辦理，以免紛歧。」❸。當獲知接收官員貪污情事之報告後，於三十四年十月二十五日，致電中國戰區陸軍總司令何應欽迅即查明，其原電如下：

> 據確報京、滬、平、津各地軍政黨員窮奢極侈，狂嫖濫賭，並借黨團軍政機關名義佔住人民高樓大廈，設立辦事處，招搖勒索無所不為，而以滬平為甚，不知就地文武主官所為何事，究有聞見否？收復之後腐敗墮落，不知自愛至此，其何以對陣亡之先烈。……希於電到之日，立刻分別飭屬嚴禁嫖賭，所有各種辦事處之類，大小機關名稱一律取消封閉，凡有佔住民房招搖勒索情事，須由市政當局負責查明，一面取締，一面直報本委員長，不得徇情隱匿，無論文武公教人員及士兵長警不得犯禁，並責成各級官長連帶負責，倘再有發現，而未經其主官檢舉者，其主官與所屬同坐，決不寬貸。❸

三十四年十二月中旬蔣介石至北平巡視，十四日，召集北平黨政軍各界負責人茶會上，強調北平市容與秩序諸多敗壞，希望黨政軍各界及全市市民力行新生活運動、革新風氣❸，並特別發出公告，准許人民陳訴其痛苦。蔣介石離開北平後，回到南京，特別派沈鴻烈前往平津一帶暸解各區接收事宜，尤其督促接收人員不可貪污。而北平行營主任李宗仁對戰後的貪污事件亦極為重視，多次在黨政軍接收會報再交

議查處,在三十四年十一月二十三日召開的北平行營第三次黨政軍接收會報中交議:「應如何查禁操縱物價及假藉名義在外招搖撞騙者請各抒所見」案,經討論後決議:(1)由行營通令凡公務人員如有利用公款囤積貨物,以操縱物價者,一經查出,決依法處死刑。(2)囤積貨物糧煤之奸商,由市府予以澈查,平價令其出售,否則予以沒收。(3)由行營通令並佈告凡假藉名義在外招搖撞騙或詐取財物者,一經查出概處死刑❸。

　　然接收人員貪污傳聞不斷,國民政府為肅清不法行為,避免接收人員貪污,三十四年底,首先由監察院院長及部份委員提出請分區派遣監督接收工作案。國民政府認為肅貪確有必要,乃於三十五年五月,成立清查團。清查團的成員係由國民參政會、中國國民黨中央監察委員會和監察院三方面共同組成,其成員包括國民參政會二至五人、監察院一至二人、中央監察委員會一至二人。清查團成立後並於六月與行政院會商確定「清查處理敵偽物資辦法」, 規定清查地區分為蘇浙皖區、湘鄂贛區、粵桂區、冀察熱綏區、魯豫區、閩臺區和東北區等七團。每團又按所管區性質分成若干組,每組由三機關各派委員一人組成。其中參加冀察熱綏區者:團長李嗣璁,團員梁上棟、許德珩、黃宇人、榮照、蘇斑、白瑞、何梅林(基鴻)、 李正樂等九人,後許德珩,由谷鳳翔代替。為避免牽延時日失去清查的意義,規定清查時間不得超過五十天❹。

　　民國三十五年七月八日,接收處理敵偽物資工作清查團即將出發之際,蔣介石於國府紀念週後接見南京團長張知本、劉文島、錢公來,團員范予遂、金維繫、胡伯岳等,主席首對該團即將出發清查工作表示欣慰之意,並強調:清查接收敵偽物資缺點,於國家有益,工作愈詳細愈切實愈好。在清查完畢後,應作一總檢討,俾可擬訂具體的處

理辦法❹。監察院于右任院長亦於出發前夕召集監察院參加清查團的二十二個監察委員，舉行一次會議，會中強調：「御史貌冠，不畏強暴，自然是中國歷史上的優良傳統，也是我們的神聖職責，清查團員總要做到不偏不激，使人心悅服才好，千萬不要將來又有人說要清查清查團員才好。」❷各團分別出發進行清查工作。

冀察熱綏區清查團於三十五年八月一日正式開始清查工作，除團長已推李嗣璁擔任外，經依照規定，推舉梁上棟為第一組組長，何基鴻、谷鳳翔為第一組委員，李嗣璁兼第二組組長，李正樂、榮照為第二組委員，黃宇人為三組組長，蘇珽、白瑞為第三組委員。經開會後決定清查敵偽物資，以北平、天津為重心，並採重點主義，按照規定於限期五十日內完成，其中十日辦理準備及結束工作，以四十日實際清查，重點的平津二地，以三十日清查完竣，其餘十日則清查冀察熱綏區各重要地區❹。清查團自開始辦公以後，沒有休假，包括星期例假日在內，每日照常辦公，並於每日上午八時舉行會報一次，討論的重點包括：決定當日清查程序、檢討昨日工作情形、交換意見、商決重要問題等。

八月一日上午九時，假北平市參議會招待北平市參議員、留平參政員、新聞記者及各社團負責人，提出清查團的工作方針，並交換意見。下午四時在辦公處與北平市司法憲警各方面負責人商洽聯繫辦法及配合措施。八月二日起召集河北平津區敵偽產業處理局長及該局高級職員，暨委託機關負責人，來團報告接收工作，五日起分組清查。第一組清查第五補給區司令部、北溝沿大亞被服廠、北平行營督察處、第十一戰區調查室、警備司令稽察處、北平市、天津市黨政接收委員會、教育部平津區特派員辦公處及司法部駐平津區辦公處等單位；第二組清查經濟部特派員辦公處、財政部金融特派員辦公處、四行及中

信、郵匯兩局、海關倉庫、衛生署特派員辦公處等；第三組清查交通部平津區特派員辦公處、農業部、社會部平津區特派員辦公處、農事試驗廠、第八公路總局等。每一單位的分配時間相當有限，有時一個下午清查三、四個單位。每組雖分別不同單位清查，但有些較為複雜的單位，則由全團共同處理。如八月十日，上午全體聽取北平市政府接收報告，下午全團分為五組清查北平海關保管的各倉庫❹。為瞭解平津區的接收情形，多次召集軍政機關重要人員，聽取接收報告。八月六日，召集北平軍事機關負責人會議，出席者計有：北平行營、第十一戰區長官、第五補給區司令部、第六兵站總部、第三十四集團軍及憲兵十五團等六單位負責人，查詢接收的情形。自八月五日起至十七日，清查團以北平市為清查重點，十八日後開始清查天津市，北平市的清查工作則繼續進行。

　　八月十七日，清查團團長李嗣璁偕團員梁上棟、黃宇人、榮照、白瑞、何基鴻等到津，清查天津黨政接收委員會接收情況，下榻於第四招待所，並設置密告箱，以便人民投函。分別在市府及臨時參議會召開會議，團員黃宇人在會上揚言「要打老虎」❺。十九日、二十日聽取天津市政府及天津區軍政方面的接收報告。二十日起先後赴敵偽產業處理局天津辦公處及天津各處倉庫商店，並調查天津市公用運輸事務所所長張曉春接收舞弊事件，於八月三十日離開天津。九月一日至二十日繼續清查未清查的機關，清查工作按原定五十日完成，九月二十日，清查團回南京。總共清查礦場六單位，北平地區工廠七十八單位，天津地區工廠二百九十五單位，河北地區工廠十二單位，北平地區商店事務所及倉庫八十八單位，天津地區一百八十三單位，河北地區十四單位❻。

　　清查團雖有其成效，但亦有其缺失：⑴在有限的時間及有限的人

力下，要清查繁瑣的接收業務，每日必須清查數單位，工作過於繁雜，有時甚至不能詳細比對接收名冊，更遑論清查弊端，使清查流於形式。⑵清查團員不足，每一清查團包括國民參政會議員、中國國民黨監察委員、國民政府監察委員等三單位，每團約有九個成員，雖聘任一些工作人員參與其事，但主要的清查工作仍由清查團團員擔任，每日工作過於繁雜，效率自然大受影響。⑶成立時間太晚，貪污事件已發生，即使清查起訴，已造成傷害，很難彌補。北平市參議會議長谷鍾秀於三十五年九月一日指出：「遲至今日始來北平清查，十分遺憾，因物資之盜賣已入無法清查階段。」❹然在貪污傳聞不斷的情況下，清查團的成立，一方面對接收人員貪污行為有其嚇阻作用。另一方面可澄清社會的傳聞，以正視聽。

三十五年清查團工作結束後，蔣經國先生在華北發起反貪污運動，以「燕廉」作為對外通信的代名，由蔣經國直接指揮，鄭彥棻負責聯絡，該組織成立於三十六年二月，至七月結束，主要的成員為劉瑤章（河北省黨部主任委員）、石志仁（天津鐵路局長）、孫振邦（河北省民政廳長）、賀翊新（河北省教育廳長）、陳雪屏（北大訓導長）、耿幼麟（北平補給區司令）、王翼臣（經濟部特派員）、鄭天挺（北大教務長）、張懷（輔大教授）、屈凌漢（河北省社會局長）、王捷三（北平行轅政務處長）、陸滌寰（天津市衛生局長）、楊以周（天津中紡局經理）、趙昂青（平津鐵路局主任秘書）、張重一（輔大教授）、董洗凡（輔大教授）、朱芳春（河北省北平高中校長）等，採不定期開會方式，前幾次以討論貪污問題為重點，由劉瑤章以「燕廉」的名義呈報，其後幾次的開會除討論貪污問題外，並交換平津地區各項問題之意見❹。此次「燕廉」行動並無具體的成效。

第二節　通貨膨脹

一、平津地區的通貨膨脹

　　通貨膨脹(Inflation)即是通貨數量的增加超過市場的正常需要，導致一般物價高漲❹。亦有學者認為：所謂通貨膨脹是指物價水準持續上漲的現象❺。從理論上言，造成物價膨脹的主要原因，不外有效總需求(Effective Demand)增加及成本增加二類因素，簡言之，需求增加、供給減少為通貨膨脹的主因。實際上造成通貨膨脹的原因相當複雜，以戰後而言，包括戰後國民政府赤字的增加❺、貨幣的發行量增加❺、戰後經濟復甦的緩慢、交通破壞後運輸成本提高、工資及原料價格不斷攀昇、人民對物價的預期心理造成投機及囤積❺。此外，國共間的內戰亦是造成通貨膨脹的一大原因，南開大學教授史道源在〈論改革幣制〉一文中提到：「今天惡性通貨膨脹，歸根究底，在於內戰的持續，政府要『戡亂』，共產黨要『作亂』，農村破產，工商崩潰，財政收入一天一天的減少，軍費一天一天的增加。」❺張奇瑛亦認為：「勝利以後，內戰接踵爆發，且以經濟鬥爭為政治鬥爭的主要工具，破壞建設，益形慘烈，國民經濟遂形支解。」❺雖然有學者反對內戰是通貨膨脹的原因，而認為內戰是通貨膨脹的結果❺。但內戰對於持續惡質的通貨膨脹的確有催化的作用。

　　戰後因人民對政府的信任度提高，物價一度回穩，三十四年十一月以後平津區的物價開始波動，天津市市長張廷諤於三十四年十一月十七日說：「近日物價激漲，人心不安，原因不外四點：⑴目下津市周圍交通不便，致糧食輸入不暢。⑵日本投降各敵偽工廠十九停工，

生產力減少，致物資缺乏。⑶法幣為偽幣之折合率尚未公布，民眾懷疑偽幣貶值，乃盡量吸收物資。⑷國軍初到津時，曾一度採購軍米，對物價不無影響。」❺ 自三十五年後物價逐漸向上攀升，平津地區糧價隨之猛漲，三十五年糧價約漲十五至二十倍，許多人搶購救濟麵粉。其他物價亦成相對幅度的成長，三十四年大米每斤法幣十二元，小米每斤六元，麵粉三十元；三十五年一月大米則漲為一百八十四元，小米漲為八十八元，麵粉一百三十元。五月份小米一斤漲到一百八十元，麵粉三百二十元❺，幾乎所有物價均上揚。這種物價上漲是全國普遍現象，如下頁表 5-2。但以太原、北平、天津等地最為嚴重，比較三十六年與三十五年同期，太原一年物價上漲二十倍，北平上漲十六倍，天津十三倍❺。三十六年一月平津受到中央銀行公布發行二百五十元及五百元新關金券大鈔消息的影響掀起第一波的市場波動❻，壽豐通粉每袋由三十五年十月的三萬三千元漲至四萬七千五百元，黃金每兩由三十五年十二月的四十一萬元漲至五十一萬元。民國三十七年平津地區的物價漲幅亦大，此與東北資金及流通券大量流入平津，帶動其他物價的上揚有關。⑴由於東北對關內的匯款僅限於平津兩地；⑵由於東北軍事當局須至平津購糧；⑶由於在東北的公務人員匯款入關贍養家屬；⑷由於東北豪富見於東北的混亂，資金湧入平津；⑸由於東北大部份地區已為中共所佔據，政府所需物資由關內補給。東北游資流入平津，就中央銀行收兌的數目，三十七年一月至六月中已達二十四萬億❻。八月政府雖實施幣制改革及經濟管制措施，但至十月底，物資缺乏日益嚴重，物價劇烈上漲，造成搶購的風潮，一些商店甚至限制每日經營額，以減少通貨膨脹的風險。

表5-2：戰後各重要都市物價指數一覽表

時間 ＼ 地點	北　平	天　津	南　京	青　島	重　慶
三十五年　一月	149,055	134,265	170,158	174,272	209,561
三月	279,661	277,525	345,269	321,157	235,728
五月	379,183	362,095	420,800	438,730	252,406
六月	430,830	419,200	472,978	491,010	256,963
八月	483,978	463,699	471,989	570,600	263,250
十月	638,628	665,620	621,071	735,100	357,323
十二月	676,050	740,983	720,133	889,840	451,035
三十六年　一月	842,480	834,587	842,480	1,017,955	525,300
二月	1,267,912	1,264,554	1,282,353	1,565,429	722,986
四月	1,759,417	1,721,433	1,621,259	2,199,579	780,567
六月	3,311,846	3,172,826	2,881,400	3,789,667	1,334,381
八月	4,165,140	3,936,743	3,511,083	5,295,125	2,219,269
十月	6,796,571	6,494,190	6,721,869	9,068,800	3,872,665
十一月	8,402,200	8,158,881	8,328,562	10,729,756	4,958,040
十二月	12,269,714	12,199,258	10,400,400	13,562,500	6,407,078

資料來源：以民國二十六年上半年等於一○○為基數，引自張其昀等編，《中華民國開國五十年史論集》，第二冊（國防研究院，民國五十一年一月），頁858～863。

二、通貨膨脹對復員的影響

通貨膨脹的影響是多方面的，經濟的惡化，引起公眾心理的憂鬱、恐慌和失望，「更為嚴重的是大家相信這場經濟危機已經到了山窮水盡的地步，所以誰也不指望會出現柳暗花明，只管苟且度日，算計著末日的到來。」⑫此種對現實環境失望的心理，使金融經濟產生連鎖的惡質反應，使戰後局勢更不可為，影響復員工作的進行。

㈠復員進度受波及

接收與復員為國民政府戰後的當務之急，然各部門編於復員的經費有限，本已有捉襟見肘之感，加以通貨膨脹之故，預算遂不敷使用，常常一年追加幾次預算，復員進度自受到影響。以教育文化經費而言，預算既有限，分撥於各校復員經費更微不足道，三十五年度平津地區各校的復員經費，北大約十二億，清華約十億，南開大學八億，其他各校三、五億不等，根本無法修補各校所遭受破壞的損失，清大校長梅貽琦便說「政府給我們多少錢，我們就做多少事」⑬。直至三十六年底，清大、南開等校「復原」工作猶未完成。由於受通貨膨脹的影響，各校經費普遍不足，而學校許多正常的開支又不能省，因此出現一年追加多次經費的情勢，文教復員部份已談及三十六年度北大、國立北洋大學、天津南開大學一年追加數次預算的情形⑭。預算雖不斷追加，但仍趕不上通貨膨脹的速度，復員建設自大受影響，更何況有些單位的追加預算不獲通過，建設遂無從進行⑮。僅以三十五年度第二期文物整理工程而言，原編列預算為十二億六千萬元，數月來物價日漲，所撥之數已不敷所需，工程進度大受影響⑯。故宮博物院於三十五年十一月為還都臨時費呈教育部要求追加預算文：「本院復員遷都臨時費預算原已早奉核定三十六億八千三百九十六萬零八百元在

案，惟查此項經費預算，原以支付文物運輸用費為大宗，初僅核列十一億八千三百九十六萬零八百元，嗣於三十五年度補加通案內，復准追加二十五億元，此項數額如在年前或今歲金融較穩定時期，自可應付裕如，無虞不繼。詎至今夏各地物價突告暴漲，所須付輸運車租，伕力之資，以及旅雜各費無不激增倍徙，僅據民生公司報請按照本年六月份交通部調整價格應加運費，即已超越原定預算一倍有奇，遑言最近航運、力運、車租又皆重行加價，不敷益巨，勢必無法維持。」❻最後只得再追加預算，然如此影響接收與復員甚巨。北平市政府有關文物整理工程費亦因物價上漲一再追加，影響原定工程。北平教育局長英千里曾說：「經費問題沒有辦法，復員不必提，即維持亦感困難。」❻經費不足不僅因陋就簡，費用時常被挪作他用，北平圖書館三十五年一億元購屋費，移作修繕及裝置水電、添書架之用❻。復員工作遂無法如期完成。

　　㈡公務人員的生活受波及

　　公務人員的待遇，按行政院規定辦理，戰後初期生活不虞匱乏，但自三十五年中葉後所得不敷所需，行政院雖於三十五年十月作調整，但仍趕不上通貨膨脹的速度，以致許多人被迫轉業，接收人員的貪瀆現象雖屬個人的行為，但與生活壓力不無關係。朱家驊於民國三十五年十二月對教育復員問題作檢討時談到：「因物價繼續上漲，使各級教育人員之生活迄難安定，政府發給各校之復員經費，亦不足以完成其預定修建計畫，不得不因陋就簡。此實本人深引為憾之事。」❼北平市抗戰以前每月教育經費七萬三千元，中央補助五萬元，約占百分之六十八，光復後接收整理，艱苦應付，至三十五年三月物價暴漲，教職員待遇提高，原有的經費實難維持，遂呈准行政院按月補助六千萬元，六月份起改撥九千萬元，十月份起改撥一億五千萬元，然自十二

月起公教人員待遇調整，教育經費照此規定核算，每月計需七億元，若按過去補助四億七千六百元，三十六年十二月份除已奉撥之一億五千萬元外，尚差三億二千六百萬元❼。經費不足甚且影響薪資的發放時間，有些學校拖延二、三個月才發放。公教人員的待遇不能隨物價而有所改善，影響業務及教學工作的進行，平津地區教授聯名要求改善待遇。三十六年五月，平津區大專院校校長座談會時，出席者有北平圖書館館長袁同禮、清華大學校長梅貽琦、北大秘書長鄭天挺、北洋大學代理校長金問洙、中法校長李麟玉等十餘人，通過議決：物價飛漲，教育人員生活困難，應請教育部普遍提高教職員薪資及學校的經常開支費❼。魏德邁指出：「像公務人員一樣，教員月薪在市場上的購買力萎縮，只夠幾天的配給米價。」❼

又因通貨膨脹之故，各單位撙節預算，人事緊縮，工作繁重，待遇又受限制，工作情緒大受影響，天津市警察局長李漢元在三十五年十二月向內政部報告警政復員時提到：

> 社會複雜，警察工作愈繁重，當復員以後諸端待舉之際，本局又為經費所限，以致人事逐步緊縮，而業務則須積極推進，處此環境尤屬應付非易，惟有抱定堅決之意志，領導部屬同心協力，克服艱難，達到建警目的。❼

北平市警察局長湯永成在三十五年十二月向內政部報告警政復員時提到：「去歲八月，光復接收後，復員工作逐漸展開，頹敗風氣力為剔除，惟平市情形原極複雜，處此時期尤為繁劇，經此年餘之力圖改善，雖已日見更新，乃限於人力物力之不及，短時間仍難達到理想之成果。」❼

(三)工商業萎縮

天津《大公報》一篇〈天津工商業的危機〉之文中曾提到:「北方
一直在打仗,鐵路破壞,交通阻滯,原料無來路,出品無出路,生產
動力方面,則煤碳缺乏,電力亦受限制,故生產日漸萎縮,工廠逐步
走入窮途。而由於通貨膨脹,產生驚人的高利貸,在過去貨品暢銷物
價膨脹的時候,工商業對於高利貸的負擔,自然還可勉力應付;現在
貨物滯銷,成本增高,而製成品價格卻不能形影相隨的上漲,高利貸
就壓得一般工商業簡直喘不過氣來,甚或陷於窒息。」⓰胡沂生在《中
國經濟的分析與改造》一書中談到物價上漲的影響,認為物價快速膨
脹的結果,一則使得工業生產無法計畫,二則民間企業寧可囤積居奇,
而不願生產,三則造成倒風盛行,資金不易籌措⓱。平津地區自三十
六年後本有許多自東北流入之游資,然由於對市場缺乏信心,轉向投
機囤積,不但對市場的穩定沒有幫助,搶購之風反而造成另一波的物
價膨脹。

第三節　中共阻擾國軍接收及佔領平津

一、國共接收的紛爭

國共對於戰後若干問題的看法不一,接收方面即無共識,國民政
府為避免戰後的分裂,因此主張統一受降。蔣主席於三十四年八月十
一日,電令第十八集團軍總司令朱德及副總司令彭德懷,指示有關敵
軍投降事宜,其中特別強調:

現在敵國已宣告正式向四大盟國投降,關於盟邦受降各種問

題，現正在交換意見，即將作具體決定，本委員長經電令各部隊一律聽候本會命令，根據盟邦協議，執行受降之一切決定。所有該集團軍所屬部隊，應就原地駐防待命，其在各戰區作戰地境內之部隊，並應接受各該區戰區司令長官之管轄。政府對於敵軍之繳械、敵俘之收容、偽軍之處理、及收復區秩序之恢復，政權之行使等事項，均已統籌決定，分令實施。為維護國家命令之尊嚴、恪守盟邦共同協議之規定，各部隊勿再擅自行動為要。**❼❽**

然中共延安總部則認為中共應有權利接受日本的投降,遂於八月十日、十一日連續發出七道命令，要求日軍及偽軍向其所屬部隊繳械投降，並指示解放軍向各地推進，尤其指示：為佔據及破壞全國交通要道，所有沿北寧路、平綏路、平漢路、津浦路、隴海路等鐵路線及中共解放區一切交通要道兩側之軍隊拒絕接受國府的命令；八月十三日，毛澤東於延安幹部會議上發表「抗日戰爭勝利後的時局和我們的方針」**❼❾**，指蔣謀發動內戰，中共已作了充份的準備，決「針鋒相對，寸土必爭」。 此政策性的宣示，可視為戰後中共行動的最高方針，從這篇演說文中可以窺知，中共隨時準備戰爭，並懷有掠土的野心。而爭取接受日本及日偽受降則為其首要目標。八月十五日，致電日本岡村寧次要求日軍向其所屬部隊投降**❽⓿**。八月十六日，第十八集團軍總司令朱德致電蔣介石，提出六點要求，其中包括中共有權接受日本軍隊的投降、有權派遣自己的代表參加同盟國接受敵人的投降，和處理敵國投降後的工作等**❽❶**。八月二十五日，中共發表「對目前時局的宣言」， 再度向國民黨提出六點要求：⑴承認解放區的民選政府和抗日軍隊；⑵劃定八路軍、新四軍及華南抗日縱隊接受日軍投降的地區；

⑶嚴懲漢奸，解散偽軍；⑷公平合理地整編軍隊；⑸承認各黨派合法地位；⑹立即召集各黨派和無黨派代表的會議，商討抗戰結束的各項重大問題，制定民主施政綱領，結束訓政，成立舉國一致的民主聯合政府❷。再次的要求中共有權接受日本的投降，並接收一切的物資。這一連串的命令及宣示，即表示中共部隊不可能配合中央的接收政策，因此自日本投降後，中共一方面展開軍事接收的行動，另一方面則於各地阻止國軍的接收，國軍更不能進入中共所佔領的「解放區」進行整飭，華北的熱河、察哈爾、綏遠等仍為中共所掌控，中共又向解放區附近的地區進逼，使山東、河北等區的接收工作無法順利進行，接收復員工作亦受到波及，華北僅完成北平、天津兩市及河北部份地區的接收工作，其他地區仍為中共所控制。國共對接收意見既分歧，擴軍遂為中共戰後的重要方針，甚至訂出「以戰爭的勝利爭取和平」的口號❸，於是各解放區開始整軍備戰，並向其他地區發展，最為直接者是中共刻意阻擾國軍接收，除以軍隊攻佔華北其他地區外，破壞堤防造成國軍接收平津地區的困難，破壞交通使國軍無法獲得有效的補給，平津地區物資供應遂受影響。

中共對華北及平津區的佔領採多管齊下的政策，抗戰結束前，中共在北平的黨員已超過七百人，分散於學校、工廠、機關及其他行業。日本投降後，中共晉察冀分局城工部又派遣二、三百名幹部至北平，加強北平的宣傳活動❹。最重要的則為擴大軍事行動，中共趁抗戰的機會發展其勢力範圍，在華北、華中、華南等區共建立十八個解放區，其中華北有晉察冀、冀魯豫、山東、晉綏、冀熱遼等五區，兵力約十八萬人，戰後除每一軍區繼續徵兵擴軍外，並要求華北各軍區向指定地點移動，三十四年九月華北地區的軍事佈署及動向，如下頁表5-3。

表5-3：三十四年九月中共在華北地區軍事佈署動向表

軍區番號	主管姓名	兵　力	動　　　　　向
晉察冀軍區	聶榮臻	三萬餘	向張家口侵佔
太行軍區	劉伯承	五萬	攻佔豫北
冀魯豫軍區	宋任窮 劉伯承	三萬	向魯西、豫北推進
山東軍區	羅榮桓	二萬	

資料來源：中國國民黨中央委員會黨史委員會，《中華民國重要史料初編——對日
戰爭時期》，第七編，《戰後中國㈡》（民國七十年九月），頁306～
307。

中共在調動途中，一遇國軍立即攻擊。朱德於八月中旬後，命中共部
隊自山東向津浦膠濟鐵路一帶逼近，並直接攻擊國軍部隊，十月十七
日，劉伯承更撰寫「平津戰役戰術指示」，計劃打開平津地區，達到
華北解放之目的❽。以河北為例，津浦線東光、連鎮、泊頭鎮等地區
的日軍，三十五年元月十四日奉令集中於天津繳械，中共以日軍已投
降，共軍有權進駐各車站，解除偽軍武裝，襲擊日軍，意圖奪取武器；
十五日，襲擊泊頭鎮國軍防地；十六日，夜襲安次縣城東三里許韓家
莊國軍游動部隊；二十一日，津浦南霞口車站守軍百餘人，全部被共
軍繳械俘擄；二十二日，共軍第七十五團，向宛平縣國軍義勇隊防地
進行襲擊；二月六日，破壞滄縣南磚河鐵路，並攻擊國軍保安團，造
成三十餘人傷亡；七日，東光縣被共軍攻陷；十日，共軍三千餘人攻
擊泊頭鎮，並侵佔街道，與國軍發生衝突；又於同日進攻撫寧國軍第
四十三師第一二九團；十七日，以四個團五千餘人攻保定南郊，與國

軍發生激戰；十八日，襲擊滄縣馮家口保安團；二十日，李運昌部隊向豐潤東黃谷莊保安團攻擊，其他各地均有零星的攻擊國軍之舉❽。

國民政府蔣主席為和平解決國共間的歧見，在美國赫爾利 (Partrick J. Hurley)的調停下，於民國三十四年八月二十八日邀請中共代表毛澤東、周恩來等人至重慶展開會談，經多次協商會談，於十月十日簽訂「會談紀要」。中共對此次會談，表面上甚為滿意，但毛澤東十月十七日回延安後，對幹部報告說：「軍隊問題實際上也沒有解決，已達成的協議，只是紙上的東西。」尤其對於受降問題，國共雙方並無共識，陸續發生多起的國共衝突事件。十二月十五日，美國派馬歇爾(George C. Marshall)來華，杜魯門(Harry S. Truman)總統發表對華政策時，希望國共停止軍事衝突，因此在美國的調停下國民政府分別於三十五年一月十日、六月六日、十一月八日頒發三次停戰命令❽，然一方面中共所提出的「承認各黨派合法地位」、「立即召開各黨派和無黨派代表人物的會議」、「成立民主聯合政府」等主張❽，非短時間可立即解決，另一方面中共俟停戰之機襲擊國軍，使國府在戰後國共衝突中處於被動的劣勢。第二次停戰協訂後中共重新整軍修補部署，發動「七月攻勢」，以聶榮臻為攻太原總司令，劉伯承為平漢線總司令，陳毅為津浦線總司令，蕭克為錦西冀東熱河總司令，姚喆為攻大同總司令，楊成武、陳賡為包圍平津總司令，李先念為豫鄂皖贛邊區總司令，李東潮為魯蘇豫皖邊區總司令，賀龍為陝甘寧綏察五省聯防總指揮❽。整編後大肆向華北之熱察、晉綏及山東地區推進。政府為保持平津地區之安全及交通順暢，要求共軍退離津浦線，但中共均置之不理。對國軍的打擊甚大，蔣介石作檢討時談到：「從此東北國軍，士氣就日漸低落，所有軍事行動，亦陷於被動地位。」「國軍最後在東北之失敗，其種因全在於第二次停戰令所致的後果。」❽總之，中共在

華北的軍事行動，不但使國民政府無法完成華北各區的接收，又由於中共擴大佔領區，如：在河北省佔據玉田、豐潤等縣。至民國三十五年初，中共所佔據的地區已擴增為三百縣，比三十四年抗戰結束後擴張二倍以上❹，使平津地區陷於孤立，補給受阻。

二、中共破壞堤防及金融

中共阻擾國軍接收除軍事佔領外，破壞堤防及礦廠亦是其主要的方式。堤防掘潰，洪水四溢，可以阻止國軍北上受降；煤礦破壞，使國軍交通停頓。三十四年十月三日共軍一二〇團在豫東太康縣白潭以北地區掘堤，致使洪水漫溢，造成不少損失，經調查泛濫區域長達一百二十里，寬約三里，被淹苗地約十九萬四千四百畝，及其他財物之損失約國幣一億三千六百三十七萬七千八百六十四元。中共除利用掘堤阻止國軍北上接收外，更一再的干擾國民政府的黃河復堤計畫，民國二十七年六月日本侵略河南時，國軍轟擊黃河南岸大堤，使黃河於花園口潰決，造成人民及財產的極大損失，國民政府於民國二十八年早有對決口的堵塞計畫，三十四年九月後政府更積極進行整治，然中共則百般阻擾政府的復堤工程。以河北境內的黃河整治而言，中共所佔據的區域修復工程不但遲遲不進行，且不時派員破壞修堤工程，對民眾生命財產的威脅甚巨❹。破壞煤礦方面，河北、山東一帶煤礦多次被中共破壞，致使復工困難，交通用煤及民生用煤受影響❹。

中共為進行統治，在其佔領區內實施「自給自足，自力更生」之封鎖經濟政策，對於貨幣方面，已另行樹立獨自之體系。「晉察冀邊區政府」於三十年度經濟建設計畫中曾規定其通貨政策之基本方針四點，在其「解放區」內實施地方本位幣。國民政府戰後貨幣的兌換本有一定的標準，三十四年十一月十三日，平津中央銀行復業，二十二

日公布「偽中國聯合準備銀行鈔券收換辦法」，以偽聯券五元兌法幣
一元。指令四行二局（中央銀行、中國銀行、交通銀行、農民銀行及
中央信託局與郵政儲金匯業局）於三十五年一月七日開始收兌，兌換
率為一比五，即法幣一元合偽聯銀券五元❹。但因晉察冀邊區，國軍
不能迅速接防，而各地團隊於等候接防時，又缺乏連繫，遂予共軍活
動之機，共軍佔領各縣後，有鑒當時物價低落，與民眾對聯幣之失信，
遂於玉田縣大量印製冀熱遼邊區銀行券，任意規定比率收兌聯鈔，並
以高壓手段禁止舊法幣的流通，造成通貨膨脹。邊幣折合之比率，有
地域及時間的不同，一般不法商人鑒於各地比率差額過多，有自楊柳
青、靜海、天津一帶，以一比十五之比收集邊幣，帶到冀東販賣或購
物。後因憲警嚴查，遂改為天津至北平，利用小販攜至平市朝陽門外
官東店等地，再由商人以一比五兌換❺。中共並且公佈邊區票與法幣
的兌換處所，平綏路方面：康莊、懷來、青龍橋三處；津南方面：王
家口、勝芳鎮；北平市內：宣外驟馬市南達子營二號、崇外花市二條
及三條一帶、天橋福昌街六條丁十號公記硝皮廠；北平市郊：海甸清
華園、南苑北小街、雙橋皇；天津市內：河東大北飯店、北大關民船
戶上❻。孫連仲於三十五年三月二十四日呈蔣介石報告中共軍發行偽
鈔情形時指出：中共軍發行北海、冀南、魯西三行鈔票，北海票與偽
幣為一與三百之比，在河北省境內流通，魯西票與偽幣為一與二百五
十之比❼。駐冀魯察熱區財政金融特派員張果為呈財政部報告共軍在
華北佔領區擾亂法幣金融之情形：「平津各市物資一部仰給於附近農
村，而華北各縣鄉鎮多被共軍佔據，該軍所到之處並均禁絕國幣之行
使，而代之以邊區票，該黨強佔之區既已相當廣大，邊區票流通範圍
及數目亦龐大可觀，過去共黨封鎖物資，國幣與邊區票亦迄無交換關
係，惟最近情形物資漸有流通，因之平津市上『邊區票』亦時有發現

與法幣有暗盤行情，約為十五至三十法幣比一邊區票之譜；各地地方政府雖均力禁行使，然以需要農村物資之輸入，事實殊難禁絕，若再以此套買法幣操縱擾亂，金融必受危害。」 ❽ 其它破壞金融政策還包括：⑴大量印製假聯幣，在收復區內行使，並套購黃金、美金，又在天津大量印製假法幣；⑵堅持邊區票高價值，竭力吸收物資，並放出大量偽幣，促成物價高漲；⑶秘密參與金融市場，從中操縱。平津地區通貨膨脹之因自然極多，但中共刻意破壞金融自有其負面的影響。

三、中共發動平津戰役

民國三十八年一月，平津地區政權再次轉移，此次的變遷，不僅是統治者易位而已，更是民主制度轉為共產體制上的一大變革。以民主政治的價值觀而言，此次政權的轉變對平津地區人民帶來極大的負面影響，但在民國三十八年時，平津地區人民所感受的僅是政權的再度易位而已。這次的政權轉移是國軍繼遼瀋、徐蚌（淮海）戰役後的一大挫敗，華北亦繼東北後淪為中共所統治。中共佔領平津雖是平津戰役的結果，事實上應包括二部份，一是中共發動平津戰役以武裝攻佔天津，一是中共與傅作義談判和平接管北平。

首先就平津戰役前國共軍隊的部署而言，國軍在平津戰役前華北軍事由華北剿匪總司令部負責。民國三十六年秋，國軍第三軍在清風店──石家莊戰役，被打敗後，撤銷孫連仲的保定綏署，於北平成立華北剿匪總司令部，任傅作義❾為總司令，陳繼承❿、吳奇偉⓫、宋肯堂、郭宗汾、鄧寶珊⓬、上官雲相、李文等人分任副總司令。陸軍包括李文的第四兵團（轄十六軍及第三軍）， 石覺的第九兵團（轄第十三軍及二個師）； 孫蘭峰的十一兵團（轄三十五軍、第一〇五軍及四個騎兵旅）； 侯鏡如的第十七兵團（轄第六十二軍、第九十二軍）

等四個兵團，加上第一〇一軍（軍長李士林）、第八十六軍（軍長劉雲瀚）、第八十七軍（軍長段澐）及陳長捷的天津警備司令部。海軍方面則由海軍第一艦隊司令馬紀壯負責，包括永寧等四艘戰艦、海康等五艘砲艇及第二〇一號掃雷艇。空軍方面則以第二軍區為主，由司令徐康良負責，包括空軍第八大隊B－24型機二十架、第一大隊B－25型機五架、B－26型機十三架，第四大隊P－51型機十五架，第五大隊P－51型機十七架，第十六大隊C－47型機三架、C－46型機十架，第十二中隊F－5型機四架、F－10型機一架等 ❶。兵力約三十萬，以北平為中心，分向承德、天津、保定、張垣等四個頂點，作輻射狀的伸展，依承平、平津、平漢、平綏等鐵路要線佈防，相互聯繫。

上述兵力部署，自三十七年十一月東北瀋陽淪陷後，隨著國軍控制範圍的縮小，傅作義乃重新加以部署，北平地區：剿匪總部第四、第九兩個兵團；第三十五軍三個師（一〇一、二六二、二六七師），軍長郭景雲，副軍長王雷震、朱大純。後由朱大純任軍長；第一〇四軍（暫編第三軍）三個師（二五〇、二五八、二六九師），軍長為安春山，副軍長為王憲章；第十六軍三個師（二十二、九十四、一〇九師），軍長袁樸，副軍長馮龍；第三十一軍第二〇五師，軍長廖慷。第十三軍四師（四、八九、二九七、二九九師），軍長駱振韶兼，副軍長胡冠天；第一〇一軍（即新編第二軍）三個師（二七一、二七二、二七三師），軍長李士林，副軍長張輯戎、劉本厚；一個新編的補給區司令部等。名義屬於第四兵團司令部，李文為防守司令，實際由傅作義直接指揮。天津地區：配置六十二軍三個師（第一五一師、六十七師及臨時編的三一七師），軍長林偉儔；八十六軍三個師（第二八四、二九三、二十六師），軍長劉雲瀚；九十四軍一個師（第四十三師），軍長本為鄭挺鋒，後由副軍長朱敬民升任；兩個護路旅，其中獨立第

三旅後改為第三三三師，師長宋海潮；天津警備司令部一八四師，師長為楊朝綸。另有天津警備旅保警總隊、保安總隊及憲兵隊及騎兵團，以陳長捷為防守司令，林偉儔為副司令；塘沽地區：第九十二軍一個師（三一八師）；第八十七軍（軍長為段澐）；交警第十二總隊；獨立第九十五師，由侯鏡如為防守司令，段澐為副司令❶。此為平津戰役前國軍在平津地區的軍隊部署。

　　共軍部隊方面，民國三十七年下半年中共在華北的部隊為：第一兵團，由徐向前兼任司令員及政治委員，下轄第八縱隊、第十三縱隊、第十五縱隊；第二兵團，由楊得志任司令員，羅瑞卿為政治委員，下轄第三縱隊、第四縱隊及直屬兵團和三個獨立旅；第三兵團，由楊成武任司令員，李井泉為政治委員，下轄第一縱隊、第二縱隊、第六縱隊；並設有冀中、察哈爾、冀魯豫、太行、晉中、太岳、綏遠、察南、冀東等九個二級軍區❶。十一月後由於瀋陽已為中共所佔，林彪部分東、西、中三路入關，第二、七、八、九及第十二等縱隊及砲兵縱隊沿冷口、喜峰口兩路入關。第一、三、五、六、十等縱隊則由西路入關。中共中央為有效執行平津地區的作戰，特令林彪、羅榮桓、聶榮臻等三人聯合組成平津前委及平津前線司令部，統一指揮華北共軍約二十萬人及東北共軍約八十餘萬人等共同進行作戰。

　　中共發動平津戰役的時間說法分歧，自三十七年十月中旬之後至三十八年一月底為止，大致可分為三個階段，第一階段自民國三十七年十一月二十九日至十二月十日，中共採取對平、津、張、塘實施包圍和分割的政策。十一月十八日遼瀋戰役結束，中共下「東野儘速入關突然包圍津塘等處」的指令。戰役一開始中共採取穩住東線、包圍西線的方針，十一月二十三日至二十六日，東北野戰軍主力先後南下，二十九日，華北第三兵團進入張家口附近地區，形成對張家口及宣化

的包圍態勢。十一月三十日，羅榮桓、林彪等人由遼陽入關，部隊亦隨之調往華北待命❿，揭開平津戰役的序幕。傅作義令其嫡系第三十五軍由豐臺、第一〇四軍（軍長安春山）由懷來分別增援張家口。後為加強北平的防務，抽調三十五軍回北平防守。在回程中與中共華北解放軍第二兵團包圍在保安地區。十二月十一日，中共中央軍委發出「關於平津戰役的作戰方針」的指示，兩周內對張家口及保定的國軍「採圍而不打」的策略，同時切斷北平、天津及天津與塘沽國軍的聯繫。十二月二十一日，中共東北野戰軍主力八十萬人全部進關，對平津區展開包圍，使傅作義的部隊分別被孤立在北平、天津、新保安、張家口、塘沽等五個據點。十二月五日中共東北軍先遣部隊進攻密雲國軍第十三軍第一五五師，傅作義為恐中共進攻北平，乃決定：⑴急調增援張家口的三十五軍立即乘車返回北平，令在懷來、南口地區的一〇四軍、十六軍向西接應三十五軍。⑵急調天津附近的六十二軍、九十二軍、九十四軍到北平布防。⑶十三軍由懷柔、順義撤到通縣。⑷一〇一軍由涿縣撤至豐臺、門頭溝。中共則改變其「圍而不攻」的戰略，開始對張家口、天津等地進行攻擊。

　　第二階段自民國三十七年十二月二十二日至三十八年一月十五日。中共集中兵力進攻新保安和張家口、天津的國軍，十二月十一日，毛澤東發出關於平津作戰方針的指示❿，共軍由楊成武率第二十兵團，以三個軍的兵力，進入張家口附近，形成對張家口、宣化的包圍。傅作義的部隊除重新部署防衛外，並令加強天津的防衛，陳長捷接獲命令後，將天津分為三個防區，指定西北區以第六十二軍擔任，由林偉儔指揮；東北區以第八十六軍擔任，由劉雲瀚指揮；東南地區以第九十四軍第四十三師擔任，由陳長捷兼任指揮；其餘部隊為總預備隊在耀華中學附近。各部隊工事材料由天津防守司令部統一征用物資分發，

做工事的人力由防守司令部會同天津市政府統一分區征用民工分發⑩。中共則於十二月二十二日展開攻擊，華北第二兵團向新保安的國軍第三十五軍發起總攻擊，防守於張家口的國軍約五萬人，亦受到中共華北第三兵團及東北野戰軍的攻擊。二十四日共軍攻佔張家口，國軍第十一兵團所屬一個軍部七個師約五萬人被中共擊潰。民國三十七年一月，中共部隊業已完全佔據天津的外圍，準備攻城。中共曾向天津的守軍要求投降，遭天津警備司令陳長捷的拒絕，中共東北野戰軍遂於一月十四日向天津發動總攻擊。經一天的激戰，十五日下午三時國軍部隊十三萬餘人戰敗，陳長捷被俘，至此北平完全孤立⑩。

就中共發動武裝攻佔天津戰役的檢討而言，防守於平津的傅作義部隊，作戰能力不差，如防守北平朱新民的九十四軍善戰，林偉儔所屬的廣東軍作戰能力亦強⑩，陳長捷等且有作戰之決心，曾說：「我們與其讓敵人掐著頸子死，不如英勇戰死。」⑪傅作義亦善於帶兵。然因國軍無法掌握中共的動向，甚至「對解放軍估計得低」⑫，傅作義以為從戰史的例證來看，中共的東北解放軍經過一次大戰（遼瀋戰役）後，需要三個月以後才會發動攻擊，並以為隆冬嚴寒，難作遠程行軍，預計於春天才會發動攻勢。對於中共東北解放軍入關的數目估算亦錯誤，以為不會超過五十萬人⑬，結果則有八十萬大軍入關，這一連串的錯估為戰事失利的主因。其次，天津在戰前構築許多防禦工事⑭，但這些工事並未發揮及禦敵的效用。石覺便認為「北平內無存糧，外無可用之防禦工事，且兵臨城下，尚無作戰計畫」，⑮是失利的主因。中共聲稱：「東北八十萬大軍遵照預定計劃，不待休整，不顧疲勞，以神速隱密之行動，向關內急進，出奇制勝，成功的與華北兵團會合圍擊國軍」，⑯為其勝利之原因。天津佔領後平津戰役進入第三階段，即北平的和平談判。

四、中共佔領平津地區

中共在攻佔天津、塘沽後，即進行攻佔北平的計劃，其策略是以武力包圍北平，進而達到和平接管的目的。中共東北野戰軍第十二、十三兵團和華北第二、三兵團包圍北平後，為使北平這座文化古城免遭戰火的波及，中共中央指示羅榮桓⑩、聶榮臻⑱等人，通過管道向傅作義提出和平解決北平問題的方案。同時向傅作義發出最後通牒，要求如不放下武器，或和平改編，將進行軍事的攻城行動。傅作義最先反對與中共和談，王克俊（華北剿匪總司令部副秘書長）認為傅作義自三十七年十月後開始決定與中共談判⑲。三十七年十二月十四日正式派崔載之（平明日報社社長）、李炳泉⑳與中共進行談判。傅作義決定與中共和談之因：⑴失敗主義的陰影：三十七年十月二十五日，傅作義與王克俊交換對北平及時局的意見，兩人的結論是「國民黨必敗，共產黨必勝」㉑。而自三十七年十一月以後中共部隊接二連三打敗國軍，十二月二十四日進攻張家口，三十七年一月十五日攻佔天津，這些戰敗的陰影對傅的壓力極大。⑵與蔣委員長的矛盾：民國三十五年底，國民政府將戰區改為綏署，李宗仁北平行營下轄保定綏署（原孫連仲十一戰區）及張垣綏署（傅作義十二戰區）。 三十六年底，蔣撤消保定綏署，人員併到張垣綏署。十二月撤北平行營，成立華北剿總，任傅作義為總司令，權限雖擴大，但也因此加深傅蔣之間的矛盾，其間的爭端，與人事的安排有關。三十七年五月，傅在北平成立河北省政府，以擴大其控制範圍，六月，蔣命傅將總部之新聞處和民事處合併為政工處，指派張彝鼎為中將處長，傅堅決拒絕，蔣又委派趙仲容為處長，傅亦反對，同時電蔣調王克俊（王明德）為處長，引起蔣的不快。其次當三十七年十月，錦州吃緊時，傅又拒絕派兵援錦，擴

大傅與蔣之間的矛盾⑫。⑶受到中共的蠱惑：其女兒傳冬菊雖為共產黨員，但傅作義並非共產黨員⑬，綏靖公署秘書杜任之，從中策動傅與中共接觸。此外自三十七年十二月後，中共在北平城內策動各界主張和平，於是「和平解決北平問題」、「保存北平千年的文物古蹟，避免百萬人民生命塗炭」等聲明到處可見，並由何思源等名流出面斡旋⑭。傅作義決定與中共談判。

　　傅作義與中共進行多次的談判，第一次於民國三十七年十二月十四日由平民日報社社長崔載之及李炳泉與中共解放軍東北野戰軍司令部參謀長蘇靜⑮進行討論。十九日，崔載之又與中共劉亞樓⑯談判，尚有歧見，如中共要求逮捕蔣系的中央軍隊等。二十四日，傅請燕大教授張東蓀與周北峰、李炳泉等出城與中共代表林彪、羅榮桓、聶榮臻、劉亞樓等談判，亦未獲得結論。三十八年一月十四日，毛澤東發表「關於時局的聲明」，提出和平談判八項條件，同日，傅作義、鄧寶珊（綏署副總司令）、周北峰、王克俊等再度與蘇靜、羅榮桓、林彪進行談判，主要的焦點放在傅作義部隊的改編原則和具體辦法，此外對傅的華北總部和部隊中團級以上人員的安排，以及對北平市的文教衛生、行政等單位的接收辦法⑰。中共中央軍委命令北平前線解放軍積極準備攻城，並於一月十六日對傅作義提出最後的通牒，傅派代表鄧寶珊到通縣與中共談判，中共指示第四野戰軍政治部副主任陶鑄進行研究和平接管北平事宜。北平方面林彪提出和平接收的辦法，其一，要求國軍自動放下武器，中共保證投降部隊官兵生命財產之安全。戰犯方面向人民說明情況，取得諒解，予以減輕或赦免。其二，願意接受中共改編者，改編為人民解放軍。規定考慮時間為一月十七日上午一時至一月二十一日下午十二時。十七日，傅作義召開華北七省市參議會討論北平問題，北平市長劉瑤章、卸任市長何思源及呂復、康

同璧和參議會議長許惠東、議員等共五十人參加。會中要求將北平改為北京及以北京為中央政府所在地,並決定於十八日派代表出城向解放軍接洽。傅的代表鄧寶珊將軍和中共周北峰將軍談判數次,十九日簽定解決北平問題和平協議十四條❶,二十一日,傅召集高級將領會議宣佈「北平和平解放實施辦法」的條文,二十二日,傅作義所屬部隊於二十二日陸續出城,接受中共的改編,三十一日,傅的部隊主動移動完畢,中共「解放軍」開始入城接管中國政府軍政機關,北平自此為中共所統治❷。其與戰後國民政府接收平津地區之比較,見下頁表5-4。中共所以能順利展開接管平津原因甚多,就中共方面的因素而言:

首先,中共善於利用經驗,中共一方面以國民政府接收為借鏡,再方面從其接收東北及華北其他地區獲得部份的經驗。中共在接管華北的城市中亦發生若干亂象,收復井陘、陽泉等工業區,曾發生亂抓物資、亂搶機器的現象,使工業受到破壞。進佔張家口時,有些部隊到城裏破壞,甚至也出現貪污的現象,農民對中共部隊亦頗有微詞。攻佔石家莊時,部隊掠取財物時有所聞。接管東北若干城市,已稍有改進,其中,濟南和瀋陽的接管工作創造了許多經驗,對平津地區的接管工作大有神益❸。中共為達到控制全國的目標以接管平津作為接管其他城市的參考❹。葉劍英關於北平市接管工作初步總結向毛澤東報告時指出:「把北平接管工作做好,得出經驗,供接管其他城市的參考。所以北平接管不單純是北平的問題,亦有關其他城市的接管工作。」❺

其次,指揮系統單一而集中,所有北平的接管工作於三十八年一月一日成立北平市軍事管制委員會,任葉劍英為主任,軍管會的權力極大,下設:⑴警備司令部兼防空司令部:負責肅清一切反革命武裝

表5–4：國共處理平津情形比較表

項目 類別	國民政府接收平津區的情形	中共佔領平津區的情形
接收時間	三十四年八月十五日，日本投降，十月十五日軍事受降後全面展開	三十八年一月十五日接管天津，一月三十一日接管北平
統籌機關	行政院全國性事業接收委員會、黨政接收委員會（包括地方）及中央各部會特派員辦公處	北平軍事管理委員會 天津軍事管理委員會
接收經驗	並無全面接收的經驗	戰後接收東北及華北其他地區的經驗
接收人員	大部份由後方地區派遣	由原單位派任接收暨管理經營人員
接收貪污	傳聞及事實均有	較少
接收軍隊	由孫連仲的第十一戰區負責，其所屬部隊大部份由後方調遣	以中共華北兵團及東北野戰軍為主
接收方式	和平接收	中共以武力攻佔天津，和平談判接管北平

及散兵游勇，執行軍紀、軍法及戒嚴、解嚴等事項，並有效的組織防空。(2)市政府：負責市區民政、公安、司法、交通、衛生、消防等一切市政建設，管理市區內各業及日僑事項，並按工作需要設立民政、地政、教育、衛生、工商、公安、公用、工務、財政等九個局及人民法院、外僑管理處、合作社、貿易公司、銀行等組織。任命葉劍英為市長，徐冰為副市長，並由彭真、葉劍英（第一副書記）、趙振聲（第

二副書記）、劉仁、徐冰、趙毅民、譚政文、蕭明、王鶴豐、張秀岩、韓均等十一人組成北平市委員會。⑶物資接管委員會：負責接收敵偽產業及公共物資財產、沒收官僚資本、直接代管屬於國家的企業，動員與組織力量，供應城市煤糧需要，按工作需要下設財經、交通、衛生、軍政及房地產等五大部份。⑷文化接管委員會：負責接管一切屬於國家的公共文化教育機關及一切文物古蹟，按工作需要，下設教育、文藝、文物、新聞出版等四大部份❽。軍管會權力既大，由中共或毛澤東直接指揮，又無其他單位掣肘，接收較不紊亂。

　　第三，中共在接管初期，為避免反彈，並不強調共產的觀念，對原有的經濟組織及企業，如銀行、工廠、鐵路等採原封接管的辦法，即由原單位中指派人員負責接收與管理經營❽，大部份的人員均留用，北平接管單位留用人員三萬零五百七十名，佔百分之七十八‧九，資遣者四千三百九十五名，佔百分之十一‧三，開除者共八百八十九名，佔百分之二‧三，其他四百二十一名，佔百分之一‧一。職位較低級人員因政治情況比較單純，留用者多，高級人員（科長以上）因政治情況較複雜，留用者少，如此所引起的反彈自較少❽。此外，由於中共在接管東北地區時發生軍隊與人民衝突之事，因此中共在接管平津的過程特別強調毛澤東的三大紀律、八項注意❽，入城時還成立糾察隊注意紀律，不准私入民宅，居住房舍不得私自搬動物品，糾紛較少。中共刻意作好平津區的接管工作，為其順利進佔平津地區的重要原因。

註　釋

❶ 杜建時，〈從接收天津到垮臺〉，《天津文史資料選輯》，第五輯（天津人民出版社，1979年10月），頁21。杜建時，〈蔣幫劫收平津的經過〉，《文史資料選輯》，第五十五輯（中國文史出版社，1988年10月），頁21。李紹泌，〈國民政府劫收平津產業概況〉，《天津文史資料選輯》，第五輯（天津人民出版社，1979年10月），頁83。何思源，〈我參加和平解放北平的活動〉，中國人民政治協商會議全國委員會文史資料研究會編，《平津戰役親歷記》（北京，中國文史出版社，1989年1月），頁347。

❷ 行政院敵偽物資清查團，接收處理敵偽物資工作清查團報告，南京第二歷史檔案館藏，頁86。

❸ 魏春雄，〈貪污行為之研究〉，政大公共行政研究所碩士論文，民國六十一年六月，頁9～10。

❹ 蕭一山認為清代國勢中衰的原因有五種，其中將官吏的貪瀆列為第二，蕭一山，《清代通史㈡》（臺灣，商務印書館，民國六十一年一月臺三版），第四章。

❺ 李紹泌，〈國民政府劫收平津產業概況〉，《天津文史資料選輯》，第五輯（1979年10月），頁83。

❻ 李宗仁，《李宗仁回憶錄》，下冊（臺中，民國七十五年四月），頁828。

❼ 中國社會科學院近代史研究所中華民國研究室編，《胡適來往書信選》，下冊（香港，中華書局，1983年8月），頁107。

❽ 邵毓麟，《勝利前後》（臺北，傳記文學出版社，民國五十六年九月），頁76。

❾ 張茲闓，〈勝利後接收經驗〉，《傳記文學》，第十卷，第三期，頁78～85。

❿ 張果為，《浮生的經歷與見證》（臺北，傳記文學出版社，民國六十九年

十二月)，頁80～82。

⓫ 當時經檢舉或傳聞之案件甚多，但有些未成立，如天津分處接收專員王光英、武恩佑舞弊嫌疑案。清查團調查王光英接收之三輪清涼飲料水製造工廠，武恩佑接收之中央護膜工廠，所造之明細表與得標人所持之明細表，資產數字，前後差異，即將該兩員停職候審，後經調查係抄寫明細表時之誤。又經密報北平日裕源公司在北平市三區井兒胡同內存有大量五金、布疋、白糖等，經查並無此事。見經濟部調查平津區接收後工廠停頓工人失業情形的文書，南京第二歷史檔案館藏，檔號：五三六 66。其次商人陳延壽控告接收委員周鳴珂貪污違法，及特辦處天津分處試用職員韓扶生隱匿物資案，均查無證據不予處理。見經濟部冀熱察綏區特派員辦公處處理敵偽物資工作清查團清查平津地區日偽工廠物資情形表冊，南京第二歷史檔案館藏，檔號：五三六 823。再次如孫連仲的胞侄孫敬亭任天津市府參事期間，查獲戚文平所劫藏的白銀一、二十斤，封存不報，杜建時提到天津市張廷諤市長貪污之黃金有四百兩，財政局長李金洲數額更多。財政部駐冀魯察熱綏區金融特派員張果為、天津警備司令系九十四軍軍長牟廷芳等的貪污，佐證不足，不能羅列其中。見杜建時，〈蔣幫劫收平津的經過〉，《文史資料選輯》，第五十五輯，頁38～40。杜建時，〈從接收天津到垮臺〉，《天津文史資料選輯》，第五輯（天津人民出版社，1979年10月），頁20。

⓬ 蔣元，〈李宗仁任北平行轅主任時幾件接收貪污案〉，《廣西文史資料選輯》，第四輯（1963年6月），頁134。

⓭ 陸仰淵、方慶秋主編，《民國社會經濟史》（北京，中國經濟出版社，1991年11月），頁682、743。

⓮ 上海《大公報》，民國三十五年九月二十日。

⓯ 上海《時事新報》，民國三十五年九月十八日。

⓰ 經濟部冀熱察綏區特派員辦公處處理敵偽物資工作清查團清查平津地

區日偽工廠物資情形表冊，南京第二歷史檔案館藏，檔號：五三六 823。

⑰ 冀區特派員辦公處天津分處呈接收福泉盛大食品公司東亞調味料情形，南京第二歷史檔案館藏，檔號：五三六 518。

⑱ 天津《大公報》，民國三十六年一月十七日，第三版。

⑲ 杜建時，〈從接收天津到垮臺〉，《天津文史資料選輯》，第五輯（天津人民出版社，1979年10月），頁19。

⑳ 上海《新聞報》，民國三十五年八月三十日。南京《和平日報》，民國三十五年九月四日。

㉑ 杜建時，〈從接收天津到垮臺〉，《天津文史資料選輯》，第五輯（天津人民出版社，1979年10月），頁20。

㉒ 李紹泌，〈國民政府劫收平津產業概況〉，同上，頁83。

㉓ 天津《大公報》，三十六年一月十七日，第三版。

㉔ 南京《中央日報》，三十五年九月三十日。

㉕ 冀察熱綏區清查團工作報告，南京第二歷史檔案館藏，檔號：五四三 271。

㉖ 北平《世界日報》，民國三十六年十一月六日。

㉗ 費正清，〈中國的統一〉，費正清編，《劍橋中華人民共和國史》（上海，人民出版社，1990年），頁11。

㉘ 易勞逸，《毀滅的種子》（中國青年出版社，1988年10月），頁79。

㉙ 上海《新聞報》，民國三十五年九月十日。

㉚ 同上，民國三十五年八月三十日。

㉛ 辦公處（特辦處）接管天津興和昌和製作所與處理局等來往文書，南京第二歷史檔案館藏，檔號：五三六 416。

㉜ 天津《大公報》，民國三十四年十二月三日，第三版。

㉝ 張鵬，〈天津冶金工業史略〉，中國人民政治協商會議天津市委會文史資料研究委員會編，《天津文史資料選輯》，第五十一輯（天津人民出版社，1990年7月），頁66。

㉞ 經濟部冀察熱綏區特辦處接收保管北京地區鋼鐵工有關文件，南京第二歷史檔案館藏，檔號：五三六 431。

㉟ 冀察熱綏區清查團工作報告，南京第二歷史檔案館藏，檔號：五四三 271。

㊱ 復員計劃綱要案，國史館藏，國民政府檔。

㊲ 秦孝儀，《總統蔣公思想言論》，卷三十七，〈別錄〉，頁325。

㊳ 重慶《中央日報》，三十四年十二月十五日。

㊴ 經濟部冀熱察綏區特派員辦公處與北平市黨政接收委員會等關於接收平津區日偽機關聯繫文書，南京第二歷史檔案館藏，檔號：五三六 207。

㊵ 何漢文，〈大劫收見聞〉，《文史資料選輯》，第五十五輯（1988年），頁9。

㊶ 重慶《大公報》，民國三十五年七月九日。

㊷ 何漢文，〈大劫收見聞〉，《文史資料選輯》，第五十五輯（1988年），頁10。

㊸ 清查團清查的重點地區以平津區為主，本計劃以十日的時間清查冀察熱綏區等地重要的據點，後因經費不足，未能前往，故清查區域實以平津二地為主。

㊹ 接收處理敵偽物資工作清查團報告、冀察熱綏區清查團工作報告，南京第二歷史檔案館藏。

㊺ 杜建時，〈從接收天津到垮臺〉，《天津文史資料選輯》，第五輯（1979年10月），頁21。

㊻ 接收敵偽物資工作清查調查事項報告書，南京第二歷史檔案館藏，檔號：五三六 56。

㊼ 重慶《新華日報》，民國三十五年十月八日。

㊽ 劉瑤章，〈憶蔣經國在華北的反貪污運動〉，《全國文史資料選輯》，第四十二輯（1961年2月），頁213。屈凌漢，〈蔣經國的小組織「燕廉」的活動〉，《全國文史資料選輯》，第四十二輯（1961年2月），頁217。

㊾ 丁洪範（三十六年時國立南開大學經濟研究所教授），〈當前中國的經濟問題〉，天津《大公報》，民國三十六年十二月二十四日，第六版。

⑤⓪　Edward Shapiro, *Macroeconomic Analysis* (3rd edition, 1974), p. 409.

⑤①　造成戰後國民政府財政赤字持續增加的因素則包括：軍費開支持續增加、稅制的不良、政府專賣制的缺失等，其赤字情形如下表：

單位：法幣百萬

年　　份	財 政 支 出	財 政 收 入	增加倍數	赤　　　字
三十四年	2,348,085	1,241,389		1,106,696
三十五年	7,574,790	2,876,988	2.3	4,697,802
三十六年	43,393,805	14,064,383	5.7	29,329,512
三十七年一至七月	655,471,108	220,905,475	14.1	434,565,612

資料來源：孫震等，《中華民國經濟發展史》，第二冊（臺北，近代中國出版社，七十二年十二月），頁146。

⑤②　貨幣的流通而言：民國三十四年八月抗戰勝利時，央行發行的法幣總量為五千五百六十九億元，較二十六年六月的法幣發行量十四億元，約增加三九六倍。張維亞，《中國貨幣金融論》（民國七十二年五月），頁271。

⑤③　孫震等，《中華民國經濟發展史》，第二冊（臺北，近代中國出版社，民國七十二年十二月），頁942～943。

⑤④　史道源，〈論改革幣制〉，天津《大公報》，民國三十七年三月三日，第四版。

⑤⑤　張奇瑛，〈三十五年度的中國經濟〉（上），《東方雜誌》，第四十三卷，第十號，民國三十六年五月三十日，頁14。

⑤⑥　丁洪範，〈當前中國的經濟問題〉，天津《大公報》，民國三十四年十一月二十一日。

⑤⑦　天津《大公報》，民國三十四年十一月十九日。

(58) 周啟綸，〈解放前天津物價飛漲民不聊生紀實〉，《天津文史資料選輯》，第五輯（天津人民出版社，1979年10月），頁145～154。

(59) 張其昀等編，《中華民國開國五十年史論集》，第二冊（國防研究院，民國五十一年一月），頁858～863。

(60) 墨農，〈偏枯的北方〉㈡，天津《大公報》，民國三十七年一月二日，第六版。

(61) 王仲武，〈挽救當前經濟危機之對策〉，《東方雜誌》，第四十四卷，第八號（民國三十七年八月），頁4。

(62) 易勞逸，《毀滅的種子》（中國青年出版社，1988年10月），頁226。

(63) 南京《中央日報》，民國三十六年一月五日。

(64) 見第四章第二節。

(65) 追加預算之事，常不能如各單位所請，如北平圖書館，三十四年度購買中西圖書經費五十萬元，後又請追加四十萬元，不獲批准。北平圖書館經常費預算概算，南京第二歷史檔案館藏，檔號：五 11617。又如，胡適就任校長以來即致函張群，要求追加費用，以修建校舍，但張群回函則表示國家財政支絀，不能追加預算。

(66) 北平文物整理及建設經費案，國史館藏，行政院檔，檔號：0211/1110.2。

(67) 博物院經費案，國史館藏，教育部檔，檔號：0237.50/4327。

(68) 天津《大公報》，民國三十五年七月五日，第二版。

(69) 北平圖書館經常費預算概算，南京第二歷史檔案館藏，檔號：五 11617。

(70) 朱家驊，〈教育復員工作檢討〉，《教育部公報》，第十九卷，第一期(民國三十六年一月)，頁7。

(71) 北平市教育局長王季高三十七年一月八日致胡適函，中國社會科學院近代史研究所中華民國研究室編，《胡適來往書信選》，下冊（北京，中華書局，1980年8月），頁308。

(72) 天津《大公報》，民國三十六年五月十五日，第三版。

(73) 魏德邁致總統備忘錄，Keith E. Eiler, 王曉寒等譯，《魏德邁論戰爭與和平》（臺北，正中書局，民國七十八年），頁265。

(74) 天津市政府警察局電送內政部警察總署該局復員概況工作報告，國史館藏，內政部檔，檔號：204.12/35。

(75) 北平市警察局電送內政部警察總署該市警政復員概況工作報告，國史館藏，內政部檔，檔號：204.12/35。

(76) 天津《大公報》，民國三十五年十二月十一日，第二版。

(77) 胡沂生，《中國經濟的分析與改造》（臺灣，世界書局，民國四十五年），頁66。

(78) 民國三十四年八月十一日，蔣主席電令第十八集團軍指示對於敵軍投降之事宜，中國國民黨中央委員會黨史委員會編，《中華民國重要史料初編——抗日戰爭時期》，第七編，《戰後中國㈡》，頁275。

(79) 蔣中正，《蘇俄在中國》（臺北，中央文物供應社，民國七十年十一月），頁133～134。《毛澤東選集》，第四卷（北京，人民出版社，1960年9月），頁1139～1140。

(80) 中國國民黨中央委員會黨史委員會編，《中華民國重要史料初編——對日抗戰時期》，第七編，《戰後中國㈡》（臺北，民國七十年九月），頁276～279。

(81) 《毛澤東選集》，第四卷（北京，人民出版社，1991年12月），頁1144。

(82) 段浩然等，《中國共產黨的戰略策略》（北京，解放軍出版社，1991年5月），頁293。

(83) 同上，頁307。

(84) 宋柏，《北京現代革命史》（北京，中國人民大學出版社，1988年12月），頁179。

(85) 《劉伯承軍事生涯》（北京，中國青年出版社，1982年7月），頁185。

(86) 中國國民黨中央委員會黨史委員會編，《中華民國重要史料初編——對

日抗戰時期》，第七編，《戰後中國㈡》，頁393～394，頁402～406。

(87) 同上，頁219。

(88) 蔡國裕，《中共黨史》，第二冊（臺北，國史館，民國七十九年六月），頁413。

(89) 王健民，《中國共產黨史》，第三編（臺北，中國文化大學大陸問題研究所，民國七十年十二月），頁534。

(90) 蔣中正，《蘇俄在中國》（臺北，中央文物供應社，民國七十年十一月），頁172～173。

(91) 董顯光，《蔣總統傳》，下冊（臺北，中華文化出版事業委員會，民國四十一年十二月），頁461。

(92) 行政院新聞局編印，《共匪破壞黃河復堤》，引自中國國民黨中央委員會黨史委員會編，《中華民國重要史料初編——對日戰爭時期》，第七編，《戰後中國㈡》，頁376～388。

(93) 聞谷音，《中共之反受降行動之批判》（大公出版社，民國三十五年三月），引同上，頁297～298。

(94) 周啟綸，〈解放前天津物價飛漲民不聊生紀實〉，《天津文史資料選輯》，第五輯（天津人民出版社，1979年10月），頁145～146。

(95) 中國國民黨中央委員會黨史委員會編，《中華民國重要史料初編——對日抗戰時期》，第七編，《戰後中國㈡》，頁433～434。

(96) 同上，頁461。

(97) 劉鳳翰編著，《孫連仲先生年譜長編》，第五冊（臺北，國史館，民國八十二年七月），頁2755。

(98) 中國國民黨中央委員會黨史委員會編，《中華民國重要史料初編——對日抗戰時期》，第七編，《戰後中國㈡》，頁454～455。

(99) 傅作義，字宜生，山西榮河縣人，清光緒二十一年（1895年）生，保定陸軍軍官學校畢業，民國十七年六月，被國民黨任命為天津警備司令，

二十年任命為三十五軍軍長，率部移防綏遠，代理綏遠省政府主席。三十四年八月十一日，蔣介石任命傅為第十二戰區司令長官。三十五年底，國民政府將戰區改為綏署，北平行轅下轄保定綏署（原孫連仲之第十一戰區）和張垣綏署（即傅作義的第十二戰區），三十六年底，撤銷保定綏署，人員併入張垣綏署，十二月三日，國民政府成立華北剿總，任傅作義為勦總總司令，統管華北軍政財政大權。任何人不會懷疑他的誠實與軍事的統治力。A Doark Barnett, *China on the Eve of Communist Takeover* (New York, Washington, 1963), p.29.

⑩　陳繼承，字武民，江蘇靖江人，清光緒十三年（1887年）生，保定軍校二期畢業，民國十三年六月任黃埔軍校戰術教官，十八年任陸軍第三師師長，二十二年任贛粵閩湘鄂剿匪軍西路第三縱隊司令，三十三年春任重慶衛戍副司令，三十四年二月任第六戰區副司令長官，十二月任第十一戰區副司令長官，兼北平前進指揮所主任，三十五年兼北平警備司令。

⑩　吳奇偉，字晴雲，廣東大埔人，清光緒十六年（1890年）生，保定軍校六期畢業，民國十五年任國民革命軍第四軍第十二師第四團參謀長，十六年任第十二師師長，二十一年任第九十師師長，二十九年任第六戰區副司令長官，三十五年任國民政府軍事委員會委員長駐武漢行營副主任，三十七年八月任華北勦總副司令長官。

⑩　鄧寶珊，甘肅天水人，清光緒二十年（1894年）生，入湖北新軍協統，調伊犁，辛亥革命時起義，民國十四年為國民革命軍第七師師長，十九年為第八方面軍總司令，二十七年任晉陝綏邊區總司令，三十七年一月任華北剿匪軍副總司令。

⑩　耿若天，《中國剿匪戰史研究》，第四集，頁209～213。

⑩　陳長捷，〈天津戰役概述〉，中國人民政協文史資料委員會平津戰役親歷記編寫組編，《平津戰役親歷記——原國民黨將領的回憶》（北京，中國文史出版社，1989年1月），頁175。林偉儔（平津戰役時任塘沽防守副

司令）認為傅作義的佈署是在三十七年十二月十一日，見林偉儔，〈天津
戰役紀實〉，同前，頁189。

⑩ 聶榮臻，《聶榮臻回憶錄》（解放軍出版社，1984年8月），頁685。

⑩ 董世桂、張彥之，《北平和談紀實》（文化藝術出版社，1991年2月），頁5。

⑩ 《毛澤東選集》，第四卷，頁1363～1367。楊得志，《橫戈馬上》，頁355。

⑩ 林偉儔，〈天津戰役紀實〉，中國人民政協文史資料委員會平津戰役親歷
記編寫組編，《平津戰役親歷記——原國民黨將領的回憶》（北京，中國
文史出版社，1989年1月），頁191。

⑩ 聶榮臻，《聶榮臻回憶錄》（解放軍出版社，1984年8月），頁703。

⑩ 陳存恭等，《石覺先生訪問紀錄》（臺北，中央研究院近代史研究所，民
國七十五年二月），頁273。

⑪ 同上。

⑫ 陳長捷，〈天津戰役概述〉，中國人民政協文史資料委員會平津戰役親歷
記編寫組編，《平津戰役親歷記——原國民黨將領的回憶》（北京，中國
文史出版社，1989年1月），頁174。

⑬ 同上，頁171～172。

⑭ 杜建時，〈天津戰役國民黨軍覆滅經過〉，同上，頁203～205。

⑮ 陳存恭等，《石覺先生訪問紀錄》（臺北，中央研究院近代史研究所，民
國七十五年二月），頁272。

⑯ 《中國現代歷史事件選編》，頁227。

⑰ 羅榮桓，清光緒二十七年（1901年）生於湖南省衡山縣，其祖父及父親
為地方塾師，武昌中山大學時加入中國共產黨，民國十九年起歷任中國
紅軍第四軍委。三十七年秋奉中共中央命，與林彪組織指揮「遼瀋戰
役」，負責與傅作義談判解決平津問題。董世桂、張彥之，《北平和談紀
實》（北京，文化藝術出版社，1991年2月），頁2～7。

⑱ 聶榮臻，四川江津人，清光緒二十五年（1899年）生，民國八年赴法國

勤工儉學，十四年任黃埔軍校政治教官，二十年參與長征，抗戰期間任國民革命軍第八路軍第一師副師長，三十五年任華北軍區司令員。

⑪ 王克俊，〈北平和平解放的經過〉，中國人民政治協商會議全國委員會文史資料研究會編，《平津戰役親歷記——原國民黨將領的回憶》（北京，中國文史出版社，1989年1月），頁280。

⑫ 李炳泉，河北任邱縣人，1919年生，山東省立濟南高中、西南聯大畢業。日本投降後，任《益世報》記者，《平民日報》採訪主任。華北劉總聯絡處長李騰九的堂弟。

⑫ 王克俊，〈北平和平解放回憶錄〉，《文史資料選輯》，第六十八輯，頁27～29、40。

⑫ 同上。

⑫ 陳存恭等，《石覺先生訪問紀錄》（臺北，中央研究院近代史研究所，民國七十五年二月），頁275。

⑫ 王克俊，〈北平和平解放的經過〉，《平津戰役親歷記——原國民黨將領的回憶》（北京，中國文史出版社，1989年1月），頁280。

⑫ 蘇靜，清宣統三年（1910年）生於福建省海澄縣，中共二萬五千里長征時任偵察科長，抗日期間任八路軍一一五師偵察科長，山東軍區政治部秘書長等職。

⑫ 劉亞樓，原名劉振東，1911年生於福建武平縣，十八歲參加中共工農紅軍，曾任紅一軍第一師師長、中國人民抗日軍政大學教育長，民國二十七年赴蘇學習，三十五年回國，任東北民主聯軍、東北野戰軍參謀長。

⑫ 周北峰，〈北平和平解放〉，《文史資料選輯》，第六十八輯，頁17～18。

⑫ 十四條和平協議內容包括二十二日十時雙方開始休戰、北平行政機關及公營事業、文化機關等暫維持現狀，不得損壞等。王克俊，〈北平和平解放回憶錄〉，《文史資料選輯》，第六十八輯，頁37～38。

⑫ 陳旭麓，《五四後三十年》（上海，人民出版社，1989年3月），頁577～

579。

⑬ 薄一波，《若干重大決策與事件的回顧》（北京，中共中央黨校出版社，1991年5月），頁7。

⑬ 葉劍英關於北平市接管工作初步總結向毛主席的報告。

⑬ 北京市檔案館編，《北平和平解放前後》（北京，北京出版社，1988年12月），頁102。

⑬ 同上，頁84～108。

⑬ 薄一波，《若干重大決策與事件的回顧》（北京，中共中央黨校出版社，1991年5月），頁12～13。

⑬ 北京市檔案館編，《北平和平解放前後》（北京，北京出版社，1988年12月），頁211～213。

⑬ 《毛澤東選集》，第四卷（北京，人民出版社，1991年12月），頁1241。

結　論

　　國民政府主席蔣介石深知戰後國家的處境較其他同盟國家艱鉅。在三十四年八月十五日勝利的廣播中，特別提到：「我們更要知道，勝利的報償決不是驕矜與懈怠。戰爭確實停止，以後的和平必將昭示我們，正有艱鉅的工作要我們以戰時同樣的痛苦，和比戰時更巨大的力量去改造、去建設。」更以最大的決心與最快的速度進行接收與復員的工作。但東北受阻於蘇聯，華北之熱河、綏遠、察哈爾等省及河北省的部份地區為中共所佔據，未能進行接收。因此平津地區的接收遂顯得特別重要。自民國三十四年十月十日平津地區完成受降儀式後，三十五年底軍事、教育、經濟、交通、社會等方面的接收工作已大抵完成。然不到四年的時間，平津地區卻為中共所佔據，原因固然錯綜複雜，但其中與戰後國府的接收與復員的過程有密切的關係，分政策、執行過程、人事問題、戰後的客觀環境及中共等因素分述如下：

　　一、國民政府接收復員政策。民國三十年十二月珍珠港事變發生，美國加入對抗軸心國（德、義、日）行列，蔣委員長有見於日本的投降只是時間的問題，於是責成中央設計局擬定復員計劃綱要，並命令行政院各單位及省市政府擬訂戰後五年計劃。各部會於三十二年陸續將復員計劃呈報行政院，中央設計局將各部會及省市政府的計劃彙整後，於三十三年七月三十一日，向國防最高委員會常務會議提出「復員計劃綱要」，並獲得通過，此為戰後國民政府接收平津地區的重要藍圖。然由於各部會未能確實瞭解平津地區的狀況，因此所擬定的計

劃，大多是原則性的綱要而已，甚至有些計劃是基於假設戰局發展情況下的設計，因此當民國三十四年八月十五日國民政府正式接獲日本投降的電文後，對如何展開接收與復員的工作有不知所措之感，一面接收一面訂定辦法以為因應。抗戰勝利前接收復員工作的準備不周，可以說是戰後接收的紊亂之源。戰後國民政府為統籌全國的接收復員事宜，於三十四年九月五日，在陸軍總司令部下成立黨政接收計劃委員會，由何應欽任主任委員。又於九月十一日在南京成立行政院收復區全國性事業臨時接收委員會（後改為全國性事業委員會）。而中央各部會為進行接收復員，則依性質及區域成立特派員辦公處，工、商、廠、礦由經濟部冀察綏區特派員辦公處負責，凡文教事業由教育部平津區特派員辦公處負責，交通部份則歸交通部平津區特派員辦公處統籌；行政院有見於處理敵偽產業的繁複與重要，又於三十四年十二月成立河北平津區敵偽產業處理局。地方則由平津區黨政接收委員會及北平、天津市政府負責。但未能統籌規畫，法令又不周全，難以應付戰後繁複的時局需要，致各部會間爭議不斷，為接收紊亂之源。

　　二、執行接收的問題。接收機關眾多，天津地區二十三個，北平地區二十九個，成立時間又不一，北平市黨政接收委員會及天津市黨政接收委員會於三十四年九月三十日及十月十六日成立，而冀察熱綏區特派員辦公處則於十月三十日、交通部平津區特派員辦公處於九月十八日成立，教育部平津區特派員辦公處於十月二十八日在北平成立，行政院河北平津區處理局於十二月一日成立。彼此權責混淆不清，又缺乏聯繫，先成立者先行接收，其後再進行轉交，一機關重複接收之事屢見不鮮，甚有拒不移交者。加以許多被接收機關性質複雜，如華北重要物資組合，有屬於經濟部業務者，有屬於軍政部業務者，致出現一機關多張封條的現象，造成政府部門間紛爭不斷。

　　三、人事問題。由於抗戰期間未訓練及培植專業的接收人員，接收人員大部份由後方派遣，以致產生人力缺乏及專業素養不足的困擾。而最為人詬病者為接收人員的貪污問題。冀察晉清查團在平津清查一個月間，即接獲一千餘件檢舉接收人員的貪污案件，參與接收工作後滯留於大陸者如北平市長何思源、天津市長杜建時、處理局的接收委員兼副組長李紹泌等，及邵毓麟等均認為戰後平津地區接收人員的貪污甚為普遍。雖然就清查團清查的結果及平津地區受理審查貪污案例而言，被起訴的案件不到檢舉案件的十分之一。但接收官員的貪污行為不但使政府的財物蒙受損失，對社會人心亦帶來負面的影響。

　　派系傾軋與個人的恩怨亦為人事糾葛之源。由於平津地區的外來人口比例甚高，地方觀念較不嚴重，民國以來又歷經多次的政權轉移，加以國民政府為避免平津區人民的反彈，特派任平津籍或與平津地區有若干淵源者，如第十一戰區長官司令孫連仲、天津市長張廷諤、交通部平津區特派員石志仁等為河北人；北平市長熊斌於民國二十二年任北平軍分會總參議，教育部平津區特派員沈兼士曾任教北大、清大、輔大，並任故宮博物院文獻館館長。任命上述人選為戰後平津黨政或接收負責人，較易被接受，因此平津區在接收過程中未有激烈抗爭的情事發生。雖如此，但派系傾軋依然存在。李宗仁為北平行營主任，但無實質的指揮權；孫連仲為第十一戰區司令長官，亦無法完全指揮所屬部隊；傅作義任華北剿匪總司令時，調動華北的中央軍仍須與蔣主席的親信北平市警備總司令陳繼承商議；北平、天津市長，無權任命各局處長，所有人事任命權均在中央，造成地方對中央的不滿，有些單位拒絕移交原接收機關，或與此有關。除派系爭執之外，接收時還夾雜了個人的恩怨在內。民國三十四年底河北省銀行倉庫早為第十一戰區司令部查封，河北平津區敵偽產業處理局孫越崎為打開處理敵

偽物資的局面，決定啟封，引起孫連仲的不滿。處理局與河北監察使李嗣聰的矛盾，與彼此間的恩怨有關。處理局成立後，由於宋子文的支持，工作得以順利展開，但行政院所規定的統一處理敵偽物資辦法，與各接收機關及當地政府仍存在著嚴重的矛盾。各地方政府認為各地敵偽產業應交地方處理，因此對處理局執行行政院的規定，多所掣肘。如北平行營第二處處長馬漢三（主掌情報）與行營參謀長王鴻韶和河北監察使李嗣聰等商議，向行營主任李宗仁建議成立河北平津區敵偽產業清查委員會，除清查外亦接收敵偽產業。處理局成立後，宋子文與李宗仁決議將該會撤銷，處理權歸處理局統一執行，引起監察使李嗣聰等的不滿。三十五年六月，蔣介石至北平巡視，李向蔣報告處理局處理工作不當。後河北監察使署成立清查團，李嗣聰任團長，更以處理局為清查重點。其中不無夾雜個人的恩怨在內。

四、戰後復員的環境。平津地區接收復員所面臨的問題，除人謀的因素之外，戰後復員環境的困難亦是重要原因。首先是經費缺乏使復員工作受阻。抗戰國民政府的財政負擔加重，戰後財政赤字情形更為嚴重。三十四年國家的財政赤字約為一萬億法幣，三十五年為四萬億法幣。在財政不足下，分撥於復員的經費自是相當有限，因此許多復員工作因陋就簡，加以三十六年後的通貨膨脹，影響接收復員工作的進行。

其次是抗戰期間人力、財力損失甚鉅，復員不易。抗戰期間中國人員的死傷甚為慘重。八年抗戰間陸、海、空的死傷人數約三百二十萬人，一般的民眾及公務人員直接、間接的死傷約二千萬人，不但耗損國力，流離失所者在一億人以上。平津地區許多校舍、設備等因戰爭之波及，或被破壞或遭劫掠，損失甚鉅。交通要道破壞的情形亦相當嚴重，使戰後復員工作倍感困難。

　　此外戰後浮動的人心，許多人喪失抗戰期間共體時艱的精神，不願配合政府的復員措施，亦為接收復員帶來若干困擾。

　　五、中共的因素。中共自抗戰以來即積極發展其「解放區」的範圍，並擴充其兵力，戰後國民政府為全面統籌戰後的政局，命令中共部隊不可擅自行動，中共不但不服從中央命令，且逕自移動其部隊，阻擾國民政府的接收工作，華北的熱、察、綏等省及河北的大部份地區為其所控制。為阻止國軍順利接收，並切斷國軍的補給，中共不斷的破壞鐵公路交通，國民政府修補於前，中共破壞於後，使平津地區的補給大受影響。破壞金融及利用戰後政局不穩之際，煽動學潮，亦是中共製造混亂、擴充勢力的方式之一。戰後平津地區的學潮固有其背景，但中共的煽動實為重要的誘因（如利用沈崇案的反美學潮）。更重要的是發動全面戰役，中共趁國軍軍事處於不利之際，於三十七年十一月後相繼發動徐蚌、淮海戰役，國軍損失慘重。十二月初中共林彪部入古北口，聶榮臻佔南口，十二月中，北平、天津近郊發生激戰，二十二日，傅作義部放棄新保安，二十四日，放棄張家口，林彪部圍攻天津，經二十餘日慘烈攻守戰，三十八年一月天津為中共所佔領，國軍十三萬人被俘，一月二十二日，傅作義與林彪訂立和平協定，一月三十一日，解放軍進入北平，自此平津地區為中共所佔據。

　　戰後國民政府雖完成平津及京滬等地區的接收與復員工作，但整個接收復員過程中所暴露出的缺失亦值得檢討，大陸政權為中共所佔據的原因，或可從以上接收工作的檢討中尋求到若干的答案。

徵引資料

一、檔案部份

1. 中央研究院近代史研究所，朱家驊檔、經濟檔。
2. 天津市檔案館，黨政接收委員會檔、河北平津區處理局檔、天津市政府檔。
3. 北京市檔案館，黨政接收委員會檔。
4. 南京第二歷史檔案館，經濟部冀熱察綏區特派員辦公處檔、北平市檔、天津市檔。
5. 國史館，國民政府檔、行政院檔、教育部檔。
6. 國防部史政編譯局，軍事復員檔。

二、報告及史料彙編

1. 天津市政府，《天津市政府接收復員報告》（天津市政府，民國三十五年六月）。
2. 天津市政府統計處編，《天津市統計總報告》（天津市政府，民國三十七年三月）。
3. 天津市政府，《天津市政府接收概況暨工作報告》（天津市政府，民國三十五年六月）。

4. 天津市政府教育局,《天津市政府教育局接收復員工作報告》(天津市政府,民國三十五年六月)。

5. 天津市財政局,《天津市財政局接收初步報告書》(天津市政府,民國三十五年六月)。

6. 天津市財政局,《天津市財政局接收偽經濟局初步報告書》(天津市政府,民國三十五年六月)。

7. 中共北京市委黨史研究室編,《北京現代革命史資料目錄索引》(北京,中共黨史出版社,1991年7月)。

8. 中國國民黨中央委員會黨史委員會,《中華民國重要史料初編——對日抗戰時期》,第七編,《戰後中國》,計四冊(臺北,中國國民黨中央委員會黨史委員會,民國七十年九月,初版)。

9. 中國人民政治協商會議北京市委員會文史資料委員會編,《北平地下黨鬥爭史料》(北京,北京出版社,1988年12月)。

10. 中國陸軍總司令部編,《處理日本投降文件彙編》,下卷(臺北,文海出版社,民國三十五年四月)。

11. 中華民國開國五十年文獻編輯委員會,《中華民國開國五十年文獻》,第二篇,第五冊(臺北,正中書局,民國六十四年二月)。

12. 日本防衛廳戰史室,天津政協編譯委員會譯,《日本軍國主義侵華資料長編》(四川人民出版社,1987年1月)。

13. 北平設計考核委員會,《北平市政府工作報告》(北平市政府,三十五年十二月)。

14. 北京檔案館,《北京電車公司檔案史料》(北京,北京出版社,1988年3月)。

15. 北京地區人民抗日鬥爭史課題組編,《北平抗日鬥爭史資料選輯》(北京,燕山出版社,1988年8月)。

16.北京市文物事業管理局編，《北京名勝古蹟辭典》(北京，燕山出版社，1988年9月)。

17.北京檔案館，《日偽北京新民會》(北京，光明書報社，1989年12月)。

18.北京檔案館，《北平和平解放前後》(北京，北京出版社，1988年12月)。

19.北京檔案館，《解放戰爭時期北平學生運動》(北京，光明日報社，1991年4月)。

20.仇潤喜主編，《天津郵政史料》，第四輯 (北京，北京航空航天大學出版社，1992年1月)。

21.交通部，《交通部公路總局平津區接收報告》(交通部，民國三十七年一月)。

22.李雲漢，《抗戰前華北政局史料》(臺北，正中書局，民國七十一年二月)。

23.李鴻毅，《北平市財政局實習報告》(臺北，成文出版社，民國六十六年十二月)。

24.長舜等編，《百萬國民黨軍起義投誠紀實》(北京，中國文史出版社，1991年5月)。

25.教育部，《中華民國三十五年度教育部工作計畫》(民國三十四年十月)。

26.教育部，《全國教育善後復員會議報告》(民國三十六年)。

27.教育部，《教育部復員計畫》(民國三十四年)。

28.教育部，《三十六年度各省市教育工作計畫彙刊》(民國三十五年)。

29.教育部教育年鑑編輯委員會，《第二次中國教育年鑑》，計四冊(商務印書館，民國三十七年)。

30.國史館，《政府接收臺灣史料彙編》（臺北，民國七十九年六月）。

31.梁湘漢、趙庚奇，《北京地區抗戰史料：紀念偉大的抗日民族解放戰爭五十周年》（北京，紫禁城出版社，1986年12月）。

三、回憶錄、年譜、傳記、文集

1.王成勉，《馬歇爾使華調處日誌》(1945年11月～1947年1月)（臺北，國史館，民國八十一年五月）。

2.王聿均、孫斌合編，《朱家驊先生言論集》（臺北，中央研究院近代史研究所，民國六十六年五月）。

3.王萍，《杭立武先生訪問紀錄》（臺北，中央研究院近代史研究所，民國七十九年六月）。

4.Keith E. Eiler著，王曉寒等譯，《魏德邁論戰爭與和平》（臺北，正中書局，民國七十八年九月）。

5.中共中央文獻編輯委員會，《毛澤東選集》（北京，人民出版社，1991年6月）。

6.中國人民政治協商委員會全國委員會文史資料委員會撰寫組，《平津戰役親歷記》（北京，中國文史出版社，1989年1月）。

7.中國社會科學院近代史研究所中華民國研究室編，《胡適來往書信》共三冊（香港，中華書局，1983年）。

8.馬歇爾(George C. Marshall)著，中國社會科學院近代史研究所翻譯室譯，《馬歇爾使華》（北京，中華書局，1981年7月）。

9.中國人民政治協商會議全國委員會文史資料委員會編，《傅作義生平》（北京，中國文史出版社，1985年6月）。

10.日本《產經新聞》連載，《中央日報》譯印，《蔣總統秘錄》，計十

五冊（臺北，中央日報社，民國六十六年九月）。

11.北京市社會科學院等編，《北京歷史與現實》（北京，燕山出版社，1989年9月）。

12.西園寺公一著，龔念年譯，《北京十二年》（香港，文教出版社，1971年）。

13.朱佑慈、俞振基等譯，《何廉回憶錄》（北京，中國文史出版社，1988年2月）。

14.李元平，《平凡平淡平實的蔣經國先生》（臺北，中國出版社，民國七十七年五月）。

15.李宗仁，《李宗仁回憶錄》，上下冊（臺中，永蓮清出版社，民國七十五年四月）。

16.邵毓麟，《勝利前後》（臺北，傳記文學出版社，民國五十六年九月）。

17.胡頌平，《朱家驊年譜》（臺北，傳記文學出版社，民國五十八年十月）。

18.高清心，《北平回憶錄》（臺北，清新文藝社，民國五十六年三月）。

19.格林，《北平三年》（香港，亞洲出版社，1954年1月）。

20.莫文華，《回憶解放北京前後》（北京，北京出版社，1982年9月）。

21.梁漱溟，《憶往談舊錄》（北京，中國文史出版社，1987年12月）。

22.陳三井等，《白崇禧先生訪問紀錄》（臺北，中央研究院近代史研究所，民國七十三年五月）。

23.陳存恭等，《石覺先生訪問紀錄》（臺北，中央研究院近代史研究所，民國七十五年二月）。

24.程思遠，《政海秘辛》（哈爾濱，北方文藝出版社，1991年5月）。

25.程思遠，《白崇禧傳》（香港，南粵出版社，1989年5月）。

26.程思遠，《李宗仁先生晚年》（北京，文史資料出版社，1980年）。

27.張力行，《馬歇爾使華紀實》（臺北，戰鬥青年出版社，民國四十四年九月）。

28.張果為，《浮生的經歷與見證》（臺北，傳記文學出版社，民國六十九年十二月）。

29.董顯光，《蔣總統傳》，下冊（臺北，中華文化出版事業委員會，民國四十一年十二月）。

30.楊得志，《橫戈馬上》（北平，解放軍文藝出版社，1984年12月）。

31.楊國宇等，《劉伯承軍事生涯》（北京，中國青年出版社，1982年7月）。

32.鄭天挺，《鄭天挺紀念論文集》（北京，中華書局，1990年3月）。

33.鄭洞國等，《杜聿明將軍》（北京，中國文史出版社，1986年4月）。

34.劉鳳翰，《孫連仲先生年譜長編》（臺北，國史館，民國八十二年七月）。

35.傅樂成，《傅斯年全集》（臺北，聯經出版事業公司，民國六十九年）。

36.羅毓鳳，《我與孫連仲將軍》（臺灣，榮民出版社，民國五十六年）。

37.薄一波，《若干重大決策與事件的回顧》，上卷（北京，中共中央黨校出版社，1991年7月）。

38.聶榮臻，《聶榮臻回憶錄》（北京，解放軍出版社，1984年8月）。

39.閻伯川先生紀念會，《民國閻伯川先生錫山年譜》，第三冊（臺北，臺灣商務印書館，民國七十七年）。

四、專著

1.丁永隆、孫宅巍，《南京政府崩潰始末》（臺灣，巴比倫出版社，1992

年1月)。

2. 丁守和、勞允興，《北京文化綜覽》(北京，北京師範學院出版社，1990年7月)。

3. 丁秉鐩，《北平天津及其他》(臺中，榮泰印書館，民國六十六年八月)。

4. 天津市政協文史資料研究委員會編，《天津租界》(天津，天津人民出版社，1986年8月)。

5. 王洸，《中國交通概論》(臺北，正中書局，民國四十二年四月)。

6. 王健民，《中國共產黨史稿》(臺北，文化大學大陸問題研究所，民國七十年)。

7. 天津市政協文史資料研究委員會編，《天津洋行與買辦》(天津，天津人民出版社，1986年8月)。

8. 天津社科院近史所天津簡史編寫組編，《天津簡史》(天津，天津人民出版社，1987年8月)。

9. 中央日報社，《我們的敵國》(臺北，中央日報社，民國四十一年七月)。

10. 中國人民政治協商會議南京市委員會文史資料委員會編，《中國戰區受降始末》(北京，中國文史出版社，1991年8月)。

11. 中國人民政治協商會議天津市委員會文史資料委員會編，《日偽統治下的北平》(北京，北京出版社，1987年)。

12. 中國人民政治協商會議北京市委員會文史資料委員會編，《北京的黎明》(北京，北京出版社，1988年12月)。

13. 中聯出版社編，《共匪策動下的學潮內幕》(臺北，中聯出版社，民國三十六年九月)。

14. 史全生、高維良、朱劍合著，《南京政府的建立》(臺北，巴比倫出

版社，1992年9月）。

15.北京大學編，《北京大學》（上海，人民美術館出版社，1958年）。

16.北京市社會科學院歷史所編，《北京與中外古都對比研究》（北京，燕山出版社，1992年）。

17.北京史研究會編，《燕京春秋》（北京，北京出版社，1982年5月）。

18.朱德，《論解放區戰場》（北京，解放軍出版社，民國七十三年）。

19.宋柏，《北京現代史》（北京，中國人民大學出版社，1988年12月）。

20.杜聿明等，《國共內戰秘錄》（臺北，巴比倫出版社，1991年6月）。

21.李林山、杜貴祥、徐華鑫，《天津概況》（北京，海洋出版社，1987年12月）。

22.李洛之、聶湯谷，《天津的經濟地位》（經濟部冀察熱綏區特派員辦公處結束辦事處駐津辦事分處，民國三十七年三月）。

23.余棨昌，《故都變遷紀略》（臺北，文海出版社，民國六十九年）。

24.何東、陳明顯，《北平和平解放始末》（北京，解放軍出版社，1985年8月）。

25.林水波，《政策分析評論》（臺北，五南圖書出版公司，民國七十三年七月）。

26.吳振漢，《國民政府時期的地方派系意識》（臺北，文史哲出版社，民國八十一年十二月）。

27.來新夏，《天津近代史》（天津，南開大學出版社，1987年3月）。

28.易勞逸著，王建朗、王賢知譯，《毀滅的種子 —— 蔣介石與蔣經國》（中國青年出版社，1988年）。

29.易君左，《戰後江山》（鎮江，江南印書館，民國三十七年）。

30.長江等，《淪亡的平津》（生活書店，1938年7月）。

31.周一士，《中國公路史》（臺北，公路出版社，民國四十六年八月）。

32.段浩然等編，《中國共產黨的戰略策略》(北京，解放軍出版社，1991年5月)。

33.胡德坤，《中日戰爭史》(武漢，武漢大學出版社，1988年7月)。

34.姜克夫，《民國軍事史略稿》，第三卷，下冊 (北京，中華書局，1991年6月)。

35.施惠群，《中國學生運動史——一九四五至四九年》(上海，人民出版社，1992年2月)。

36.高惜冰，《遠東紅禍的前因後果》(臺北，反攻出版社，民國三十九年五月一日)。

37.孫震、梁啟源、林滿紅等著，《中華民國經濟發展史》，第二冊(臺北，近代中國出版社)。

38.郭榮趙，《美國雅爾達密約與中國》(臺北，水牛出版社，民國六十六年四月)。

39.翁立，《北京的胡同》(北京，燕山出版社，1992年1月)。

40.陳文良，《北京名園趣談》(臺北，明文書局，民國八十年十月)。

41.陳世松，《宋哲元研究》(四川，四川省社科院，1987年12月)。

42.陳孝威，《為什麼失去大陸》(臺北，中國美術印刷廠，民國五十三年五月)。

43.陳旭鷺，《五四後三十年》(上海，人民出版社，1989年3月)。

44.陳恭澍，《平津地區綏靖戡亂》(臺北，傳記文學出版社，民國七十七年一月)。

45.陳樹生主編，《天津市經濟地理》(北京，新華出版社，1987年11月)。

46.陳鴻年，《故都風物》(正中書局，民國七十二年八月，六版)。

47.喬希章，《蔣介石馮玉祥閻錫山的恩怨情仇三角鬥爭》(臺北，新新

聞文化公司，1993年3月）。

48.侯仁之、金濤，《北京史話》（上海，人民出版社，1980年）。

49.清華大學校史編寫組編，《清華大學校史》（北京，中華書局，1981年）。

50.陸仰淵、方慶秋主編，《民國社會經濟史》（北京，中國經濟出版社，1991年11月）。

51.國事新聞社編，《北京兵變始末記》（臺北，文星書店，民國五十一年六月）。

52.國防部史政編譯局，《戡亂簡史》（臺北，國防部史政編譯局，民國五十一年六月）。

53.新中華雜誌社編，《中國戰後建都問題》（新中華雜誌社，民國三十三年十二月）。

54.過祖源，《天津市上下水道工程》（臺北，天一出版社，民國七十一年）。

55.董世桂、張彥之，《北平和談紀實》（北京，文藝出版社，1991年12月）。

56.鄔翌光主編，《北京市經濟地理》（北京，新華出版社，1988年）。

57.蔡國裕，《中共黨史》，第二冊（臺北，國史館，民國七十九年六月）。

58.楊洪遠、趙筠秋，《北京經濟史話》（北京，北京出版社，1984年6月）。

59.楊家駱主編，《大陸淪陷前之中華民國》（臺灣，商務印書館，民國六十二年九月）。

60.蔣中正，《蘇俄在中國》（臺北，中央文物供應社，民國七十年十一月）。

61.齊如山，《北平》（臺北，正中書局，民國四十六年）。

62.謝敏聰，《明清北京的城垣與宮闕之研究》（臺北，臺灣學生書局，民國六十九年六月）。

63.遲景德，《中國對日抗戰損失調查史述》（臺北，國史館，民國七十六年三月）。

64.關中，《國共談判（一九三七～一九四七）》（臺北，財團法人民主文教基金會，民國八十一年十一月）。

65.蕭超然，《北京大學校史：一八九八～一九四九》（上海，教育出版社，1981年）。

66.蕭詢，《北平》（臺北，洪氏出版社，民國七十一年六月）。

67.蘇祖鳳，《京津戰役》（上海，上海人民出版社，1959年）。

五、期刊論文

1.丁洪範，〈當前中國的經濟問題〉，天津《大公報》，（民國三十六年十二月二十四日，第六版）。

2.于鶴齡，〈北平和平解放的片段回憶〉，《文史資料選輯》，第三輯（北京，中國文史出版社，1979年8月）。

3.方亭，〈解放戰爭時期北平地下黨的鬥爭〉，《北京黨史專題文選》（北京，北京大學出版社，1989年1月）。

4.王之相，〈北平和平解放的一段經過〉，《文史資料選輯》，第七十一輯（1980年10月）。

5.王介年，〈北平和平解放前夕華北人民促進會代表團出城談判的經過〉，《文史資料選輯》，第十八輯（1983年9月）。

6.王仕任，〈天津淪陷後的漢奸組織治安維持會〉，《天津文史資料選輯》，第二十輯（1981年1月）。

7. 王克俊，〈北平和平解放回憶錄〉，《文史資料選輯》， 第六十八輯（1980年2月）。

8. 王芸生，〈我看學潮〉，《時代知識》，第一卷，第三期（1947年6月）。

9. 王文田，〈張伯苓先生與南開〉，《傳記文學》， 第五期、第六期（民國五十七年五月、六月）。

10. 王仲武，〈挽救當前經濟危機之對策〉，《東方雜誌》， 第四十四卷，第八號（民國三十七年八月）。

11. 王禹廷，〈華北之收復與陷落〉，《傳記文學》，第三十八卷，第五期（民國七十年五月）。

12. 王御之，〈南京受降紀實〉，《廣州文史資料選輯》，第八期（1963年10月）。

13. 中國第二歷史檔案館，〈抗戰勝利後處理敵偽鈔券資料〉，《民國檔案》，第三期（1990年8月）。

14. 北京檔案館，〈北平地區的反饑餓反內戰大遊行紀實〉，《北京檔案史料》，1986年，第二期。

15. 北京大學全體學生，〈我們的呼聲〉，《華北日報》，1945年11月6日。

16. 左熒，〈收復區學生反甄審鬥爭〉，《解放日報》，1946年4月16日。

17. 田布衣，〈民元北京政變記實〉，《軍事雜誌》，第四十卷，第十二期（民國六十年十二月）。

18. 田紅石，〈天津概述〉，《天津歷史資料》，第三期（1965年3月）。

19. 伍丹戈，〈工業復員的幾個重要問題〉，天津《大公報》，（民國三十四年八月十九日，五版）。

20. 朱大純，〈北平和平解放的回憶〉，《內蒙古文史資料選輯》，第九輯（1983年10月）。

21. 朱鴻，〈從南京到北京 ── 明初易都問題的討論〉，《師大學報》，第

三十三期（民國七十七年六月）。

22.朱家驊，〈教育復員工作檢討〉，《教育部公報》，第十九卷，第一期（民國三十六年一月）。

23.何思源，〈北平市政展望〉，上海《申報》，（民國三十六年一月十一日）。

24.何思源，〈我參加和平解放北平的經過〉，《平津戰役親歷記——原國民黨將領的回憶》（北京，中國文史出版社，1989年1月）。

25.何漢文，〈大劫收見聞〉，《文史資料選輯》，第五十五輯（1978年）。

26.近代中國出版社，〈對歷次共匪假借和談擴大叛亂史實之研究討論會〉，《近代中國》，第九期（民國六十八年二月）。

27.蕭正誼、王芸生等，〈學潮檢討〉，《現代知識》，第一卷，第一期，（1947年6月）。

28.杜任之，〈回憶和平解放北平的經過〉，《文史資料選輯》，第六十八輯（1980年2月）。

29.杜建時，〈從接收天津到垮臺〉，《天津文史資料選輯》，第五輯（1979年10月）。

30.杜建時，〈蔣幫劫收平津的經過〉，《文史資料選輯》，第五十五輯（1965年12月）。

31.杜建時，〈天津戰役國民黨軍覆滅經過〉，《平津戰役親歷記——原國民黨將領的回憶》（北京，中國文史出版社，1989年1月）。

32.李世杰，〈北平和平解放前夕我的經歷與見聞〉，《文史資料選輯》，第六十八輯（1980年2月）。

33.李紹泌，〈國民黨劫收天津敵偽產業概況〉，《天津文史資料選輯》，第五輯（1979年10月）。

34.李書田，〈北洋大學五十年之回顧與前瞻〉，《東方雜誌》，第四十一

卷，第二十號（民國三十四年十月三十一日）。

35.李偉同，〈北平和平解放親歷記〉，《河北文史資料研究》，第四輯（1981年10月）。

36.李坤，〈一九四七年北平地區的反饑餓反內戰運動〉，《歷史教學》，第九期（1982年）。

37.李雲漢，〈中國對日抗戰的序幕：從盧溝橋事變到平津淪陷〉，《近代中國》，第八十三期（民國八十年六月）。

38.冷欣，〈籌備日軍受降盛典追記〉，《軍事雜誌》，第四十卷，第十二期（民國六十一年九月十五日）。

39.吳煥章，〈抗戰勝利後東北的回憶〉，《傳記文學》，第二十四卷，第二期、三期（民國六十三年二月、三月）。

40.吳延縞，〈北平和平真象〉，《中央日報》，（民國三十八年五月十五日至二十二日）。

41.胡先驌，〈如何挽救當前之高等教育危機〉，《大公報》，（民國三十五年七月二十七日，三版）。

42.胡國台，〈國共校園鬥爭〉，《歷史月刊》，第四十四期（民國八十年九月）。

43.承紀雲，〈從抗戰勝利到明令戡亂〉，《中央日報》，（民國三十六年九月三日）。

44.孫宅巍，〈國民政府經濟接收述略〉，《民國檔案》，第三期（1989年8月）。

45.涂翔宇，〈抗戰勝利後一年的湖北〉，（一）～（七），《湖北文獻》，第二十一卷～二十七卷（民國六十年十二月～六十二年四月）。

46.振濟，〈勝利前天津機械工廠概況〉，《華北工礦》，第一卷，第二期。

47.周北峰，〈北平和平解放〉，《文史資料選輯》，第六十八輯（1980

年)。

48.周啟綸，〈解放前天津物價方漲民不聊生紀實〉，《天津文史資料選
　輯》，第五輯（1979年10月）。

49.周謀添，〈抗戰勝利後中共的青年學生運動（一九四五～一九四
　九)〉，政大東亞所碩士論文，（民國六十八年六月）。

50.喜樂，〈北京城不是一天造成的〉，《聯合報》，（民國八十二年十月
　二十八日～十月三十一日，第三十五版）。

51.原北京大學工學院地下黨部分黨員撰，〈回憶解放前的崢嶸歲月：
　解放戰爭時期北京工學院地下黨的鬥爭〉，《文史資料選輯》，第二十
　輯（1984年1月）。

52.鈕先銘，〈受降前後〉，《中外雜誌》，第十卷，第三期（民國六十年
　九月）。

53.徐宗堯，〈組織軍統北平站和平起義前前後後〉，《全國文史資料選
　輯》，第六十八輯（1980年2月）。

54.高純淑，〈戰後中國政府接收東北之經緯〉，文化大學史學研究所博
　士論文，（民國八十二年六月）。

55.黃元彬，〈金元券的發行和它的崩潰〉，《文史資料選輯》，第八輯
　（1981年10月）。

56.許公鑑，〈戰後教育的搶救與改造〉，《教育雜誌》，第三十二卷，第
　二號（民國三十六年八月一日）。

57.瓊斯著，許逸凡譯，〈天津〉，《天津歷史資料》，第三期（1965年3
　月）。

58.陳明顯，〈平津戰役的發起問題〉，《北京檔案史料》，1988年，第四
　期。

59.陳友松，〈戰後中國教育經費問題〉㈠，《教育雜誌》，第三十二卷，

第四號（民國三十六年十月）。

60.陳長捷，〈天津戰役概述〉，《平津戰役親歷記——原國民黨將領的回憶》（北京，中國文史出版社，1989年1月）。

61.陳嘉驥，〈東北接收與淪陷始末〉，《東北文獻》，第三卷，第三期（民國六十二年二月）。

62.陳宗彝，〈解放前天津金融市場的變遷〉，《天津文史資料選輯》，第五輯（天津人民出版社，1979年10月）。

63.陳正祥，〈北京的都市發展〉，《中文大學中國文化研究所學報》，第七卷，第一期（1978年）。

64.張奇瑛，〈三十五年度的中國經濟〉（上），《東方雜誌》，第四十三卷，第十號（民國三十六年五月三十日）。

65.張希哲，〈記抗戰時期中央設計局的人與事〉，《傳記文學》，第二十七卷，第四期（民國六十四年十月）。

66.張茲闓，〈勝利後接收經驗〉，《傳記文學》，第十卷，第三期（民國七十六年三月）。

67.張竭誠，〈記天津戰鬥〉，《工人日報》，（1960年11月23日，三版）。

68.張鵬，〈天津冶金工業史略〉，《天津文史資料選輯》，第五十一輯（天津人民出版社，1990年7月）。

69.趙樸，〈受降始末〉，《中央日報》，（民國三十五年九月三日）。

70.趙靜民，〈國民黨反動統治的御用工具——天津市參議會〉，《天津文史資料選輯》，第五輯（1979年10月）。

71.陸禹，〈組織起來力量大裏應外合迎解放——回憶北平地下黨工委和市政工委領導的鬥爭〉，《文史資料選輯》，第五輯（1979年）。

72.侯仁之、金濤，〈北京〉，陳僑驛，《中國六大古都》（北京，中國青年出版社，1983年4月）。

73. 萬永光，〈我所知道的何思源〉，《文史資料選輯》，第十八輯（1983年9月）。

74. 楊正凱，〈西南聯大的研究〉，政治大學歷史研究所碩士論文，（民國八十二年六月）。

75. 雷穆森，〈天津〉，《天津歷史資料》，第二期（天津歷史研究所，1964年12月）。

76. 廖風德，〈學潮與戰後政局〉，政治大學歷史研究所博士論文，（民國八十年六月）。

77. 鮑覺民，〈天津都市聚落的興起和發展〉，《南開大學學報》，第一期（1956年）。

78. 嚴仁穎，〈「七二八」十周年〉，天津《大公報》，（民國三十六年七月二十八日，第三版）。

79. 虞寶棠，〈簡論一九四八年國民政府的金元券與限價政策〉，《民國檔案》，第二期（1985年11月）。

80. 鄭竹園，〈日本侵華戰爭對中國經濟的影響〉，許倬雲、丘宏達等編，《抗戰勝利的代價》（臺北，聯經出版社，民國七十七年，三版）。

81. 謝敏聰，〈隋唐明清國都設計建置之比較 —— 以長安城、北京城為例〉，私立珠海大學中國歷史研究所博士論文，（民國八十一年五月）。

82. 戴國輝，〈臺灣與現代中國〉，載於黃仁宇等著，《現代中國的歷程》（臺北，華視文化公司，民國八十一年十月十日）。

83. 魏春雄，〈貪污行為之研究〉，國立政治大學公共行政研究所碩士論文，（民國六十一年六月）。

84. 劉文煥，〈遣返日俘實錄〉，《中外雜誌》，第十七卷，第五期（民國六十四年五月）。

85. 劉本厚，〈第十七戰區北平受降典禮實錄〉，《傳記文學》，第三十八

卷，第八期（民國七十年六月）。

86.劉如松，〈天津築城記〉，《傳記文學》，第二十四卷，第二期（民國六十三年二月）。

87.劉瑤章，〈我任北平市長的七個月〉，《平津戰役親歷記》（中國文史出版社，1989年1月）。

88.劉瑤璋，〈北平和平解放前夕的片斷回憶〉，《文史資料選輯》，第六十八輯（1980年2月）。

89.劉曉，〈一九四七年反饑餓反內戰反迫害運動的一些回顧〉，《青運史研究》，1985年，第一期。

90.劉鳳翰，〈直皖兩系兵力的消長〉，中央研究院近代史研究所，《中華民國初期歷史研討會論文集》，（民國七十三年四月）。

91.劉遐齡，〈一九四九年國共和談的中共策略〉，《近代中國》，第五十七期（民國七十六年二月）。

92.劉維開，〈北伐收復京津之役〉，《近代中國》，第五十四期（民國七十五年八月）。

六、外文著作

1. Barnett, A. Doak, *China on the Eve of Communist Takeover* (New York, 1963).

2. Beloff, Max, *Soviet Policy in the Far East 1944–1951* (London: Oxford University Press, 1953).

3. Department of State, *Foreign Relations of the United, Diplomatic Papers,* 1945, Vol. Ⅶ, The Far East, China, Washington, D. C., Government Printing Office, 1969.

4. Department of State, *Foreign Relations of the United, Diplomatic Papers,* 1946, Vol. IX, The Far East, China, Washington, D. C., Government Printing Office, 1972.

5. Dunn, William N., *Public Politic Analyses: An Introduction* (Englewood Cliffs: Prentice-hall, 1981).

6. Eastman, Lloyd E., *Seeds of Destruction: Nationalist China in War and Revolution, 1937–1949* (Stanford University Press, 1984).

7. Gamble, Sidney D., *How Chinese Families Live in Peiping* (New York: Funk & Wagnalls Company, 1933).

8. Geiss, James Peter, *Peking under the Ming, 1368–1644* (Ann Arbor: University Microfilms International, 1980).

9. Hershatter, Gail, *The Workers of Tianjin, 1900–1949* (Stanford University, 1986).

10. Kubeck, Anthony, *How the Far East Was Lost: American Policy and the Creation of Communist China, 1941–1949* (Chicago: Henry Company, 1963).

11. Pepper, Suzanne, *Civic War in China: The Political Struggle, 1945–1949* (California: Berkeley, 1970).

12. Rea Kenneth W., and John C. Brewer, *The Forgotten Ambassador: The Reports of John Leighton Stuart, 1946–1949* (Westview Press, 1981).

13. Strand, David, Rickshaw, *Beijing: City People and Politics in 1920s* (Berkeley, 1989).

14. Tsou, Tang, *Americans Failure in China, 1941–1950* (Chicago: The University of Chicago Press, 1967).

15. Albert C. Wedemeyer, *Wedemeyer Reports* (New York: Henry Holt & Company, 1958).

索 引

二劃

三劃

四劃

五劃

佟麟閣　46

八劃

九劃

十劃

十一劃

十二劃

十三劃

十四劃

十六劃

二十一劃

二十二劃

教育叢書書目

中國現代史叢書書目（張玉法主編）

大雅叢刊書目

法學叢書書目

圖書資訊學叢書書目

現代社會學叢書